Sergej O. Prokofieff

Das Rätsel des Demetrius

SERGEJ O. PROKOFIEFF

Das Rätsel des Demetrius

Versuch einer Betrachtung
aus historischer, psychologischer
und geisteswissenschaftlicher Sicht

Verlag am Goetheanum

Aus dem Russischen von Ursula Preuß

Einbandgestaltung von Gabriela de Carvalho

Philosophisch-Anthroposophischer Verlag am Goetheanum, CH–4143 Dornach
Satz: Utesch Satztechnik GmbH, Hamburg
Druck und Bindung: FGB, Freiburg i. Br.

ISBN 3–7235–0666–6

Inhalt

1. Einleitung

Nach dem Erscheinen des Buches «Die geistigen Quellen Osteuropas und die künftigen Mysterien des Heiligen Gral»[1] im Jahr 1989 wurde ich mehrfach darauf hingewiesen, daß das «Demetrius»-Thema nicht eingehend genug behandelt worden sei. In den anthroposophischen Kreisen hat eine Notiz von Ludwig Polzer-Hoditz über sein letztes Gespräch mit Rudolf Steiner am 3. März 1925 in Dornach eine besondere Aufmerksamkeit auf dieses Thema gelenkt. Dort wird in einem außerordentlich wichtigen Kontext auf die Individualität des Demetrius hingewiesen.

Obwohl in dem genannten Buch die geistesgeschichtliche Aufgabe von Demetrius recht eingehend beschrieben wird, ebenso der Einfluß, den er auf die weitere russische Geschichte hätte haben können, wenn er am Leben geblieben wäre, so wird doch von seiner Persönlichkeit selbst dort nicht ausreichend, ja sogar irgendwie nur flüchtig gesprochen. Diese Lücke soll mit der vorliegenden Arbeit – wenn auch nur teilweise – geschlossen werden, wobei in keiner Weise ein Anspruch auf Vollständigkeit oder Endgültigkeit erhoben wird, vor allem aber soll nichts «bewiesen» werden, sondern es ist das Ziel dieser Arbeit, dem Leser einige Ausgangspunkte für seine eigenen Überlegungen und Nachforschungen zu vermitteln. Auch konnte nur ein begrenztes Quellenmaterial herangezogen werden, da sich die folgende Darstellung wegen des Reichtums desselben sowie der komplizierten Beziehungen der einzelnen Fakten und Ereignisse zueinander bei einer größeren Auswahl unweigerlich zu einer sehr umfangreichen Untersuchung ausgewachsen hätte, was nicht beabsichtigt war.

Nun ist noch hinzuzufügen, daß das allgemeine Konzept des Buches im Herbst 1990 begonnen wurde. Im Frühling des folgenden Jahres konnte dieses dann auch schriftlich ausgearbeitet werden, und am 17. Dezember 1991 wurde die Arbeit an diesem Thema abgeschlossen. Sie ist als eine Ergänzung zu dem oben erwähnten Buch «Die geistigen Quellen Osteuropas und die künftigen Mystcrien des heiligen Gral» anzusehen.

2. Rudolf Steiner über das Demetrius-Problem

Ehe wir uns der rätselhaften Persönlichkeit des Demetrius zuwenden, ist es notwendig, zunächst die Worte vollständig zu zitieren, die Rudolf Steiner über ihn Ludwig Polzer-Hoditz gegenüber äußerte und von denen bisher nur einzelne Auszüge veröffentlicht wurden.[2] Sie vollständig zu zitieren, erscheint deswegen notwendig, da sie seinerzeit, als ich sie erstmals kennenlernte, eine Bestätigung meines später in dem genannten Buch ausgeführten Standpunktes in bezug auf das Demetrius-Problem darstellten, während sich dieser Standpunkt bis dahin nur auf die zahlreichen russischen und einige deutsche historische Quellen zu dem Problem stützte.

So sagte Rudolf Steiner am 3. März 1925 das Folgende zu Ludwig Polzer-Hoditz über Demetrius: «Dann sprachen wir über die Bestrebungen römischer und westlicher Logen, und mit großem Ernst betonte Herr Doktor [Rudolf Steiner], daß drei Aufgaben zu lösen seien, deren Ergebnis für die Zukunft von ganz besonderer Wichtigkeit ist. Und zwar erstens die Frage nach den zwei Johannessen [Johannes der Täufer und Johannes der Evangelist]. Zweitens: Wer war Demetrius? Drittens: Woher kam Caspar Hauser? Bei allen Problemen sei es wichtig, daß die Blickrichtung nicht auf den Tod gewählt würde, sondern auf die Geburt hin. Woher kamen sie und mit welchen Aufgaben?

Jene Individualität, welche sich hinter dem Caspar-Hauser-Schleier verhüllen soll, sei eine Wesenheit, inspirierend in den Rosenkreuzer-Zusammenhängen seit Anfang an und habe sich dann am 29. September 1812 als Sohn des badischen Großherzogs Karl Ludwig und seiner Gemahlin Stephanie de Beauharnais inkarniert. Diese Individualität habe eine wichtige Mission des esoterischen Christentums zu erfüllen.

Für die Russen erscheint hinter dem Bilde des Demetrius die große Jesus-Imagination, die in der Imagination steckengebliebene östliche christliche Kirche. Diese Imagination, dieses Bild versucht der westliche Okkultismus durch eine falsche Imagination aus der Welt zu schaffen. Christus soll als der Herr der Erde, aber als Herrscher, als Tyrann erscheinen. Der östliche Okkultismus will die Jesus-Imagination auslöschen und vergessen machen. Das wollte Schiller in seinem ‹Demetrius› schildern, das Hineintragen des falschen Bildes [des Jesus] durch die Polen, das heißt durch die römische Kirche.

Und darum war die Verzweiflung Goethes so groß, als er Schiller verlor und daß der ‹Demetrius› nicht vollendet werden konnte. In diesem Kampf zwischen westlichen und östlichen Logen stand auch Blavatzky. In diesem Kampf stehen wir jetzt alle.

Es ist ganz unwesentlich, wer Demetrius war, wer Caspar Hauser war, denn eine so gestellte Frage soll ablenken von dem tatsächlichen Geschehen. Nicht wer Demetrius war, wer Caspar Hauser war, ist wichtig, sondern was wurde durch sie gewollt. Was durch sie gewollt wurde, das sollte uns beschäftigen, denn in einer solchen Blickrichtung werden wir stets einen Schlüssel zum Verständnis finden mancher Schwierigkeiten...»

Wie bereits erwähnt, wurde in dem Buch «Die geistigen Quellen Osteuropas...» eingehend dargestellt, «was durch Demetrius gewollt wurde» (siehe auch 5. Kapitel). Die Frage nach seiner Persönlichkeit aber harrt noch ihrer Beantwortung. Als ein Schlüssel dazu können die oben zitierten Worte Rudolf Steiners dienen: «Für die Russen erscheint hinter dem Bilde des Demetrius die große Jesus-Imagination, die in der Imagination steckengebliebene östliche christliche Kirche.»

Diese Aussage kann aber in keiner Weise auf den aus Polen gekommenen Demetrius zutreffen. Nicht nur, weil sein Charakterbild, so wie es aus vielen Zeugenaussagen von Zeitgenossen hervorgeht, der «großen Jesus-Imagination» ganz und gar nicht entspricht, sondern auch, weil man ihn unmöglich einen Träger des geistigen Wesens der orthodoxen Kirche und nicht einmal einen äußeren, formalen Repräsentanten derselben nennen kann. Er war orthodoxer Mönch gewesen, hatte sich aber von seinem alten Glauben losgesagt und alle Mönchsgelübde gebrochen. Er war zum Katholizismus übergegangen und dem Einfluß der Jesuiten verfallen, nicht zuletzt, um persönlichen und politischen Vorteils willen (Vermählung mit Marina und Aussicht auf Hilfe von Mniszek), auch zeigte er bis zum Ende seines Lebens keinerlei Interesse für die orthodoxe Kirche, so daß er später in Rußland·den Griechen Isidor, einen Erzpriester, der aus Zypern geflohen war, der lange in Rom gelebt hatte und der nach seinem Tod Rußland verließ und zur uniatischen Kirche (das heißt zum Katholizismus) überging, zum Haupt der orthodoxen Kirche machte. Von Jesuiten und Protestanten umgeben, mit der Katholikin Marina vermählt, bei allen Gelegenheiten nur Fremde (vom russischen Standpunkt: Häretiker) begünstigend,* die

---

* Der deutsche Historiker Rimscha schrieb in diesem Zusammenhang: «... der sonst so gewandte Mann [Demetrius] erwies sich als psychologisch in hohem Grade instinktlos, indem er sich nicht nur äußerlich als Pole gab, sondern in großer Zahl Polen, darunter auch viele Jesuiten, an seinen Hof zog, sie betont bevorzugte und damit bald in allen russischen Kreisen Ärgernis oder Empörung erregte – um so mehr, als er an seinen Heiratsplänen mit der katholischen Marina Mniszek festhielt.»[2]

orthodoxen Traditionen und Sitten ständig verletzend – *dieser* Demetrius mit seinen aus Polen entlehnten «progressiven» Ansichten, die er nicht nur nicht verbarg, sondern überall bei jeder passenden und unpassenden Gelegenheit in das Leben einzuführen suchte, konnte am allerwenigsten vom russischen Volk als ein Mensch angesehen werden, hinter dessen Bild «die in der Imagination steckengebliebene östliche christliche Kirche» erschien. Im Gegenteil, Zar Demetrius ließ sich mit eben dieser konservativen Seite der orthodoxen Kirche, die gerade dank dieses äußersten Konservativismus eine unmittelbare Beziehung zu dem atavistisch-imaginativen Prinzip bewahrte, so wie später Zar Peter in den Kampf ein, einen Kampf, der eine der Hauptursachen seines Unterganges bilden sollte.

Bezieht man die oben angeführten Worte Rudolf Steiners jedoch auf den anderen Demetrius, der in Uglitsch im neunten Lebensjahr ermordet, fünfzehn Jahre später heiliggesprochen und in die Erzengelkathedrale des Moskauer Kreml überführt wurde, so erhalten sie sogleich Sinn und Bedeutung. Denn er wurde seitdem als heiliger Märtyrer und Beschützer des russischen Landes in allen orthodoxen Kirchen in den Formen jenes «esoterischen» oder «in der Imagination steckengebliebenen» kirchlichen Kultus verehrt, von welchem in dem Buch «Die geistigen Quellen Osteuropas...» bereits eingehend gesprochen wurde.[3] Zudem wurde Kindermord in Rußland schon immer als eine besonders große Sünde angesehen[4], um so mehr der Mord am kaiserlichen Thronfolger. Deshalb wird auch schwerlich ein anderes Verbrechen in der russischen Geschichte zu finden sein, das einen solch starken Eindruck auf die breiten Massen des Volkes machte wie der Mord von Uglitsch im Jahre 1591.

Wie bekannt, findet sich die Beschreibung eines Kindermordes am Anfang des Matthäus-Evangeliums. Herodes, der den Jesusknaben, der «König der Juden» genannt wird, umbringen lassen möchte, begeht das Verbrechen aus Angst um seine Macht. Dieser Mord ist aber auch tief symbolisch. Und dieser symbolische Aspekt lebte seit jeher im Bewußtsein des russischen Volkes. Der Kindermord war für es ein Symbol für die Ermordung der Ursprungskräfte des Jesus in jedem Menschen, das heißt jener höheren, vom Sündenfall unberührten Kräfte, über welche der Mensch im allgemeinen nur in der frühesten Kindheit verfügt und welche Jesus von Nazareth in solcher Fülle auf die Erde brachte, daß sie bis zu seinem dreißigsten Jahr, bis zur Taufe im Jordan, in ihm fortwirkten.[5] All das zusammenfassend, ist es nicht schwer, sich vorzustellen, daß für die einfachen russischen Menschen, für das breite Volksbewußtsein, hinter dem Bild des schuldlos ermordeten Märtyrer-Knaben, der in der Hauptkirche Rußlands ruht, tatsächlich, wenn auch nur zu gewissen Zeiten, die «große Jesus-Imagination» erscheinen konnte, die Imagination, der ursprünglichen göttlichen Kräfte, über welche der Mensch nur in der frühen Kindheit verfügt.

«Diese Imagination, *dieses Bild* versucht der westliche Okkultismus durch eine *falsche* Imagination aus der Welt zu schaffen», fährt Rudolf Steiner fort. Hier wird von bestimmten westlichen Geheimgesellschaften oder Bruderschaften (Logen) gesprochen, die an die Stelle des wahren Bildes des Christus ein falsches setzen wollen. Den eigentlichen Charakter ihres Wirkens können wir am besten an ihrer Beziehung zu dem zentralen geistigen Ereignis unserer Zeit, dem Erscheinen des Christus im Ätherischen, ablesen.»[5a] Hier gehen ihre Bemühungen besonders in die Richtung, an die Stelle des ätherischen Christus, der vom 20. Jahrhundert an seine Offenbarungen aus der der Erde benachbarten geistigen Welt zur Menschheit herabsendet, ein ganz anderes, ahrimanisches Wesen zu setzen, das heißt, im buchstäblichen Sinne, die wahre Imagination des Christus durch eine falsche zu ersetzen.

Rudolf Steiner sagte in diesem Zusammenhang: «Es gibt westliche Brüderschaften, welche das Bestreben haben, dem Christus seinen Impuls streitig zu machen und eine andere Individualität, die nicht einmal irgendwann im Fleisch erschienen ist, sondern nur eine ätherische Individualität, aber streng ahrimanischer Natur ist, an die Stelle zu setzen.»[5b] So ist es das Ziel dieser Brüderschaften, «die Menschen abzulenken von dem Christus, der durch das Mysterium von Golgatha gegangen ist, und einer anderen [ahrimanischen] Individualität die Herrschaft über die Erde zuzuschanzen. Das ist ein ganz realer Kampf...», der darauf ausgerichtet ist, «die Christus-Erscheinung [im Ätherischen] des 20. Jahrhunderts zu fälschen».

Wenn aber Rudolf Steiner in dem Gespräch mit Polzer-Hoditz von «westlichem Okkultismus» sprach, so meinte er nicht nur die «westlichen Brüderschaften», *sondern auch die Jesuiten,* die, geographisch betrachtet, von Rußland aus eine «westliche» Strömung sind. Davon, daß in diesem Falle auch von ihnen die Rede ist, zeugen offensichtlich die weiteren Worte Rudolf Steiners, mit denen er Polzer-Hoditz gegenüber die eigentlichen Ziele und Aufgaben dieses «westlichen Okkultismus» charakterisiert.*

«Christus soll als der Herr der Erde, aber als Herrscher als *Tyrann* erscheinen.» Diese letzte Äußerung Rudolf Steiners entspricht wörtlich der Charakteristik, die er selbst von den Jesuiten, ihren Zielen und ihrer okkulten Praxis im Vortrag vom 6. August 1918 in Berlin gab: «Da ist

---

* Hier ist zu beachten, daß die Notizen von Polzer-Hoditz das Gespräch mit Rudolf Steiner nur in stark gekürzter Form wiedergeben und daß er sie zweifellos nicht für eine Publikation, sondern für den eigenen Gebrauch zum Festhalten der damals von Rudolf Steiner geäußerten Grundgedanken abfaßte. Daher ihr Telegrammstil und eine gewisse Sprunghaftigkeit.

ferner jene Gesellschaft, die gegründet worden ist, um den Christus zu bekämpfen und zu diesem Zwecke ein *falsches Jesusbild* aufzustellen: die Gesellschaft des Jesuitismus, die im wesentlichen dazu da ist, das Christus-Bild aus dem Christus-Jesus-Bild auszutreiben und nur den Jesus gewissermaßen *als den Tyrannen* der sich entwickelnden Menschheit gelten zu lassen.»[6] Auch in anderen Vorträgen sprach Rudolf Steiner über das Bestreben der Jesuiten, Jesus als «Herrn der Erde», als «Weltenherrscher» und so fort darzustellen.[7]

So handelt es sich hier vor allem um das *gemeinsame Wirken* einiger «westlicher Brüderschaften» mit den Jesuiten, worüber weiter unten eingehender gesprochen werden wird (siehe dazu 6. und 7. Kapitel).

Was aber die Epoche des Zarewitsch betrifft, so haben wir es in dieser Zeit in Rußland nur mit dem Wirken der Jesuiten zu tun. Mit anderen Worten: Wenn man beachtet, daß hinter Demetrius Jesuiten standen, die aus Polen kamen und die sich auf jede Weise bemühten, ihn für ihre Ziele zu benutzen, vor allem, um Rußland zum Katholizismus zu bekehren, dann haben wir in den zwei Demetrius-Gestalten jene Polarität, die Rudolf Steiner als den Gegensatz des russischen Volkes – des Christus-Volkes – und des Jesuitismus beschreibt. «Wenn bei dem eigentlichen Christus-Volk jene Offenbarung des Christus-Impulses, ich möchte sagen, in der übersinnlichen Wolke drinnenbleibt, nicht herunterdringt in die physisch-sinnliche Welt ..., beruht der Jesuitismus gerade darauf, daß das Gottesreich in das weltliche Reich heruntergetragen werde.»[8] Und das bedeutet, daß die «Jesus-Imagination» für die Russen zuallererst ein Hinweis auf jene nicht voll in die physisch-sinnliche Welt eintretenden ursprünglichen Kindheitskräfte im Menschen ist, die allein in der Lage sind, den Christus aufzunehmen, während für die Jesuiten das einseitige Jesusprinzip zum Instrument wird, um rein irdische Macht und Herrschaft zu erlangen. Und so zeugt das Bestreben des «polnischen Demetrius», besonders zu Beginn seines politischen Wirkens, den russischen Thron – wie unten noch gezeigt werden wird – praktisch um jeden Preis zu erringen, ebenso wie seine Ergebenheit dem römischen Papst gegenüber und seine Bereitschaft, alle Forderungen der Jesuiten zu erfüllen, deutlich von dem Einfluß letzterer auf ihn.

Und schließlich erwähnt Rudolf Steiner in dem Gespräch mit Polzer-Hoditz noch eine dritte Kraft, und zwar den «östlichen», das heißt indisch-tibetischen Okkultismus: «Der östliche Okkultismus will die Jesus-Imagination auslöschen und vergessen machen.» Auch hier kann man die Hauptziele, die die hinter diesem Okkultismus stehenden «östlichen Brüderschaften» verfolgen, an dem Beispiel des Kampfes ablesen, den sie heute gegen das Erscheinen des Christus im Ätherischen führen. Dazu äußerte Rudolf Steiner: «Diese indischen Brüderschaften ... wollen nicht ..., daß das Mysterium von Golgatha mit seinem Impuls die Entwickelung der Menschheit ergreife ... Sie wollen das Interesse [der Menschen] von ... dem Christus ablenken; sie wollen nicht hochkommen lassen das Christentum, diese östlichen Brüderschaften, namentlich die indischen.»[8a] Sie wollen, «daß der Christus als Individualität, wie er [in ätherischer Form] über die Erde gehen soll, unbemerkt bleibt. Also die wollen nicht [wie die westlichen Logen] einen andern Christus substituieren, sondern sie wollen nur, daß die Erscheinung des Christus-Jesus [im Ätherischen] unbemerkt bleibe. – So wird gewissermaßen von zwei Seiten ein Kampf geführt gegen den ätherisch zutage tretenden Christus-Impuls im Laufe des 20. Jahrhunderts.» Und da die Methoden und Ziele dieser westlichen und östlichen Brüderschaften in ihrem Wirken gegen den Christus-Impuls den stärksten Gegensatz darstellen, der sich aus der ahrimanisch-luziferischen Welt-Polarität ergibt, muß ihre Gegensätzlichkeit unweigerlich in einen Kampf gegeneinander übergehen. Dessen Quellen gehen auf das 19. Jahrhundert zurück, und wenn man diesen kennt, kann man viel von dem verstehen, was damals mit der Begründung und weiteren Entwicklung der Theosophischen Gesellschaft und dem Schicksal ihrer Gründerin, H. P. Blavatskij, zusammenhängt.[8b] Eine besondere Spannung und Intensität nahm dieser Kampf im 20. Jahrhundert im Zusammenhang mit dem Erscheinen des Christus in ätherischer Gestalt an, und – mit den Worten Rudolf Steiners – »in diesem Kampf stehen wir jetzt alle».

Im Gespräch mit Polzer-Hoditz spricht Rudolf Steiner auch das unvollendete Drama «Demetrius» von Friedrich Schiller an und weist darauf hin, *was* Schiller eigentlich in seinem Werk zeigen wollte, und zwar: « ... das Hineintragen des falschen Bildes [des Jesus] durch die Polen, das heißt durch die römische Kirche.» Diese Worte sprechen abermals ganz eindeutig erstens von dem Hauptziel der Jesuiten, das damit verbunden ist, das «falsche Bild» des Jesus in die Menschheitsentwicklung zu tragen, des Jesus, der bei ihnen nur wie ein Herrscher eines irdischen Reiches erscheint, und zweitens von der Wirkensrichtung des Demetrius, der geographisch «durch Polen» und geistig «durch die römische Kirche» von Westen kam.

Von Schillers Drama wird weiter unten eingehend gesprochen werden. Hier ist nur noch anzumerken, daß Rudolf Steiner die zitierten Worte über Demetrius in einem Gespräch äußerte, an dessen Beginn das schärfste Urteil über den Jesuitismus stand[9], das Rudolf Steiner jemals zu diesem Thema äußerte.

3. Das Demetrius-Rätsel historisch betrachtet

Das wohl wesentlichste Argument gegen die Identifizierung des «polnischen Demetrius» mit demjenigen, über den Rudolf Steiner sprach, ist die Art seines Charakters und seines Handelns, so wie diese in zahlreichen Zeugnissen von Zeitgenossen und einer ganzen Anzahl von historischen Dokumenten überliefert ist. Macht man sich vorurteilslos und in ausreichendem Maße mit diesen Überlieferungen bekannt, kann man dem Eindruck einer *Doppelheit* in Demetrius' Natur nicht entgehen, einer Doppelheit, die darin zum Ausdruck kommt, daß faktisch während seines ganzen Lebens neben edlen Charakterzügen, kühnem und entschlossenem Vorgehen, neben Großmut und hohen natürlichen Fähigkeiten immer wieder auch gegenteilige Eigenschaften und Handlungsweisen zu beobachten sind, die sein Bild wieder und wieder verdunkeln. Dieser Umstand führte auch dazu, daß spätere Historiker, in Abhängigkeit von ihren persönlichen Sympathien, einseitig die eine oder andere Seite von Demetrius' Charakter betonten, die einen ihn wie einen gerechten und großen Reformator hinstellten und die anderen wie einen Übeltäter und Verbrecher. In Wirklichkeit aber ist die eine wie die andere Meinung äußerst einseitig und entspricht in keiner Weise der historischen Realität.

In der Tat können wir in dem zweiten Demetrius eine bunte Mischung entgegengesetzter Eigenschaften und widersprüchlicher Absichten, erhabener Zielsetzungen und menschlicher Schwächen beobachten, die oftmals nicht weit entfernt zu sein scheinen von seelisch moralischen Schäden. Zu letzteren gehören vor allem seine von vielen bezeugte unmäßige Ruhmsucht, sein alle Grenzen übersteigendes Verlangen nach Luxus, Bällen, Tänzen, Festen, die sich über Wochen an seinem Hof hinzogen, seine kriegerischen Leidenschaften (die ständigen Kriegsübungen und -spiele, die sogenannte «kriegerische Kurzweil», die Träume, eine große Armee aufzustellen), seine kindlich begeisterte Freude am Jagen, an Pferden und Ringkämpfen, sein Jähzorn, seine Neigung, Probleme mit der Faust auszutragen, daneben aber steht, daß er weder nachtragend, noch rachsüchtig war und eine große Naivität anderen Menschen gegenüber zeigte. Schließlich ist seine nicht zu übersehende Schwäche Frauen gegenüber zu erwähnen und ein in keiner Weise ideales Leben in dieser Beziehung, wie das von vielen seiner Zeitgenossen bezeugt wurde und so fort.[1]

Es ist deshalb unmöglich, die komplizierte und widersprüchliche Gestalt des älteren Demetrius in eine Reihe mit solchen führenden Individualitäten von menschheitlicher Bedeutung wie Johannes den Täufer, Johannes den Evangelisten oder Kaspar Hauser zu stellen.

Auch existiert vom historischen Standpunkt aus gesehen, faktisch *kein einziges Dokument* (außer einem einzigen, das, wie noch gezeigt werden wird, in seiner Eigenschaft als Ausnahme, die Regel um so mehr bestätigt), welches bezeugt, daß der zweite Demetrius tatsächlich der Sohn Iwans des Schrecklichen und Maria Nagojs ist. Deshalb stimmen auch faktisch alle Historiker in Rußland und außerhalb, die sich *wissenschaftlich* mit diesem Problem befassen und nicht, um einen Roman zu schreiben, einhellig überein, daß der wahre Demetrius im Jahre 1591 tragisch in Uglitsch ums Leben kam. (Sie weichen nur in der Frage voneinander ab, ob das geplanter Mord war oder ein unglücklicher Unfall infolge eines epileptischen Anfalls.)[2]

Das einzige *Dokument*, das den entgegengesetzten Standpunkt aufweist, ist Demetrius' eigene Beichte über seine wundersame Rettung gegenüber seinem polnischen Gönner Adam Wisznewecki. Diese Beichte hat letzterer im Jahr 1603 aufgezeichnet und ursprünglich für den polnischen König bestimmt. Der zeitgenössische Historiker R. G. Skrynnikow referiert sie in seinem Buch «Die Usurpatoren in Rußland zu Beginn des 17. Jahrhunderts» folgendermaßen: «In der ‹Beichte› wird Erfundenes wunderlich mit realen biographischen Auskünften verbunden. Der ‹Zarewitsch› wußte nicht wenig von dem, was die Tragödie von Uglitsch und die Hofangelegenheiten betraf. Wo er jedoch die Umstände seiner wundersamen Rettung darzustellen beginnt, verwandelt sich seine Erzählung sichtbarlich in ein ungeschicktes Märchen. Nach den Worten des «Zarewitsch» rettete ihn ein Erzieher, dessen Namen er nicht nennt. Dieser vertauschte angeblich den Zarewitsch, nachdem er von den Mordplänen erfahren hatte, mit einem anderen Knaben desselben Alters. Dieser Unglückliche sei dann im Bett des Zarewitsch erdolcht worden. Als die Zarin-Mutter in das Schlafzimmer eilte, habe sie, heftig weinend, auf das bleigraue, bleiche Antlitz geblickt und den Tausch nicht erkennen können.»

Und Skrynnikow fährt fort: «In dem Augenblick, als sich das Schicksal der Intrige entschied, mußte der «Zarewitsch» alle Beweise seiner kaiserlichen Abstammung sammeln, welche auch immer er besaß. Und da zeigte es sich, daß Demetrius über keinerlei Beweise verfügte, daß er keinen einzigen Zeugen nennen konnte. So kommen in seiner Erzählung zwei Erzieher vor, die jedoch beide vor seiner Flucht nach Polen starben, außerdem ein namenloser Mönch, welcher den Zarewitsch an seiner kaiserlichen Haltung erkannte.

Der Usurpator vermied es, irgendwelche genauen Fakten oder Namen zu nennen, die durch eine Überprüfung hätten widerlegt werden können. Er erklärte, daß keiner um seine wundersame Rettung wußte, auch nicht seine Mutter, die in einem Kloster in Rußland schmachtete.»[3]

Dieses *einzige dokumentierte Zeugnis* von der wundersamen Rettung des Zarewitsch, das zudem von einem Menschen niedergeschrieben wurde, der daran interessiert war, von Demetrius so viele gewichtige Beweise als irgend möglich bezüglich der Richtigkeit seiner Erzählung zu erhalten, zeugt davon, daß dieser nichts Genaues über die Ereignisse wußte, die sich am 15. Mai 1591 in Uglitsch abgespielt hatten.

Mit seiner Behauptung, daß sich das Drama nicht am Tage, sondern in der Nacht ereignet habe und nicht im hinteren Hof des Herrensitzes der Familie Nagoj in Uglitsch, sondern im Bett des Zarewitsch und daß sogar seine Mutter von dem Tausch nichts wußte, zeugte Demetrius, ohne es zu wollen, selbst auf das entschiedenste gegen seine kaiserliche Abstammung.

Denn das Drama von Uglitsch spielte sich – wie zahlreiche Dokumente bestätigen – am hellen Tag vor den Augen von sieben Menschen ab: vier Knaben, Freunde des Zarewitsch, seiner Amme Wassilissa und zwei Kinderfrauen. Auf deren Schrei hin kam die Zarin Marfa Nagaja in den Hof gelaufen und nach ihr alle Hausgenossen mit dem Gesinde. Sie befahl, die Glocke zu läuten und das Volk zusammenzurufen, das sogleich in den Hof des Herrensitzes strömte. Nach dem Zeugnis von Grigorij Nagoj, der etwas später herbeigeritten kam (und der in der Folgezeit sogar unter der Folter der Unfallversion der Untersuchungskommission nicht zustimmte, sondern bis zum Schluß darauf bestand, daß es geplanter Mord gewesen sei) «versammelten sich viele Menschen um den Zarewitsch, und es begann, unbekannt wer, davon zu sprechen, daß der Zarewitsch wohl erdolcht worden sei».[3a] Auch «lebte der Zarewitsch» nach seinen Worten «noch und verschied in ihrer Anwesenheit», das heißt er starb in Gegenwart einer großen Menge Menschen. Und in dem kleinen Uglitsch kannten selbstverständlich sehr viele den Zarewitsch von Angesicht. Nachdem die Menge aber aus dem Mund der Zarin die Mordanklage gehört hatte, stürzte sie auf der Suche nach den Verdächtigen fort. Fünfzehn Menschen wurden am selben Tag getötet. Dann trug man den Leichnam des Zarewitsch in die Kirche, wo er bis zur Ankunft der Untersuchungskommission blieb. Dort sahen ihn viele. So kamen auf Befehl der Zarin aus dem nächstgelegenen Kloster zwei höhere Geistliche, der Archimandrit Feodorit und der Abt Sawwati. Wie der Abt bezeugte, traf er die Zarin in der Erlöserkirche bei dem Sohn an: Und der Zarewitsch lag in der Erlöserkirche und die Zarin sagte: «Mikita Katschalow und Michailow, der Sohn von Danilo Bitjagowskij und Ossip Wolochow haben den Zarewitsch ermordet.[4]» Die Mönche erblickten Ossip Wolochow in der Kirche. Er stand «schwer verwundet» in der Nähe des Leichnams des Zarewitsch «hinter einer Säule». Es war dort auch die Amme Wassilissa in der Kirche, vor deren Augen der Mord geschehen war. Sie flehte die Mönche an, ihren Sohn Ossip zu beschützen, der jedoch, kaum daß die Mönche sich entfernt hatten, auf Befehl der Zarin abermals von der Menge ergriffen und zerfleischt wurde.[5] So waren nicht nur die Geistlichen mit ihrem Gefolge, sondern auch die Bewohner von Uglitsch mehrmals in der Kirche.

Schließlich kam die kaiserliche Kommission. Sie wurde zwar von Schuiskij geführt, bestand jedoch nicht nur aus Feinden von Boris Godunow. Dieser hatte ihre Zusammensetzung, einschließlich einiger treuer, ihm ergebener Männer, selbst bestimmt. So war zum Beispiel Kleschnin, der aus der unmittelbaren Umgebung des Zaren stammte und ein Freund von Godunow war, Mitglied der Kommission. Ebenso hatte der Diakon Wylusgin eine wichtige Stelle im Regierungsapparat von Godunow inne und gehörte nicht zu Schuiskijs Partei, der Metropolit Gelwasij dagegen war von den kirchlichen Machthabern, das heißt dem Patriarchen Hiob, einem Freund und treuen Anhänger von Boris, zur Aufsicht über die Tätigkeit der Kommission entsandt worden. Mit anderen Worten, eine solch bunte Zusammensetzung der Kommission, die zudem von Godunow persönlich bestätigt worden war, schließt die Möglichkeit, daß die drei übrigen Kommissionsmitglieder nur fügsame Marionetten in Schuiskijs Händen waren, mit Sicherheit aus. *Alle* Mitglieder sahen den Leichnam des ermordeten Zarewitsch in der Kirche. Dazu vermerkte Morosowskij in seiner Chronik: «Die nach Uglitsch gekommen waren, sahen den Leib des Zarewitsch erdolcht wie ein Lamm; die Mutter, die sich über ihn beugte, weinte . . . und das Volk von Uglitsch war auch dort und weinte und schluchzte untröstlich.»[6] Einige Zeit später konnten viele Bewohner von Uglitsch während des Totenamtes und des Begräbnisses den Leichnam des Zarewitsch abermals sehen.

So «starb der Zarewitsch bei der hellen Mittagssonne vor den Augen vieler Menschen».[7] Und noch mehr Menschen sahen dann seinen Leichnam zunächst im Hof liegend, dann in der Kirche aufgebahrt, und schließlich, beim Begräbnis. Da aber die Mehrzahl der Bevölkerung von Uglitsch, ebenso wie die zwei Geistlichen, die mehrmals vorher die Zarin besucht hatten und nun auf ihren Befehl hin am Orte des Verbrechens weilten, den Thronfolger von Angesicht kannten, so schließen alle angeführten Tatsachen die Möglichkeit eines Tausches oder eines Fehlers bei der Identifikation des toten Zarewitsch aus.

Unter den übrigen Zeugnissen ist ein Schreiben Konrad Bussows, der zu jener Zeit in Rußland weilte, von besonderem Interesse, der sich viel Mühe machte, um sich noch während Demetrius' Lebenszeit zuverlässige Auskünfte über dessen Herkunft zu verschaffen und der schließlich zu der festen Überzeugung kam, daß dieser kein Sohn von Iwan dem Schrecklichen war. Unter den vertrauenswürdigsten Persönlichkeiten, die Bussow befragte, nennt er selbst an erster Stelle Basmanow, der ihm in einem vertraulichen Gespräch sagte: «Ob er zwar wohl nicht des Kaisers Iwan Basilowitzen Sohn ist, so ist er doch nun unser Herr. Wir haben ihn angenommen, ihm auch geschworen und werden auch einen besseren Herrn in Reussland nimmer bekommen.» Dieses Zeugnis von Basmanow hat eine besondere Bedeutung, da er Demetrius sehr nahe stand, ihm sehr ergeben war und ihm schließlich sein Leben opferte. Als zweiten Gewährsmann nennt Bussow den Hofapotheker, der Demetrius schon in seiner Kindheit gekannt hatte; ferner eine Livländerin, welche Hebamme bei Demetrius' Mutter gewesen war; dann einen alten Mann, welcher zur Zeit der Ermordung des jungen Prinzen als Wächter im Schloß zu Uglitsch diente und den Leichnam desselben noch «auf seinem Spielplatz» hatte liegen sehen. Außerdem habe Bussow 1609 von dem Feldherrn Peter Sapieha selbst gehört, daß Demetrius nicht Iwans Sohn gewesen und so weiter.[8]

Auch der Engländer und Vertreter einer Handelsgesellschaft, Jerome Horsey, der sich zur Zeit des Mordes unweit von Uglitsch in Jaroslawl befand und der, noch bevor die schreckliche Nachricht Moskau erreichte, von der Tragödie hörte, teilte Lord Burghley am 10. Juni 1591 in einem geheimen Brief nach London mit, daß er persönlich von Afanasij Nagoj erfahren habe, daß «der Zarewitsch grausam und auf verräterische Weise ermordet worden ist». Später, nachdem er nach England zurückgekehrt war, beschrieb Horsey dann in seinen Lebenserinnerungen eingehend die für ihn unvergeßliche Mainacht des Jahres 1591, wo ihn Afanasij Nagoj weckte und ihm von den schrecklichen Ereignissen berichtete. Und er wiederholte, fern von Rußland, in voller Sicherheit, abermals die Worte, die Nagoj einst zu ihm gesprochen hatte: «Der Zarewitsch Demetrius ist in der sechsten Stunde gestorben, die Popen haben ihm die Kehle durchgeschnitten.»[9]

Schließlich ist noch der Umstand zu beachten, daß die Zarin-Mutter, die während der Uglitscher Tragödie durch ihr verzweifeltes Schreien, daß ihr Sohn *ermordet* worden sei, und durch ihre lauten Beschuldigungen konkreter Persönlichkeiten, daran Schuld war, daß einschließlich des offiziellen Repräsentanten des Zaren *fünfzehn* Menschen, von denen mindestens zwölf völlig unschuldig waren,* vor ihren Augen von der Menge gelyncht

---

* Diese sinnlosen Morde kann man nur als Folge des Leides und der Verzweiflung einer Mutter begreifen, die in einem Augenblick alles verlor, sowohl den Sohn als auch die Hoffnung auf den Thron, und die außer sich geriet (sonst hätte sie auf jeden Fall nicht von der Menge gefordert, den Repräsentanten des Zaren zu ermorden). Wenn man aber die

wurden, später, als man den Leichnam des zweiten Demetrius vor ihrer Zelle im Himmelfahrtskloster vorbeitrug, auf die Frage, ob das ihr Sohn sei, gleichmütig antwortete: «Das hättet ihr fragen sollen, als er noch lebte, jetzt ist er selbstverständlich nicht der meine . . .»[10]

Außerdem gibt es in den russischen Chroniken mehrere Mitteilungen von Äußerungen Maria Nagojs über Demetrius, die sie entweder unmittelbar vor oder bald nach seiner Ermordung machte. So sagte sie nach dem Zeugnis einer solchen Chronik «vor allen Leuten, daß ihr Sohn in Uglitsch ermordet und in ihren Armen gestorben sei».[11] Selbstverständlich können die Motive einer solchen Behauptung sehr verschieden gedeutet werden, ebenso wie die spätere Erklärung der Zarin in ihrem Sendschreiben an die Wojewoden, daß der Zarewitsch, bevor sie ihn vor dem ganzen Volk anerkannte, im Zelt «zu uns voller Verführung sagte, daß ich ihn nicht entlarven solle, ansonsten uns und unserem ganzen Geschlecht der Tod drohe»[12]. Wie man sich auch zu diesen Äußerungen stellen mag, es ist eine Tatsache, daß die Zarin auf das Drängen des Demetrius, ihm zu erlauben, die sterblichen Überreste des in Uglitsch ermordeten Zarewitsch aus der Gruft der Nagoj zu entfernen, daß die Zarin-Mutter dies kategorisch ablehnte. Demetrius wollte wohl damit vor allen Menschen demonstrieren, daß nicht der Zarewitsch in Uglitsch ermordet wurde, sondern irgend ein Popensohn, um so im Bewußtsein des Volkes seine Identität mit dem Sohn von Iwan zu betonen, im Gegensatz zu den damals bereits aufgekommenen gegenteiligen Gerüchten. Als aber Demetrius trotzdem versuchte, seinen Willen durchzusetzen, da wandte sich Maria um Hilfe an die Bojaren, denen es schließlich gelang, den Zaren zur Aufgabe seines Planes zu überreden.

Nun ist noch anzuführen, daß das sogenannte «Wiedererkennen» des Demetrius durch einen Petruschka in Polen kein rechtes Vertrauen verdient. Denn dies geschah zu der Zeit, als sich nicht nur seine unmittelbaren Gönner Mniszek und Wisznewecki für Demetrius und seine Geschichte interessierten, sondern auch die nähere Umgebung von König Sigismund. Denn um Demetrius dem König vorzustellen waren gewichtigere Beweise für dessen kaiserliche Herkunft nötig als diejenigen, die seine von Wisznewecki aufgezeichnete «Beichte» enthielt. Jetzt mußten mächtigere Kräfte in die Intrige hineingezogen werden. So konnte sich der Usurpator dank

---

Version annimmt, daß ihr Verhalten Teil einer kaltblütig geplanten Intrige gewesen sei, dann muß man zu dem bewußten Mord von zwölf unschuldigen Menschen noch den Mord an dem zweiten, auf Befehl oder mit Zustimmung der Zarin erstochenen, zudem vermutlich zur näheren Umgebung des Zarewitsch gehörenden Knaben hinzufügen. Dann übersteigt aber der Grad des Verbrechens der Zarin-Mutter jede Vorstellung und widerspricht allen über sie vorhandenen Zeugnissen.

Mniszeks Protektion die Unterstützung des litauischen Kanzlers Leo Sapieha sichern, welcher auch den Jesuiten nahestand und häufig in Moskau gewesen war.[14]

Das hatte zur Folge, daß der «Kanzler öffentlich verkündete, daß ‹Demetrius› dem verstorbenen Zar Fjodor sehr ähnlich sehe und versprach, zweitausend Reiter auszurüsten und dem Zarewitsch zu Hilfe zu schicken».[15]

Bei diesem neuen Gönner von Demetrius war Petruschka in leibeigener Stellung. Er war «ein Flüchtling aus Moskau, von livländischer Abstammung, der im Kindesalter in Moskau in Gefangenschaft geraten war».[16]

Die Ereignisse entwickelten sich dann so weiter, daß Sapieha, nachdem er mit dem «Flüchtling» gesprochen hatte, öffentlich bekannt gab, daß sein Leibeigener Demetrius schon in Uglitsch gekannt habe,* woraufhin Wisznewecki eine Gegenüberstellung organisierte, bei der «Petruschka» nach dem Bericht von Augenzeugen so in Verwirrung geriet, daß er kein Wort hervorbrachte.

Und nur nachdem Demetrius sich an ihn gewandt und ihm gesagt hatte, daß er «ihn kennt», erkannte auch er den Zarewitsch.**[18]

Auf ähnliche Weise wurde auch das «Erkennen» von Demetrius durch den Diener Mniszeks in Sambor organisiert, der in Pskow erfaßt worden, zuvor mehrere Jahre in Moskau in Gefangenschaft gewesen und von dort über die Grenze geflüchtet war. (Von gegenteiligen Zeugnissen wird weiter unten gesprochen werden.)

Aus den angeführten wie auch aus vielen anderen Fakten, deren Betrachtung aber über den Rahmen der vorliegenden Arbeit hinausgehen würde, ergibt sich die Schlußfolgerung, zu der letzten Endes *alle* ernsthaften Historiker gekommen sind: Der zweite Demetrius kann kein Sohn Iwans des Schrecklichen gewesen sein. Diese Schlußfolgerung faßte der deutsche Historiker Hans von Rimscha in seiner «Geschichte Rußlands»

---

* Das widerspricht nicht der Tatsache, daß sich Leo Sapieha später im Sejm gegen eine unmittelbare Beteiligung Polens an Demetrius' Feldzug aussprach, wohl, weil er der Ansicht war, daß «die Glut besser mit fremden Händen zusammengescharrt wird», um ein russisches Sprichwort zu gebrauchen. Manche vermuten auch, daß Sapieha, der Demetrius' Vergangenheit besser als andere kannte, im letzten Augenblick Angst bekam, an einem solch riskanten Abenteuer teilzunehmen.[17] Trotzdem gab Sapieha den Plan, den Moskauer Thron mit Hilfe einer untergeschobenen Person zu beherrschen, nicht auf. Er versuchte später sogar einen weiteren Prätendenten unterzuschieben, und zwar den «falschen Dimitriewitsch», den angeblich vom Tod erretteten Sohn von Marina und dem falschen Demetrius II. (Siehe Seite 24.)

** Das letztere ist auch deshalb höchst zweifelhaft, da Demetrius gegenüber Wisznewecki in seiner «Beichte» nicht einen einzigen Namen nennen konnte, obwohl Petruschka etwa genau so alt war wie der «Zarewitsch».

mit den folgenden Worten zusammen: «Wer dieser Thronprätendent wirklich war, ist bis heute nicht geklärt, aber die seinerzeit von Wissenschaftlern vertretene These, daß er tatsächlich Grosnyjs Sohn war, läßt sich heute nicht mehr aufrechterhalten.»[19]

Wir wollen nun die Frage der Herkunft des falschen Demetrius, über die es in der historischen Literatur eine ganze Reihe von Vermutungen gibt, von denen jedoch keine einzige als vollständig bewiesen angesehen werden kann, da es, wie schon gesagt, keine sicheren Zeugnisse, keine historischen Dokumente über die frühe Jugend des ungewöhnlichen russischen Thronprätendenten gibt, vorläufig beiseite lassen, und uns sogleich der Epoche seines Lebens zuwenden, die sich vor den Augen vieler Menschen abspielte und von der eine große Zahl glaubwürdiger Mitteilungen und dokumentarischer Zeugnisse erhalten ist.

Eines unterliegt auf jeden Fall keinem Zweifel: Unter den Bojaren in Moskau gab es eine starke Opposition gegenüber dem Zaren Boris. Verschiedene Gruppen, die bei ihm in Ungnade gefallen waren, suchten eine Gelegenheit, sich des verhaßten Herrschers zu entledigen. Zu einer solchen Gruppe gehörte Schujskij. Eine andere hatte sich um die Bojaren Romanow und Tscherkasskij gebildet. Es mag auch noch weitere Gruppen gegeben haben, und es ist nicht ausgeschlossen, daß einige von ihnen sogar, um ihr Ziel zu erreichen, mit Fremden, besonders mit Polen in Verbindung zu treten suchten, so zum Beispiel Sapieha, der zweimal in Moskau Gesandter beim Zaren Fjodor und bei Godunow gewesen und der das letzte Mal mit großer Erbitterung über den Zaren[20] von Moskau zurückgekehrt war, begleitet von Jesuiten. Diese konnten ja auf Grund der Erlaubnis, die der Jesuit Possevino, ein Gesandter des Papstes, von Iwan dem Schrecklichen erhalten hatte, die nach Rußland reisenden ausländischen Kaufleute und Diplomaten ungehindert begleiten.

Alles das veranlaßte einige Historiker, den Schluß zu ziehen, daß wohl das Erscheinen des Demetrius wie auch die Intrige um ihn auf die Kreise der bojarischen Opposition zurückzuführen sei, und da besonders auf die Gruppe der Romanow, welche Boris gnadenlos verfolgte.[21] Auf jeden Fall sagte Godunow den Bojaren ins Gesicht, als erstmals Gerüchte von dem im fernen Polen aufgetauchten «Zarewitsch» Moskau erreichten, daß das ihr Werk sei und daß sie sich das ausgedacht hätten, um ihn zu stürzen, so berichtet es Bussow, der damals in der kaiserlichen Wache diente.[22]

Diesen Standpunkt teilt auch der Historiker S. M. Solowjeff. Er schreibt: «Der Ursupator wurde in Moskau von Boris' dortigen Feinden untergeschoben. Diese Meinung ist sicher und bedarf keiner Mutmaßungen, steht auch nicht im Gegensatz zu den Nachrichten über die Abenteuer Otrepjews. Wenn wir diese Meinung als die wahrscheinlichste ansehen, besteht selbstverständlich trotzdem keine Notwendigkeit, eine Beteiligung von [Leo] Sapieha oder überhaupt der polnischen Pane oder der Jesuiten zu verwerfen; man muß jedoch beachten, daß zwar das Erscheinen des Usurpators und die daraus hervorgehenden Wirren für Polen und die Jesuiten nützlich war, dieses Erscheinen für die inneren Feinde von Boris, die sich mit dem Gedanken abquälten, daß dieser sie, solange er auf dem Thron saß, stündlich mit Ungnade bedrohte, äußerst willkommen war, ja ihren Zielen voll entsprach, denn sie brauchten ein Instrument, das mächtig genug war, Godunow zu stürzen, und zugleich so unbedeutend, daß man sich später ohne Schwierigkeiten von ihm lossagen und den Thron von ihm reinigen konnte.»[23]

Wie bekannt, sprach Demetrius erstmals gegenüber Adam Wisznewecki von seiner «kaiserlichen Abkunft», (obwohl es Zeugnisse gibt, daß er das schon früher zu tun versuchte). Der litauische Magnat erkannte sogleich, was ihm der Schutz des russischen Thronprätendenten und möglicherweise künftigen Zaren einbringen konnte. Denn er lag schon längere Zeit wegen einiger Grenzgebiete, die sein Vater eingenommen und der polnische Sejm ihm zugesprochen hatte, die Boris jedoch zurückforderte, was sogar zu kriegerischen Auseinandersetzungen geführt hatte, mit Rußland im Streit.

Vor der Begegnung mit Wisznewecki, wahrscheinlich während er sich bei Pan Chojskij in Goschtsch aufhielt oder sogar noch früher bei Fürst Ostrožskij, fanden die ersten Treffen von Demetrius mit den Jesuiten statt. Das geht daraus hervor, daß letztere über alle seine Abenteuer und Aufenthaltsorte in Litauen und Polen sehr gut informiert waren. Für sie eröffnete die Aussicht von Demetrius' Inthronisation die Möglichkeit, das Ziel zu erreichen, das sie seit der Stiftung der Union im Jahre 1596 verfolgten: Rußland, das Hauptbollwerk der Orthodoxie in Europa, zum Katholizismus zu bekehren und Rom zu unterwerfen.[24] Um aber zu diesem Ziel zu gelangen, mußten sie Demetrius um jeden Preis zum Katholizismus bekehren, ihn beherrschen, ihrem Einfluß vollkommen unterwerfen und ihn so zu einem willfährigen Werkzeug machen. Neben der ideologischen Beeinflussung, der sie Demetrius aussetzten, kam ihnen noch das Schicksal entgegen, denn Demetrius verliebte sich leidenschaftlich in Marina Mniszek, die sich schon seit langem in der Macht der Jesuiten befand, (Diese waren auch ihre Beichtväter.) So konnte die Bekehrung zum Katholizismus, neben den religiösen Gründen, nun auch zur Bedingung dafür werden, daß Demetrius die Hand Marinas erhielt. Und so geschah es auch.

Wieweit die Jesuiten Erfolg bei der Verwirklichung ihrer Pläne hatten, zeigt Demetrius' ungewöhnlich schnelle Bekehrung zum Katholizismus, wobei diese Bekehrung für ihn nicht nur damit verbunden war, daß er seine Mönchsgelübde brechen, sondern auch ein für alle mal dem Glauben seiner Väter und seines Volkes abschwören mußte. Allem Anscheine nach hat ihn das aber wenig berührt. Mehr noch, er wünschte selbst, daß Jesuiten seine Bekehrung vornehmen sollten, was dann auch in deren Niederlassung in Krakau geschah.[25] Vor seinem Übertritt sprach Demetrius lange mit dem Beichtvater des Königs Sigismund, dem Jesuiten Bartsch, sodann mit Skarda, dem mächtigsten Jesuiten in ganz Polen, und nach seiner Bekehrung wählte er sogleich den Jesuiten Sawicki zu seinem Beichtvater.[26] Danach wünschte er, das erste Abendmahl nach katholischem Ritus aus den Händen des päpstlichen Nuntius Rangoni zu empfangen, was durch die Vermittlung und Hilfe seines Beichtvaters Sawicki auch geschah. Bei dieser Gelegenheit versprach Demetrius dann dem Nuntius, mit allen Kräften dahin zu wirken, daß Rußland der römisch-katholischen Kirche eingegliedert werde.

Zu derselben Zeit schrieb Demetrius auch das erste Mal an Papst Clemens VIII. (am 24. April 1604). Er nannte sich in diesem Brief «das kläglichste Lamm» und einen «ergebenen Diener seiner Heiligkeit»; er sagte sich von «den Verirrungen der Griechen» (das heißt der orthodoxen Kirche) los, er anerkannte die Unanfechtbarkeit der Dogmen der «wahren Kirche» und küßte schließlich die Füße seiner Heiligkeit wie «die Füße von Christus selbst». Weiter bekannte er in demselben Brief seine volle Ergebenheit und Unterwerfung gegenüber «dem höchsten Hirten und Vater der ganzen Christenheit», und er versprach, das große und fromme russische Volk wieder in den Schoß der katholischen Kirche zurückzuführen.[27]

Zieht man die Anzahl der Jesuiten, die an Demetrius' Bekehrung beteiligt waren (Sawicki, Grotziskij, Bartsch, Skarga), ihre Stellung und ihre okkulte und psychologische Erfahrung in Betracht, dann kann es sich wohl kaum darum handeln, daß der unerfahrene Jüngling sie hätte täuschen können. Auch zeugen die folgenden Ereignisse davon, daß seine Abhängigkeit vom Heiligen Stuhl nie vollständig geschwunden ist, die sich, wie wir noch sehen werden, im kritischsten Augenblick seiner Regierung in Moskau besonders stark äußerte und sich als verhängnisvoll für ihn erwies.

Sein Übertritt zum Katholizismus eröffnete nun aber auch seinen polnischen Gönnern sowie den Jesuiten eine neue Möglichkeit, den polnischen König Sigismund, einen treuen Zögling des Jesuitenordens und einen aktiven Verfechter der Gegenreformation, für alle von ihnen getroffenen Maßnahmen zu interessieren.

Dieser erklärte sich dann auch unter dem Einfluß der Jesuiten sehr schnell bereit, Demetrius Hilfe angedeihen zu lassen, jedoch unter bestimmten Bedingungen. So mußte sich Demetrius verpflichten, nach seiner Thronbesteigung dem polnischen König bei seinem Kampf mit den Schweden zu helfen, und vor allem, Polen *alle westlichen Gebiete* Rußlands entschädigungslos abzutreten, das heißt das Gebiet von Tschernigowsk sowie den größten Teil des Sewersker Gebietes, einschließlich der sechs größten Städte desselben «mit allem, was zu diesen gehört»[28]. Erst nachdem Sigismund schriftlich die Versicherung von Demetrius erhalten hatte, daß dieser alle Bedingungen annehme, war er bereit, dem russischen Thronprätendenten eine Audienz zu gewähren und seine Einwilligung in eine Heirat desselben mit Marina zu geben. Später mußte der polnische König jedoch unter dem Druck des Sejm von jeglicher äußeren Hilfe für Demetrius Abstand nehmen und statt dessen seinen Gönnern das weitere Wirken überlassen.

Neben Wisznewecki und den Jesuiten gehörte Jurij Mniszek, der Vater der zukünftigen Gemahlin des Prätendenten, zu seinen wichtigsten Gönnern. Auf dessen moralische Qualitäten wirft schon die Tatsache ein helles Licht, daß er einmal vom polnischen Sejm des Kleinodienraubes beschuldigt wurde und er sich nur mit Mühe dem Gericht Sigismunds II. zu entziehen vermochte.[29] Außerdem befand er sich zur Zeit der «Entdeckkung» des Demetrius in einer äußerst schwierigen finanziellen Lage: es drohte ihm der völlige Ruin und die Beschlagnahme seines ganzen Besitzes. Deshalb bedeutete dieser zur rechten Zeit erschienene «Anwärter» auf den russischen Thron die letzte Gelegenheit für ihn, sich zu retten. Wenn nun die Motive Mniszeks bezüglich seiner Unterstützung von Demetrius letzten Endes auf eine unverhohlene und zynische Berechnung hinausliefen, so suchte seine Tochter – als ein echter Nachkomme ihres Vaters – allein ihren grenzenlosen Ehrgeiz durch diesen zu befriedigen, den Ehrgeiz, Zarin von Moskau zu werden, um den von ihr so sehr verehrten Jesuiten zuliebe das Häretikervolk zum rechten Glauben zu bekehren. Davon, daß sie keinerlei Gefühle für ihren Bräutigam hegte, zeugt die Tatsache, daß sie sogleich nach seinem Untergang, ohne lange Überlegung und in allem den Anweisungen der Jesuiten folgend, die Gemahlin des zweiten falschen Demetrius, «des Gauners von Tuschino» wurde und ihm sogar einen Sohn schenkte. Ebenso war ihr Vater bereit, den zweiten Prätendenten für 300 000 Goldrubel und 14 Städte im Norden Rußlands anzuerkennen.[29a]

In der ganzen Angelegenheit mit Demetrius nur auf ihren eigenen Vorteil bedacht, entwarfen Vater und Tochter einen entsprechenden Heiratsvertrag, demzufolge Demetrius sich verpflichtete, Mniszek eine Million Goldrubel, einen bedeutenden Teil der Kleinodien aus dem Moskauer Staatsschatz und praktisch den *ganzen Norden Rußlands:* die Städte Nowgorod und Pskow mit ihrer Umgebung, zu übertragen sowie die Genehmigung zur Errichtung katholischer Kirchen und Klöster auf dem gesamten Territorium des russischen Staates zu erteilen. Zudem stellten ihm die beiden Mniszeks unter dem Einfluß der Jesuiten die Bedingung, das ganze russische Reich in einem Jahr zum Katholizismus zu bekehren. Demetrius unterschrieb diesen sehr seltsamen Heiratsvertrag ohne Zögern (am 25.

Mai 1604 in Sambor). Zieht man nun noch in Betracht, daß er vorher bereits Mniszek schriftlich versprochen hatte, ihm die noch nicht dem König übertragenen nördlichen Teile des Landes und den ganzen Smolensker Bereich zu geben, so muß man feststellen, daß er um der Heirat mit Marina willen und um sich die Unterstützung des polnischen Königs zu sichern, bereit war, sich von fast einem Drittel des russischen Territoriums zu trennen und es den damaligen Feinden des russischen Reiches zu überlassen.

Hat man sich mit all diesen Dokumenten bekannt gemacht, erweist es sich als unmöglich, sich des Gefühls zu erwehren, daß Demetrius bereit war, einfach alles um seiner ehrgeizigen Ziele willen zu tun und besonders um die Hand von Marina zu gewinnen: weder der Glaube seiner Väter, noch die seit jeher zu seiner Heimat gehörenden Territorien bedeuteten ihm zu jener Zeit irgend etwas. Denn seine Ziele rechtfertigten für ihn jedes Mittel. Für die Jesuiten erwies sich dabei ganz besonders seine blinde Leidenschaft für Marina als ein wahres Geschenk. Denn mit Marina, die ihnen in allem gehorsam war, an Demetrius' Seite, konnten sie hoffen, den zukünftigen russischen Zaren fest in ihren Händen zu haben.

Auch ist noch zu ergänzen, daß Demetrius sich vor Beginn seines Heereszuges nach Moskau selbst schriftlich mit der Bitte an Striveri, das Haupt des Jesuitenordens in Polen, wandte, ihm wenigstens ein Mitglied des Ordens zur Begleitung mitzugeben. Als Antwort auf diese Bitte wurden ihm auf höheren Befehl sogar zwei Begleiter gegeben: Lawicki und Czyrzowski.[31]

Einer der hervorstechendsten Charakterzüge von Demetrius war seine unbedingte Kriegslust. Diese zeigte sich nicht nur während des Kriegszuges (in der Schlacht bei Dobrynitschij führte er die Attacke der Husaren selbst an), sondern auch später auf dem russischen Thron. Zwar war während seiner kurzen Regierungszeit kein einziger Krieg zu führen, zu seinen beliebtesten Unterhaltungen gehörten jedoch – so wie bei Peter I. – die sogenannten «Kriegsspiele» (heute «Manöver» genannt), während deren im Winter aus Schnee, im Sommer aus Fuhrwerken eine Festung gebaut wurde, in der sich russische Bojaren verschanzten, die dann Demetrius mit Deutschen und Polen stürmte, oder deren Erstürmung er von den Gemächern des Kreml aus beobachtete. Selbstverständlich fiel der Sieg dabei stets den Fremden zu.[32] Eine andere Lieblingsbeschäftigung von Demetrius waren Artillerieübungen, während deren er oftmals selbst Kanonen abfeuerte. Bei offiziellen Empfängen äußerte er sich mehrfach über die Bedeutung der Armee als der Grundlage der Staatsgewalt, und es war ihm kein Geld zu schade für sie.[33]

Als er den Thron bestiegen hatte und sich seines Versprechens Sigismund gegenüber erinnerte, befahl er, Truppen zum Feldzug gegen Schweden vorzubereiten. Die Bojarenduma widersetzte sich jedoch kategorisch dem Bruch des Friedensvertrages mit Schweden, und Demetrius mußte nachgeben. Bereits im Frühling 1606 begann er dann jedoch mit der Vorbereitung eines Feldzuges gegen die Türken, nachdem er zu diesem Zweck einen Militärstützpunkt in der Stadt Elez errichtet hatte, denn er beabsichtigte, Asow zu nehmen, um die Türken aus der Don-Mündung zu vertreiben. Konrad Bussow, der sich damals in Moskau befand und ein Leibwächter des Zaren war, beschreibt diese Kriegsvorbereitungen folgendermaßen: «Er ließ viel Feuer-Mörser und Feld-Stücke gießen, unangesehen, daß vorhin eine solche Anzahl großes Geschützes und so herrliche, große und schöne Stücke alda in der Moscau vorhanden, daß einem, der solche nicht gesehen, kaum zu glauben. Eine große Artillerie ließ er im Winter nach Galeetz (welches nach den tartarischen Grenzen hinbelegen) bringen. Fürhabens, folgenden Sommer, die Tartaren und Türken des Orts damit zu besuchen . . .»[33a] Zur Erkundung und Vorbereitung des künftigen Kriegsschauplatzes wurde außerdem der Wojewode Scheremetjew mit einem Heer an die südliche Grenze Rußlands geschickt.[34] Demetrius erhoffte sich, sogar den Papst zum Kampf gegen die Türken zu bewegen, wovon seine Briefe an diesen zeugen. Das römische Kirchenoberhaupt zog es jedoch im letzten Moment vor, beiseite zu stehen und statt dessen dem russischen Zaren anzutragen, allein gegen die Türken vorzugehen.[35]

Von Demetrius' grenzenlosem Ehrgeiz spricht auch die Tatsache eine deutliche Sprache, daß er der erste Herrscher in Rußland war, der sich selbstherrlich hundert Jahre vor Peter zum Imperator machte und sich damit über den polnischen König stellte. Die Titel, die er sich selbst aneignete, überstiegen in ihrer Länge und hochtrabenden Art die offiziellen Bezeichnungen aller früheren russischen Zaren, Iwan den Schrecklichen eingeschlossen. In offiziellen Sendschreiben nannte er sich stets «Wir, der erlauchteste und *unbesiegliche* große Herr Caesar» oder «Wir, der unbesieglichste Herrscher von Gottes Gnaden, Imperator und Großfürst ganz Rußlands und vieler Länder, Herr und Zar, Selbstherrscher» und so fort. Nach K. Bussow nannte er sich selbst sogar «Kayser aller Kayser». Und auf seinen Empfängen äußerte er, wenn er den fremden Gesandten die Bedeutung seiner Titel erklärte, daß «er eine solch große Macht hat, daß ihm nichts in den nördlichen Gegenden gleichkommt».[36] Allerdings erkannten weder der polnische König noch der Papst den Titel Imperator für Demetrius an. Sigismund enthielt ihm sogar den Zarentitel vor und befahl, ihn künftig nur «Großfürst» zu nennen, und der Papst sprach ihn in seinen Briefen nur als «teuren Sohn» oder «edlen Herrn» an.[37]

Andererseits begleiteten Demetrius fast vom ersten Schritt seines öffentlichen Auftretens als russischer Kronprätendent an Zweifel an der Rechtmäßigkeit seines Anspruches auf die Rolle eines Sohnes von Iwan dem

Schrecklichen. Für eine kurze Zeit, von seinem Aufenthalt in Sambor bis zu seinem Untergang in Moskau, trachteten zudem eine ganze Reihe von Persönlichkeiten danach, ihn öffentlich als Usurpator zu überführen. In diesen Fällen ergriffen Demetrius und seine nächste Umgebung die härtesten Maßnahmen, um ähnliche Versuche im Keim zu ersticken. So befahl Jurij Mniszek noch in Sambor, den Bojarensohn Jakob Pychatschow, der versucht hatte, Demetrius als Usurpator und «lateinischen Häretiker» zu entlarven, ohne Gerichtsprozeß öffentlich zu enthaupten. (Von dieser Hinrichtung machte Mniszek selbst dem päpstlichen Nuntius brieflich Mitteilung.)[38] Eine solch ostentative Strafe, deren Ziel es offensichtlich war, andere einzuschüchtern, läßt mindestens auf Demetrius' schweigende Zustimmung schließen. Später wiederholten sich solche Strafmaßnahmen «zur Abschreckung» mehrmals während des ganzen Feldzugs. So befahl Demetrius in Tschernigow, den bekannten Höfling N. S. Woronzow-Weljaminow öffentlich hinzurichten, da er sich geweigert hatte, ihn als Zar anzuerkennen.[39] Zudem gibt es Zeugnisse, daß auch in Putiwl Hinrichtungen durchgeführt wurden. Nur zog es Demetrius nun vor, nicht selbst einen Befehl zu erteilen, sondern überließ die «Verräter» ergebenen Gefolgsleuten zur Aburteilung, die sie mit Bogen und Archebuse erschossen.[40] Nachdem Demetrius den russischen Thron bestiegen hatte, wurden die demonstrativen Hinrichtungen dann auch in Moskau fortgesetzt (ganz zu schweigen von häufig verhängter Verbannung oder Einweisung in ein Kloster).

Demetrius selbst nahm allerdings, von seltenen Ausnahmen abgesehen, an den Hinrichtungen nicht mehr teil, denn er verfügte nun über eine ausreichende Zahl von treuen Handlangern. Seinem Ansehen bei der Moskauer Bevölkerung wurde aber ganz besonders durch die Hinrichtung einiger Mönche des Tschudowskij-Klosters im Kreml Schaden zugefügt. Diese hatten Demetrius öffentlich einen Usurpator genannt und sogar unter der Folter ihre Meinung nicht geändert.[41] Ebenso verhängnisvoll wirkte sich der Tod des Diakons Timophej Ossipow aus, eines Menschen, der ein rechtschaffenes Leben geführt hatte und der, nachdem er das Abendmahl wie vor dem Tode genommen hatte, persönlich bei Demetrius in dessen Gemächern erschien, ihn beschuldigte, ein Usurpator zu sein und ihn Grischka Otrepjew nannte.[42] Ossipow wurde auf der Stelle, in Demetrius' Gegenwart, von Basmanow erschlagen und sein Leichnam zum Anblick des Volkes aus dem Fenster auf den Platz geworfen. Später wurden sieben Strelitzen wegen des Verdachts einer Verschwörung von der Menge in Stücke gerissen, wobei Demetrius persönlich die Erlaubnis zu diesem Lynchurteil G. Mikulina gegeben hatte. Danach fuhr man die Leichname der Ermordeten zur Abschreckung von Verschwörern lange durch Moskau. Und weitere Todesstrafen folgten.[42a]

Eine besondere Stellung unter all diesen Todesstrafen und Verfolgungen nimmt die Geschichte der ersten «Verschwörung» Schujskijs ein. Allerdings handelte es sich nach dem Zeugnis des Jesuiten Lawicki und besonders des ehemaligen Leibwächters des Zaren, J. Marzaret, weniger um Verrat als um eine «Majestätsbeleidigung». Schujskij hatte Demetrius vor Zeugen einen Häretiker-Lateiner und Usurpator genannt. So wird in den «Erzählungen von dem Ursupator» berichtet: «Fürst Wassilij Iwanowitsch [Schujskij] forderte gemeinsam mit seinem Bruder den Kaufmann Fjodor Konew und den Arzt Kosta auf: Macht aller Welt heimlich bekannt, daß er nicht der Zarewitsch Dimitrij ist ... Sie aber ließen das, ohne lange zu überlegen, viele Leute wissen, und es kam Basmanow zu Ohren.»[44] Nach der Aussage von einigen Polen dagegen hatte Schuiskij in einem Moskauer Wirtshaus offen erklärt: «Ein Teufel ist er und kein echter Zarewitsch! Der ist kein Zarewitsch, sondern ein entlaufener Mönch und Verräter.» Danach zeigte ein Moskauer Kaufmann, der diese Worte zufällig gehört hatte, Schujskij sofort an.[45] (Eine wirkliche Verschwörung zettelte Schujskij später an. Man kann sagen, daß er eine Lehre aus seiner Geschwätzigkeit zog, die ihm beinahe den Kopf gekostet hatte, so daß er das nächste Mal mit sehr viel größerer Umsicht handelte, um nun sein Ziel ganz sicher zu erreichen.) Zusammen mit Schujskij wurden im Laufe des Prozesses die Höflinge P. Turgenjew und F. Kalatschnik abgeurteilt, und auf Demetrius' Befehl öffentlich hingerichtet. Demetrius wollte auch über Schujskij die Todesstrafe verhängen. Er beschuldigte ihn auf der Gerichtsversammlung, den Mord am Zaren geplant zu haben und «deutete an», daß er «unzweifelhafte Beweise dafür» habe, die er jedoch nicht vorweisen konnte. Trotzdem sprach der Richter das Todesurteil über den Bojaren aus. Demetrius begnadigte ihn jedoch im letzten Moment. Wie G. Borscha, J. Marzaret und die Nikon-Chronik bezeugen, war der Zar aber nicht aus eigenem Willen bereit, Schujskij zu begnadigen, sondern «auf Bitten der Zarin Marfa und der Bojaren».[46] S. Borscha schrieb darüber: «Der Zar schenkte ihm das Leben auf die Fürsprache einiger Senatoren hin»,[47] und Marzaret: «Vint sa grace, procuré par l'impératrice mère et par un Polonois, nommé Bouchinsqui» (Die Zarin-Mutter und ein Pole mit Namen Butschinskij hatten ihn zur Begnadigung bewogen). Außerdem kann Demetrius nicht vollständig von der Schuld an der Ermordung von Godunows Witwe und Sohn, dem Zaren Fjodor, freigesprochen werden, da Mitglieder der Kommission, die er selbst nach Moskau gesandt hatte und die ihm treu ergeben waren, an dem Mord direkt beteiligt waren. Und selbst wenn der Befehl, die Zarenfamilie zu vernichten, nicht von Demetrius persönlich ausging, so ist es doch eine Tatsache, daß er nicht nur einmal zu seiner Umgebung von der Vernichtung des ihm verhaßten Geschlechts sprach als der Bedingung seiner Thronbesteigung in Moskau. Das wird von einer ganzen Anzahl von Teilnehmern jener Ereignisse bezeugt: von K. Bussow, in den Erinnerungen des Engländers T. Smith[49] und auch von Peter Paterson. Letzterer, der sich zu jener Zeit in Moskau aufhielt, beschuldigte den falschen Demetrius direkt dieses Verbrechens: «Dan so bald er in die Moscaw kame, liss er die Muter sampt dem Sohn stranguliren, vnd dem volckh anzaigen, sie hetten sich selbsten vmbracht, die strickh damit sie erwürckht worden, hab ich mit meinen aignen augen neben vilen anderen menschen gesehen.»[49a] Auf jeden Fall war Demetrius nicht im geringsten über das Vorgefallene betrübt. Xenia, die Tochter Godunows, eine Schönheit, behielt er ganze fünf Monate bei sich, bis schließlich ungute Gerüchte über ihre Beziehungen nach Polen gelangten und Mniszek, der Vater von Marina, die sich noch in Sambor aufhielt, schriftlich vom Zaren ihre unverzügliche Entfernung aus Moskau forderte.[50]

Noch andere Besonderheiten beobachteten Zeitgenossen bei Demetrius. Neben seiner Leidenschaft für klangvolle Titel war er auch ein großer Liebhaber von Luxus und Kostbarkeiten. Als das bekannt wurde, strömten die Kaufleute, nicht nur aus Rußland, sondern auch aus anderen Ländern in Scharen nach Moskau.[51] Überhaupt behandelte Demetrius Geldangelegenheiten äußerst leichtfertig. So pflegte er die Kaufleute, wenn das Geld nicht reichte, ohne zu überlegen, mit Wechseln zu bezahlen, die er oft genug nicht auslösen konnte.[52] Eine besondere Leidenschaft zeigte er auch für alle Arten von Tafelfreuden, Festen, Bällen und Tänzen, die sich in dem neuen Palast, den er im Kreml hatte für sich errichten lassen, ganze Tage hinzogen. Der Palast selbst, der die Kremlmauern überragte, damit Demetrius ganz Moskau aus ihm überblicken könne, war, wenn auch aus Holz gebaut, innen mit großem Reichtum ausgestattet, in deutlicher Nachahmung dessen, was sein Herr in Polen gesehen hatte.

Sehr mäßig im Trinken, äußerte Demetrius dagegen eine außergewöhnliche Prunkliebe. So wechselte er auf seinem letzten Gelage seine Kleidung, die jedes Mal ganz besonders prächtig war, mehrmals.[53] Auch trug er, um größer zu erscheinen – er war von kleinem Wuchs –, besonders hohe Pelzkappen und Schuhe mit sehr hohen Absätzen, was sogar einige Portraits zeigen, die zu seinen Lebzeiten angefertigt wurden. Ebenso wird seine Haltlosigkeit Frauen gegenüber bezeugt.[54]

Alle diese menschlichen Schwächen sind verständlich, wenn man bedenkt, in welch armseliger und dürftiger Umgebung er seine frühe Jugend verbrachte, meist unter fremden Menschen, und wie er von Kloster zu Kloster umherwanderte.

Von Natur scharfsinnig und schlagfertig, mit regem Geist und rascher Urteilskraft begabt, erwies sich Demetrius jedoch als völlig unfähig zu konsequentem Studium. Der einzige ernsthafte Versuch, seine eigene Bildung in die Hand zu nehmen, scheiterte vollständig. Er hatte in Putiwl die zwei ihn begleitenden Jesuiten zu sich gerufen, um Philosophie, Grammatik und Literatur zu studieren. Geduld und Fleiß reichten aber nur einige Tage aus, dann wurde das Studium ein für allemal beendet. Ganz anders verhielt es sich mit seiner Freude an der Jagd; stundenlanges Verfolgen von Füchsen und Wölfen, ja sogar die Bärenhatz mit dem Jagdspieß, die nicht nur Kampfeslust, sondern echte Kühnheit und große physische Kraft fordert, füllten einen großen Teil seiner freien Zeit aus.

Auf den Sitzungen der Bojarenduma, wo Demetrius regelmäßig erschien, setzte er die Anwesenden oft durch seinen Verstand und seine Schlagfertigkeit in Erstaunen. So berichtete der Leibwächter des Zaren, K. Bussow, daß er bei den Versammlungen der Duma «konnte in promptu bessern Rath finden, denn alle seine Räthe in so viel Stunden».[55] Freilich, im Streit mit den Bojaren nahm Demetrius manches Mal zu offensichtlichen Lügen Zuflucht. Dazu findet sich ein interessantes Beispiel in dem Tagebuch des Polen S. Nemojewskij, dessen Zeugnis von Historikern für besonders glaubwürdig gehalten wird: «Die Bojaren ertappten Demetrius nicht nur einmal bei glatten Lügen, dann sagten sie: ‹Großfürst, Zar, Herr von ganz Rußland, Du hast gelogen›. Als er aber die Ankunft der Familie Mniszek in Moskau erwartete, verbot er den Bojaren eine solche Anrede [‹denn er schämte sich unser› – fügte der Verfasser des Tagebuchs von sich aus hinzu]. Da fragten ihn die Würdenträger mit beneidenswerter Treuherzigkeit: ‹Nun, was sollen wir zu Dir sagen, Herr, Zar, und Fürst ganz Rußlands, wenn Du lügst?› Verblüfft versprach der Usurpator der Duma, daß er in der Zukunft nicht mehr lügen werde. ‹Aber mir scheint›, beendet S. Nemojewskij seinen Bericht, ‹daß er sein ihnen gegebenes Wort nicht recht gehalten hat . . .›»[56]

Besonders verwunderlich ist, daß Demetrius zeitweilig wie absichtlich alles tat, um sowohl die Duma als auch das einfache Volk gegen sich aufzubringen. So schulmeisterte der vierundzwanzigjährige Zar oftmals die Bojaren, die seine Väter oder Großväter hätten sein können, ja er lachte sie sogar aus. Er nannte sie Laien und ungebildet, riet ihnen, ins Ausland zu fahren, bei den Ausländern den Gebrauch der Vernunft zu lernen. Bei den oben erwähnten «Kriegsbelustigungen» stellte er sich selbst stets nicht nur auf die Seite der Fremden gegen die Russen, sondern er ordnete auch an, daß die auf seinen Befehl hin aus Fuhrwerken gebaute «Spielfestung» mit den Darstellungen von Teufeln und Höllenflammen auszumalen sei. Die Moskauer nannten sie denn auch die «Hölle». In dieser «Hölle» mußten sich dann die Russen verschanzen, und die Polen sollten die Festung auf Befehl des Zaren stürmen.[57] Das alles geschah unter den Mauern des Kreml, im Anblick der ganzen Hauptstadt. Einen noch größeren Zorn rief die Kupferstatue des dreiköpfigen Cerberus-Hundes, die auf persönlichen Befehl des Zaren hin vor seinem Palast aufgestellt wurde, bei dem Volk und den Bojaren hervor.

Auch ist noch hinzuzufügen, daß Demetrius ständig altehrwürdige, für heilig angesehene russische Sitten durchbrach; er nahm unreine Nahrung zu sich, schlief nicht nach dem Mittagessen, wusch sich nicht im Bade, trug polnische Kleidung, feierte die Feiertage nicht immer und Ähnliches, die Hauptsache aber war nach Meinung aller, daß er sich ständig mit den fremden Häretikern austauschte, offen die Häretiker und Andersgläubigen den Orthodoxen vorzog, die Polen und Deutschen den Russen. So wurden auf den Bällen den Ausländern die besten Plätze zugesprochen und andere Aufmerksamkeiten erwiesen. Der russischen Wache vertraute Demetrius von allem Anfang an nicht, weshalb er die inneren Gemächer des Palastes von ausländischen Söldnern (Deutschen und Polen) bewachen ließ.[58]

Aktive Beziehungen blieben auch mit den Jesuiten erhalten. Abgesehen davon, daß sie offiziell zu allen wichtigen Staatsempfängen und Festen geladen wurden, schickte Demetrius am 20. November 1605 einen von ihnen, Andreas Lawicki, mit einem Geheimauftrag zu Papst Paul V. nach Rom. Neben vielen Beteuerungen seiner unerschütterlichen Ergebenheit dem Heiligen Stuhl gegenüber ging es in dem Geheimschreiben um die Möglichkeit, ein Kriegsbündnis gegen die Türken zu organisieren, das Demetrius selbst anzuführen wünschte, wobei er plante, in allernächster Zeit die größte Armee Europas aufzustellen.[59]

Der Heilige Stuhl zeigte jedoch kein besonderes Interesse für einen gemeinsamen Kriegszug gegen die Türken; es interessierte ihn weit mehr, ob Demetrius das ihm noch in Polen gegebene Versprechen erfüllen würde, das russische Volk bald zum lateinischen Glauben zu bekehren. Als Antwort auf das Schreiben von Demetrius, das ihm Lawicki überbracht hatte, schrieb Paul V.: «Wir erwarten Deine Briefe mit solcher Ungeduld, daß wir sogar Andreas Lawicki, diesen eifrigsten Menschen, der Langsamkeit beschuldigten: wenn man etwas heftig wünscht, so ist jede Verzögerung unerträglich. Schließlich kam er, gab uns Deine Briefe und erzählte uns viel Achtenswertes von Dir; wir aber bedauerten nur, daß er uns nicht alles auf einmal erzählen konnte, so wie wir es uns gewünscht hätten. Mit seinen Reden bereitete er uns einen solchen Genuß, daß wir die Freudentränen nicht zurückhalten konnten; wir sind nunmehr fest überzeugt, daß der Apostelthron die größten Errungenschaften machen wird, wenn Du jene Länder kraftvoll und klug regierst. Gesegnet sei Gott, der Vater unseres Herrn Jesus Christus, der uns in unserer Unruhe gnädig tröstete! Dir gehört ein weites Feld – pflanze, säe, ernte auf ihm, erschließe all überall Quellen der Gottesfurcht, errichte Gebäude, deren Dach der Himmel zu sein scheint; nutze die Gunst des Ortes und befestige auf ihm als erster, wie ein zweiter Konstantin, die römische Kirche. Da Du in Deinem Lande alles tun kannst, was Du willst, so befiehl. Mögen Deine Völker die Stimme des wahren Hirten Christi, Seines Stellvertreters auf Erden, hören!»[59a]

Einige Monate zuvor hatte der Papst schon einmal an Demetrius geschrieben: «Wir sind überzeugt, daß die katholische Religion der Gegenstand Deiner heißen Bemühungen sein wird, denn allein nach unserem Ritus können die Menschen den Herrn anbeten und Seine Hilfe erwerben; wir bitten Dich und flehen Dich an, mit allen Kräften zu versuchen, daß die von uns ersehnten Kinder, Deine Völker, die römische Lehre annehmen mögen; wir versprechen Dir in dieser Angelegenheit unsere tätige Hilfe; wir senden Dir Mönche, die um ihres reinen Lebens willen bekannt sind, und wir werden auch Bischöfe zu Dir schicken, wenn Du es wünschest.»

Zwar sandte das Oberhaupt der römischen Kirche Demetrius keine Bischöfe und noch weniger «Mönche, die um ihres reinen Lebens willen bekannt waren», nach Moskau, sondern an deren Stelle den Grafen Alexander Rangoni, einen Neffen des Krakauer Nuntius, der unmittelbar daran teilgenommen hatte, Demetrius zum Katholizismus zu bekehren. Dieser hatte den Auftrag, die Erfüllung des wichtigsten Versprechens durch Demetrius persönlich zu überwachen und zu beschleunigen. Rangoni der Jüngere kam am 9. Februar 1606 in Moskau an und wurde von Demetrius als Gesandter des Papstes mit unglaublicher Feierlichkeit, einschließlich einer Heeresparade vor einer vieltausendköpfigen Menge von Moskauern empfangen.[60] Noch in demselben Monat wandte sich Demetrius, wahrscheinlich unter dem Einfluß der Gespräche mit dem päpstlichen Gesandten, persönlich in einem Brief an Striweri, das Haupt der polnischen Jesuiten, mit der dringenden Bitte, nach Moskau zu kommen.[61] Anstelle von Striweri reiste jedoch bald danach (mit dem Gefolge Marinas) der Jesuit Sawicki nach Moskau, der auch eine wichtige Rolle bei Demetrius' Übertritt zum Katholizismus gespielt hatte und der dessen erster Beichtvater gewesen war.[61a] Dieser übergab dem Zaren ein Schreiben Claudio Aquavivas sowie wertvolle Geschenke vom Papst persönlich. Abermals beteuerte der russische Zar seine grenzenlose Ergebenheit Rom gegenüber, versprach, die Erlaubnis zur Einrichtung eines Jesuitenkollegs in Moskau sowie zur Eröffnung katholischer Kirchen zu geben. Und als Sawicki am Ende des Gesprächs die Absicht äußerte, bald nach Polen zurückzukehren, begann Demetrius ihn so nachdrücklich zu bitten, doch zu bleiben, daß der Jesuit den Zaren aufforderte, ihm im Austausch für die Verlängerung seines Moskauaufenthaltes die Erlaubnis zu erteilen, den Palast in Zukunft zu jeder Zeit betreten zu können, um mit ihm zu sprechen. Dazu gab Demetrius sogleich die schriftliche Genehmigung.[62]

Das letzte Mal nahmen die Jesuiten unmittelbar Anteil an Demetrius' Schicksal neun Tage vor seinem Untergang, in jener kritischen Situation, die infolge seiner Vermählung mit Marina Mniszek entstanden war und die sehr schnell für ihn verhängnisvoll wurde. Dieses Kapitel seiner Biographie wird unten genauer betrachtet werden.

Selbstverständlich sind die Persönlichkeit und der Charakter des neuen Zaren durch alles oben Gesagte bei weitem nicht erschöpfend behandelt. Es unterliegt aber keinem Zweifel, daß er ein sehr unausgeglichenes Naturell hatte, das vielen, einmal äußerst naiven, dann wieder an wirkliche moralische Fehler grenzenden menschlichen Schwächen ausgesetzt war. Von Natur war er kein grausamer Mensch, vor allem nicht im Vergleich mit seinen Vorgängern; er nahm zur Todesstrafe und Folter verhältnismäßig selten Zuflucht, und das nur als äußerste Maßnahme, faktisch in jenen Fällen, wo sein Recht auf den russischen Thron angezweifelt wurde und sich alle Überzeugungsversuche als erfolglos erwiesen.

Als er die Regierung in Moskau angetreten hatte, erließ er als erstes für alle, die als ehemalige Feinde Godunows Verbannung oder Verfolgung erlitten hatten, volle Amnestie, löste die von diesem geschaffene Geheimpolizei auf und befahl, alle Schulden seiner Vorgänger Boris und Iwan zu bezahlen. Er verdoppelte das Gehalt aller Staatsdiener, besonders der Soldaten, und zögerte nicht, dazu Geld von den großen Klöstern zu fordern, was seine ohnehin angespannten Beziehungen zur orthodoxen Geistlichkeit bedeutend verschlechterte. (Diese Spannung verstärkte sich noch, als Demetrius, anstelle des von ihm abgesetzten Patriarchen Hiob, seinen Schützling, den Griechen Ignatij berief, den man nicht ohne Grund geheimer Sympathien mit den Lateinern verdächtigte. Später, in der Verbannung, wurde dieser, wie oben bereits erwähnt, tatsächlich ein Uniate.)

Von allem Anfang an führte Demetrius auch einen konsequenten Kampf gegen die Bestechlichkeit unter den Staatsbeamten. Er bemühte sich, die Gerichtsverfahren in Rußland zu verbessern und begann, zweimal in der Woche Antragsteller und Bittsteller persönlich im Kreml zu empfangen. Außerdem hob er eine ganze Reihe von Handelszöllen auf, was den Handel wachsen ließ und eine bedeutende Verbesserung des allgemeinen ökonomischen Zustandes herbeiführte, auch erließ er mehrere Dekrete, die die Lage der Leibeigenen erleichterte. Zudem führte er mehrere Änderungen in der Arbeitsweise der russischen Duma ein, die er auf jede Art und Weise seinem Ideal, dem polnischen Senat, anzunähern suchte. Er nannte die Bojaren «Senatoren» und zeigte auf den Sitzungen der Duma viel praktischen Sinn, außergewöhnlichen Verstand und erstaunliche Findigkeit bei der Lösung von schwierigen Fragen. Er erzählte den Bojaren oft von dem, was er in Polen und Litauen gesehen hatte, und stellte diese ständig Rußland als Beispiel hin.

Überhaupt ist in bezug auf Demetrius' Reformen und Neuerungen zu sagen, daß diese zwar für das *damalige* Rußland, besonders im Vergleich zur Regierung Iwans des Schrecklichen und sogar Godunows, einen wirklich progressiven Charakter hatten, die überwiegende Mehrheit derselben jedoch, wie die Historiker bemerkten, nichts anderes war als ein Versuch, diejenigen staatlichen Einrichtungen, Gesetze und sozialen Verhältnisse auf das russische Territorium zu übertragen, die Demetrius während seines Aufenthaltes in Polen und Litauen kennengelernt hatte. (Deshalb versprach er auch selbst in den schwierigsten Zeiten seiner Regierung den leibeigenen Bauern niemals die Freiheit und machte auch keinen Versuch, das zu tun.)[63] Dabei sollte man nicht vergessen, daß die russische Geschichte auch andere Zeiten kennt, wo andere Zustände herrschten und soziale Einrichtungen bestanden, die bedeutend progressiver waren als diejenigen in Polen und Litauen am Ende des 16. und Anfang des 17. Jahrhunderts. Da ist nur an das Kiewer Fürstentum der vormongolischen Zeit und besonders an die Nowgoroder Republik zu erinnern.[64]

Für die vorliegende Darstellung ist jedoch nicht so sehr der Inhalt der Reformen, der infolge der Kürze von Demetrius' Regierung kaum abschließend beurteilt werden kann, sondern vor allem seine Ziele und die Seelenhaltung, aus der heraus er handelte, von Bedeutung. Unzweifelhaft war im Charakter des Zaren so viel Kindliches und Naives, heute könnte man sogar sagen «Romantisches», daß seine Gestalt im Laufe der Jahrhunderte immer wieder Schriftsteller und Dramatiker anzog. Es unterliegt keinem Zweifel, daß der junge Zar aufrichtig wünschte, ein guter und großmütiger Herrscher zu sein, daß er Blutvergießen zu vermeiden trachtete und sich bemühte, allen gegenüber gerecht zu sein. So sagte er mehrfach zu seiner Umgebung: «Ich habe zwei Mittel, das Reich zu regieren, entweder als Tyrann, oder nicht auf das Geld zu sehen, alle zu fördern. Besser ist es, zu fördern, als ein Tyrann zu sein.»[65] Diese Worte von Demetrius entsprechen in vielen Fällen den Tatsachen, wovon auch einige der erhalten gebliebenen Schreiben des Zaren zeugen[66] ebenso wie Erinnerungen von Zeitgenossen, die beteuern, daß der Zar «allen Adligen Gunst erweisen» und «liebenswürdig sein» wollte, so daß sogar ein solcher Gegner von Demetrius wie K. Massa eingestehen mußte, daß die von ihm eingeführten neuen Gesetze gut seien. So kann man ihn, besonders wenn man ihn mit seinen Vorgängern vergleicht, einen für jene Zeiten guten und barmherzigen Herrscher nennen.[67]

Damit entsteht vor uns aus der objektiven Betrachtung der historischen Tatsachen ein Bild von Demetrius, das aus den schärfsten Gegensätzen zusammengewoben ist, die um der historischen Wahrheit willen in keinem Fall gemildert werden sollten.

4. Das Demetrius-Rätsel psychologisch betrachtet

Als Rudolf Steiner einmal über den englischen König Jakob I., einen Zeitgenossen von Demetrius, sprach, wies er darauf hin, daß man diesen, wenn man nur ein wenig *einseitig* sei, auf ganz entgegengesetzte Weise charakterisieren könne, und dabei so, daß «beides gut für Jakob I. passe».[1] Man könnte über ihn mit Rudolf Steiner sagen:

«Diese Persönlichkeit war außerordentlich freigebig, erfüllt von einem wirklichen, tiefen Dankbarkeitsgefühl für alles dasjenige, was sie empfangen hat, erkenntlich im höchsten Grade, in mustergültiger Weise für alles dasjenige, was ihr als Güte von der Menschheit entgegenschlug, eine Persönlichkeit, sehr gelehrt, fast die Gelehrsamkeit der ganzen Zeit in sich vereinigend, eine Persönlichkeit, außerordentlich friedliebend, abgeneigt den Weltenhändeln als Herrscher, nur von dem Ideal erfüllt, daß in der Welt Friede sein soll, geradezu weise mit Bezug auf Entschlüsse und Willensimpulse, von einer außerordentlich tiefen Neigung zu freundschaftlichem Verhalten zu den Menschen erfüllt. – So könnte man diese Persönlichkeit schildern. Man braucht nur ein bißchen einseitig zu sein, so kann man sie so schildern, wenn man sie äußerlich, wie sie sich darstellt in der Geschichte, ansieht.»

Und Rudolf Steiner fährt fort:

«Man kann sie auch in der folgenden Weise schildern, wenn man nur wieder ein bißchen einseitig wird. Man kann sagen: Das war ein furchtbarer Verschwender, der gar keine Ahnung davon hatte, was er ausgeben konnte oder nicht, das war ein Pedant, so ein richtiger Professorengeist, der überall ins Abstrakte und Pedantische seine Gelehrsamkeit hineintrug. Man kann schildern: Das war ein kleinmütiger Mensch, ein kleinmütiger Charakter, der überall, wo es galt, irgend etwas wacker, tapfer zu verteidigen, kleinmütig sich zurückzog und den Frieden vorzog aus Kleinmut. Man kann sagen: Das war ein verschlagener Mensch, der sich durch das Leben so durchschlängelte, indem er überall klugerweise dasjenige wählte, wodurch er in allem durchkam, und so weiter. Man kann sagen: Das war ein Mensch, der Beziehungen zu anderen Menschen suchte, wie Kinder zu anderen Menschen ihre Beziehungen suchen. Er hatte in seinen Freundschaften ein Element, das geradezu kindisch war, und das ins Phantastisch-Romantische umschlug im Verehren von anderen Menschen und Sich-verehren-

Lassen von anderen Menschen. – Man braucht nur ein bißchen einseitig zu sein, dann kann man das eine oder das andere sagen.»

Wenn nicht alles, so mag doch vieles von diesen zwei Charakteristiken auch für Demetrius zutreffend sein. Auf jeden Fall sind nicht wenige Arbeiten der historischen Literatur *einseitig*, indem sie Demetrius nur von einer der zwei Seiten seiner Natur darstellen: entweder als Märtyrer und Helden, oder als Bösewicht und Betrüger. Solche Arbeiten müßten sich jedoch unweigerlich gegen die historische Wahrheit versündigen, indem sie nur eine der *zwei* Seiten herausstellen, die in der Persönlichkeit und Geschichte dieses vielleicht rätselhaftesten russischen Zaren in Erscheinung treten, und die andere Seite mehr oder weniger bewußt, um der Überzeugungskraft der Darstellung willen, beiseite lassen.

In Wirklichkeit kann man mit Goethes berühmtem Wort über Demetrius nicht nur sagen, daß zwei Seelen in seiner Brust lebten, die unentwegt zusammenstießen und miteinander kämpften, sondern daß *zwei völlig verschiedene Wesen* in ihm lebten, die auf geheimnisvolle Weise zur Erfüllung irgendeiner wichtigen Aufgabe zusammengeführt wurden, deren Sinn sich der gewöhnlichen Erkenntnis von Demetrius nur ganz langsam und schrittweise zu erschließen vermag.

Wir wollen nun versuchen, Demetrius' kurzen Lebensweg vom psychologischen Standpunkt aus zu betrachten. Wie schon auf der Grundlage historischer Dokumente und Zeugnisse nachgewiesen wurde, kann man, was seine Abstammung betrifft, nur das eine sagen, daß er *nicht* der Sohn von Iwan dem Schrecklichen war, der am 15. Mai 1591 in Uglitsch ermordet wurde.

Heute greifen die meisten Historiker wieder auf die älteste Ansicht zurück, daß Demetrius tatsächlich Grigorij Otrepjew war, der aus einer armen Adelsfamilie stammte, deren Vorfahren aus Litauen nach Rußland einwanderten und sich nicht weit von Moskau in Galitsch und Uglitsch niederließen.[2] Später ging der noch ganz junge Grigorij nach Moskau und trat in den Dienst der Bojaren Romanow und Tscherkassow.[3]

Möglicherweise entstand die Verbindung zwischen Otrepjew und dieser Gruppe von Bojaren schon früher. Denn ihre Familiengüter waren nicht weit voneinander entfernt.[4] Besonders das Haus der Romanows, die viele für die echten Erben der russischen Krone hielten, wurde bald nachdem Godunow an die Macht gekommen war, zum Zentrum der Verschwörung gegen diesen. Es gibt Zeugnisse, daß der älteste der Romanowbrüder Boris offen des Mordes an den beiden Söhnen Iwans des Schrecklichen beschuldigte und sogar versuchte, persönlich gegen den Verbrecher aufzutreten.[5]

Wie dem auch sei, im Jahre 1600 wurde die Bojarenverschwörung plötzlich durch Godunows Geheimpolizei aufgedeckt und das Nest der

Romanows vollständig zerstört. Ein Historiker berichtet: «Die Kräfte der Romanows waren so bedeutend, daß eine regelrechte Schlacht unter den Mauern des Hofes tobte (26. Oktober).»[6] Ungeachtet der verzweifelten Gegenwehr der Gefolgschaft der Bojaren gegen die kaiserlichen Strelitzen wurde das Haus jedoch genommen und abgebrannt, die Bojaren selbst aber gefangengenommen und hart bestraft. Drei der fünf Brüder starben in der Verbannung, Michail wurde unter dem Namen Filaret als Mönch eingekleidet, und Iwan kehrte mit zerrütteter Gesundheit schließlich aus Sibirien zurück. Ebenso kam auch der Bojar Boris Tscherkasskij in der Verbannung um.[7]

Besonders hart wurden jedoch die Diener der Bojaren bestraft, von denen die Mehrzahl entweder von den Strelitzen auf der Stelle erschlagen wurde oder später unter der Folter oder am Galgen starb. Grigorij gelang es nur, sich dadurch zu retten, daß er – für eine gewisse Zeit – Mönch wurde.

Es ist leicht zu verstehen, daß dieses Ereignis bei dem 18jährigen Jüngling eine erste große, innere Krise herbeiführte, die seinen Lebensweg von Grund auf änderte. (Er befand sich damals an der Schwelle des ersten Mondknotens.) Einmal, da er Todesgefahr durchgemacht hatte und nur wie ein Wunder einem qualvollen Tod unter der Folter oder am Galgen entkommen war, und zum anderen, da all seine ehrgeizigen Pläne und Hoffnungen in einem Augenblick zerstört wurden und an ihre Stelle die volle Aussichtslosigkeit einer hoffnungslosen Existenz hinter den Mauern eines russischen Klosters getreten war.

Man kann tatsächlich diese Zeit des Umherwanderns von Kloster zu Kloster als die schwerste Zeit im Leben von Grigorij ansehen, an die er sich später nicht gern erinnerte[7a] und die mit seiner Flucht zunächst nach Litauen und dann nach Polen ein Ende fand.

Als ein Hauptbeweis für die Identität von Demetrius und Grigorij Otrepjew gilt in der historischen Wissenschaft die volle Übereinstimmung der Daten und Wanderungsorte, welche der Zarewitsch Wisznewecki* gegenüber in seiner «Beichte» und ebenso der Mönch Walaamo, der einst Otrepjew auf seinem Weg von Rußland nach Litauen und Polen begleitet hatte, in dem sogenannten «Isswet» (Bericht) erwähnte, das er bald nach Demetrius' Tod niederschrieb. Diese Übereinstimmung entdeckte der Histo-

---

* Es ist interessant, wie verschwommen und ungenau das Leben des «Zarewitsch» von seiner wunderbaren «Rettung» an in der «Beichte» beschrieben ist, und wie genau und konkret die Orte und Daten seines Aufenthaltes in Litauen und Polen, denn letztere konnten ohne Mühe von Wisznewecki nachgeprüft werden.

riker Pirling am Ende des 19. Jahrhunderts.[8] Es haben seitdem zwar einige Historiker die Echtheit des «Isswet» in Zweifel gezogen, da sein Text sich nur in einer Chronik erhalten hat und deren Verfasser ihn offensichtlich literarisch bearbeitete, als jedoch im Jahr 1926 eine ältere Fassung des Dokuments gefunden wurde, wandten sich viele Gelehrte wieder dieser Version zu.[9]

Wie schon gesagt, Boris beschuldigte sogleich die Bojaren, als die ersten Gerüchte über eine unrechtmäßige Thronbesteigung aufkamen, Anstifter der Intrige zu sein. Auch der bekannte russische Erforscher der Wirren, S. F. Platonow, vermutet, daß der Usurpator in den Häusern der Bojaren Romanow und Tscherkasskij für seine Rolle vorbereitet wurde[10], denn die Dienstzeit bei diesen fiel in die Zeit, als sich die Persönlichkeit und Ansichten Otrepjews bildeten. Zudem ist nicht ausgeschlossen, daß der litauische Kanzler Leo Sapieha, zu jener Zeit polnischer Botschafter in Moskau, auch an der Intrige beteiligt war,[11] (siehe die Worte des Historikers S. Solowjeff auf Seite 21 f.), und möglicherweise auch Jesuiten, indem sie durch den polnischen Gesandten wirkten oder sich in seinem Gefolge befanden.

Nicht weniger wahrscheinlich ist die Ansicht, daß Grigorij nicht ein leiblicher, sondern ein angenommener Sohn von Bogdan Otrepjew war, der ihm möglicherweise von den genannten Bojaren-Verschwörern zur Erziehung übergeben wurde. Grundlage für diese Version bietet neben anderem eine Episode in der «Beichte», wo Demetrius Wisznewecki mitteilt, daß er nach seiner wunderbaren Rettung *einem Bojarensohn* zur Erziehung übergeben, später dann aber Mönch wurde.[12]

Auch ist nicht auszuschließen, daß der Knabe, der Bogdan Otrepjew anvertraut wurde, tatsächlich einst zur nächsten Umgebung des in Uglitsch ermordeten Zarewitsch gehörte, (so nimmt es jedenfalls Pantenius an). Und schließlich kann man auch die Möglichkeit nicht völlig von der Hand weisen, daß der künftige Usurpator tatsächlich zu dem Geschlecht von Iwan dem Schrecklichen gehörte, das heißt ein unehelicher Sohn desselben war. Und solche gab es von dem letzten Rurikiden mehr als ein Dutzend. Denn dieser hätte nicht nur wegen seiner Blutgierigkeit, sondern auch wegen seiner Sittenverderbnis mit Nero oder Kaligula wetteifern können. Demzufolge gab es möglicherweise auch uneheliche Kinder von ihm in der unmittelbaren weiblichen Umgebung seiner Frau. Mit anderen Worten, es konnten sich unter den Spielgefährten des Zarewitsch auch Stiefbrüder desselben befinden, von deren Verwandtschaft mit dem Sohn von Marfa die Nagojs keine Ahnung hatten, so daß sie sie auch während ihrer Verbannung in Uglitsch gemeinsam mit der Dienerschaft bei sich behielten.

Schließlich ist noch zu beachten, daß der Jesuit Possevino Demetrius, der zu jener Zeit bereits Zar war, in einem Brief vom 10. Juli 1605 aus Venedig dreimal einen *Enkel* Iwans des Schrecklichen nannte. Und Possevino, der sclbst mchrmals in Moskau gewesen und persönlich mit Iwan bekannt war und der bereits 1605 ein ganzes Buch über Demetrius in Venedig herausgab, gehörte zu den bestinformierten Menschen, was Moskauer Angelegenheiten betraf.[13] Auch ist bekannt, daß der von Iwan dem Schrecklichen ermordete Sohn drei Frauen gehabt hat, sowie ebenso wie sein Vater, viele außereheliche Kinder.* Zudem hatte auch sein Bruder Fjodor möglicherweise uneheliche Kinder.

In diesem Zusammenhang ist das folgende Detail noch von Interesse. Als Demetrius bereits in Polen war, bestellte er mittels seiner Gönner nach einem Treffen mit dem König ein Galaportrait. Nachdem dieses vollendet war, erhielt es, höchstwahrscheinlich auf seine Anordnung hin, die Inschrift: «Dimitrij Iwanowitsch, Großfürst von Moskau, 1604, in seinem 23. Lebensjahr». Im Sommer 1604, als das Portrait gemalt wurde, wäre der in Uglitsch ermordete Zarewitsch jedoch erst 21 Jahre alt gewesen, weshalb bereits der Historiker Skrynnikow die Vermutung aussprach, daß Demetrius, da er den Geburtstag des Uglitscher Zarewitsch nicht genau kannte, einfach sein eigenes Alter angab, woraus folgt, daß er wohl anderthalb Jahre älter war als dieser.[14]

Schließlich ist noch eine weitere Episode zu berichten, die zwei den falschen Demetrius begleitenden Jesuiten, Lawicki und Czyrzowski, erstmals erzählten. So heißt es in einem Schreiben letzterer vom 27. Februar 1605: «Hierher [nach Putiwl], brachte man Grischka Otrepjew, einen in ganz Rußland bekannten Zauberer und Wüstling... und es wurde für alle Russen deutlich, daß Dimitrij Iwanowitsch gar nicht derselbe ist wie Grischka Otrepjew.»[14a] Nach S. Solowjeff klärte sich die Angelegenheit dann so auf, daß Otrepjew, nachdem er sich als Zarewitsch ausgegeben hatte, seinen alten Namen dem Mönch Leonid gab. Denn das war der wahre Name des Vagabunden, den man dem Demetrius vorgestellt hatte. Und der Historiker fährt fort: «Denn wenn der Mönch Grigorij Otrepjew ein anderer gewesen wäre, der unabhängig existierte, was hätte ihn denn daran gehindert, in Moskau zu erscheinen, damit den Fehler oder die Erfindung Godunows zunichte zu machen und auf das glänzendste zu bekräftigen, daß derjenige, der sich Demetrius nennt, nicht der entlaufene Mönch Grischka Otrepjew ist?»

Es erschien aber tatsächlich kein anderer «Grigorij Otrepjew» mehr

---

* Der älteste Sohn Iwans des Schrecklichen, Iwan, der seinem Vater in allem ähnlich war, sowohl was Sittenlosigkeit als auch Grausamkeit betrifft, wurde am 28./29. November 1582 eigenhändig vom Zaren in der Alexandersiedlung bei Moskau erschlagen, etwa einen Monat nach der Geburt des Zarewitsch Demetrius.

während Demetrius' gesamter Regierungszeit auf der historischen Bühne, der Mönch Leonid jedoch, der einst in Putiwl zu Demetrius gebracht worden war, verbrachte seine Tage friedlich, nicht weit von der Hauptstadt entfernt, in Jaroslawl. Und so vollendet S. Solowjeff die Beschreibung der Episode mit den Worten: «Der Wunsch einiger Schriftsteller, daß es so sei, bleibt ein Wunsch, denn es wird durch keine [historischen] Zeugnisse bestätigt.»[14b]

Die ganze Inszenierung mit dem Mönch Leonid, die wahrscheinlich Jesuiten Demetrius nahegelegt hatten, sollte wohl Gerüchten von der Identität des Anwärters auf den russischen Thron mit Grigorij Otrepjew, als den ihn die Spione Godunows rasch erkannt hatten, entgegenwirken. Dabei war Demetrius' Zustimmung zu diesem Schauspiel nicht einfach eine Zustimmung zum Betrug. Denn wenn er, wie er selbst glaubte (und wie es höchstwahrscheinlich der Fall war), tatsächlich nur ein *angenommener* Sohn von Bogdan Otrepjew war, dann hatte er allen Grund, sich auf irgendeine Weise von den falschen und kompromittierenden Gerüchten zu befreien. Auf die leichtgläubigen Bewohner von Putiwl – und nicht nur auf sie – machte diese Episode aber tatsächlich einen großen Eindruck.

Jedoch, weder die mögliche Abstammung des russischen Thronprätendenten von dem Geschlecht der Rurikiden, noch der Einfluß, den die Beteiligten an der um ihn gesponnenen Intrige seit seiner Kindheit auf ihn ausgeübt haben mögen, alles das erklärt noch nicht die glänzenden Fähigkeiten, die er während seiner blitzartigen politischen Karriere zeigte (sein kurzes, aber ungewöhnlich ereignisreiches Leben wurde beendet, als er kaum 25 Jahre alt war), und noch weniger seine unerschütterliche Überzeugung von der absoluten Rechtmäßigkeit seiner Ansprüche auf den Thron Iwans des Schrecklichen. Nicht so sehr Demetrius' Herkunft als vielmehr diese Tatsache stellte für viele Historiker das eigentliche, kaum lösbare Problem dar, denn an der Aufrichtigkeit des Prätendenten in bezug auf seine Ansprüche war faktisch nicht zu zweifeln.

Der russische Historiker S. M. Solowjeff schrieb dazu: «In seinem Verhalten kann man nicht umhin, die Überzeugung von der Rechtmäßigkeit seiner Befugnisse zu erkennen, denn wie soll man sonst diese Sicherheit, die bis zur Unvorsichtigkeit ging, diese Offenheit und Freiheit im Verhalten erklären?... Warum – so sagte man – befriedigte der Mönch nicht, nachdem er den Thron bestiegen hatte, die allgemeine Neugierde auf die Einzelheiten seines ungewöhnlichen Schicksals? Warum gab er Rußland nicht seine Zufluchtsorte, seine Erzieher und Gönner bekannt? Daß solche Fragen gestellt werden können, ist der beste Beweis dafür, daß der falsche Demetrius kein bewußter Betrüger war. Wäre er ein Betrüger und nicht ein Betrogener gewesen, was hätte es ihn denn gekostet, Einzelheiten seiner Rettung und seiner Abenteuer zu erfinden? Das aber tat er nicht. Und was hätte er erklären können? Die mächtigen Männer,* die ihn untergeschoben hatten, waren selbstverständlich so vorsichtig, daß sie nicht direkt einwirkten; er wußte und sagte, daß ihn einige Mächtige erretteten und beschützten, aber ihre Namen kannte er nicht.»[15]

Nichtsdestoweniger, sogar wenn irgend jemand Demetrius schon in seiner Kindheit von seiner Zarenwürde erzählt haben sollte, so könnte selbst das die ungewöhnliche Stärke seiner Überzeugung, die ihn allem Anscheine nach nicht eine Minute lang verließ, nicht völlig erklären. Ein anderer russischer Historiker, W. O. Klutschewskij, formulierte dieses Problem auf die folgende Weise: «Aber wie der falsche Demetrius zu dieser Meinung von sich selbst auch [als rechtmäßiger Zar] kommen konnte, das bleibt sowohl ein historisches als *psychologisches* Rätsel.»[16]

Dabei besteht das eigentliche Paradoxon dieses psychologischen Rätsels darin, daß Demetrius einerseits absolut davon überzeugt war, ein Sohn Iwans, das heißt nach seiner Ansicht auf wunderbare Weise in Uglitsch vor dem Anschlag der von Godunow gesandten Mörder gerettet worden zu sein, und daß er andererseits, ungeachtet der Tatsache, daß er zum Zeitpunkt des Anschlags bereits achteinhalb Jahre alt gewesen sein muß, nichts Genaueres von diesen Ereignissen erinnerte, nicht in der Lage war, Wisznewecki in seiner «Beichte» (siehe Seite 15) weder die Namen seiner Retter noch den Ort seiner Rettung zu nennen, aber behauptete, daß der Anschlag gegen ihn, bei dem dann versehentlich ein anderer Knabe getötet wurde, nicht tagsüber, angesichts vieler Menschen, sondern nachts geschah und daß sogar seine eigene Mutter nichts von der Rettung wußte . . .

Wie wir noch sehen werden, kann eine Beantwortung dieser Frage, die weder historisch noch psychologisch zu lösen ist, allein durch eine geisteswissenschaftliche Betrachtung versucht werden.

Zunächst wollen wir jedoch den Gang der Handlung weiter verfolgen. Nachdem Demetrius zu Beginn des Jahres 1603 auf dem Gut Wiszneweckis erschienen war und sich als der durch ein Wunder errettete Sohn Iwans zu erkennen gegeben hatte, befand er sich unerwarteterweise abermals im Zentrum einer höchst komplizierten politischen Intrige. Ob diese schon in Moskau vorbereitet worden war und nur in Polen fortgesetzt wurde, oder ob sie erst jetzt begann, das hat keine entscheidende Bedeutung, ebensowenig wie die Frage, ob irgend jemand anderer Demetrius den Gedanken eingab, kaiserlicher Herkunft zu sein, oder ob er selbst auf diesen Gedanken kam, fest steht jedenfalls, daß seine *Überzeugung außerordentlich intensiv* war, so daß sie sich auch auf andere übertrug.

---

* Zu diesen rechnet Solowjeff: die Bojarenverschwörer, einige Polen, unter ihnen vor allem Leo Sapieha, der zweimal Moskau besucht hatte, und die Jesuiten.

Zugleich zeigt Demetrius' Verhalten ganz deutlich, daß er die wahren Ziele der Intrigen, die nun Mniszek, der Papst, einige Jesuiten und angesehene Polen, ja sogar Sigismund um ihn spannen, nicht durchschaute, wodurch er um so leichter ihr Opfer werden konnte. Besonders verhängnisvoll erwies sich in diesem Zusammenhang dann auch seine maßlose Leidenschaft für Marina, welche diese Liebe nie erwiderte, durch die er aber gänzlich in die Hände der polnischen Politiker und Jesuiten geriet. Jedenfalls verließ er Sambor bereits als deren willfähriges Werkzeug, das fähig war, alles zum Erreichen der gemeinsamen Ziele zu tun.

Von einer genaueren Beschreibung des Feldzuges wollen wir hier Abstand nehmen. Sein Beginn war sogar für jene Zeit recht blutig. Nach einigen Schlachten errang dann Demetrius den großen Sieg bei Nowgorod Sewersk, wobei das vom Wojewoden Mstislawskij angeführte Heer Godunows 4000 Mann verlor.

Aber gerade nach diesem ersten großen Sieg begann Demetrius' Heer sich sehr schnell aufzulösen und sich mehr mit Raub als mit Kriegsangelegenheiten zu befassen, denn es war von höchst unterschiedlicher Zusammensetzung. Und bald erreichte der Zerfall des Heeres, trotz aller Bemühungen von Mniszek und Demetrius katastrophale Ausmaße. Schließlich überließ Mniszek seinen Schützling seinem Schicksal, da er die Angelegenheit für verloren hielt und da er zudem einen Brief aus Polen erhalten hatte, der die ablehnende Haltung des Sejm seinem Unternehmen gegenüber zum Ausdruck brachte, und ritt eilig, von seinen polnischen Soldaten gefolgt, nach Polen zurück. Damit schien sich die so erfolgreich begonnene Intrige einem unrühmlichen Ende zu nähern.

Die Situation wurde jedoch von den Demetrius begleitenden Jesuiten, die Mniszek nicht gefolgt, sondern im Lager geblieben waren, zunächst gerettet. Mit ihrer Hilfe gelang es Demetrius, etwa 2000 Soldaten zu halten. Das half aber auch nicht mehr, so daß die endgültige Vernichtung des Heeres am 21. Januar 1605 bei Dobrynitsch geschah. Nach einer blutigen Schlacht, bei der auf beiden Seiten zusammen mehr als 11 000 Soldaten fielen, hörte das Heer faktisch auf zu bestehen.[18]

Betrachtet man die Situation nun von außen, so scheinen die Kriegsmaßnahmen und die Intrige endgültig gescheitert zu sein. Aber gerade da geschieht etwas, das einem Wunder gleicht.

Zunächst wendet sich Demetrius, von allen verlassen, an den polnischen König um Hilfe und sogar an die Tataren. Während aber auch das nichts fruchtet, durchlebt er eine echte innere Krise. Deren geistige Folgen werden weiter unten betrachtet werden. Hier ist nur festzuhalten, daß sich Demetrius infolge dieser Krise in vielem wie ein völlig anderer Mensch zu verhalten beginnt. Zwar waren danach viele seiner Schwächen und Fehler, wie wir sahen, keineswegs verschwunden, ja einige verstärkten sich sogar noch nach seiner Thronbesteigung in Moskau (so unter anderem seine Vorliebe für Luxus und seine Leidenschaft für Marina), gleichzeitig aber ging in ihm nach der Schlacht bei Dobrynitsch etwas Neues, so etwas wie eine höhere Kraft auf. Später, schon in Moskau, versuchte er selbst, das Wesen dessen, was mit ihm vorgegangen war, in Worte zu bringen: «Ich möchte Gnade zu üben versuchen und ein Gelübde erfüllen, das ich Gott gab: kein Blut zu vergießen.»[19] Obwohl es Demetrius nicht gelang, sich vollständig an dieses Gelübde zu halten, so änderte sich sein Verhalten von der Zeit an doch ganz entscheidend. Er bemühte sich von nun an aufrichtig, stets Gnade und Großmütigkeit zu zeigen, durch Güte und Überredung, statt Grausamkeit und Zwang zu wirken.

In der historischen Literatur wird dieser Wandel in Demetrius' Verhalten meistens mit der Ausweglosigkeit seiner Lage erklärt, mit der faktischen Unmöglichkeit, seine Ziele auch weiterhin mit Gewalt zu erreichen, weshalb er seine politische Taktik völlig geändert habe. Auch wird noch das Argument angeführt, daß die südlichen Randgebiete Rußlands zur Zeit von Godunows Regierung einer besonders starken Unterdrückung und außergewöhnlich hohen Steuerauflagen ausgesetzt waren. Zudem war die Bevölkerung dort ohnehin sehr über die Moskauer Regierung erzürnt. Denn Godunows Heer hatte, nachdem es den größten Teil der von Demetrius eroberten Städte und Dörfer wieder eingenommen hatte, auf Befehl des Zaren ein wahres Gemetzel angerichtet und ohne Unterschied Tausende hingemordet, weder Frauen noch Kinder, noch das Vieh schonend.[20] Diese grausamen Exekutionen hätten, so meinte man, Demetrius den Ausweg der einfachen Wahrheit gewiesen, die gegenteilige Politik einzuschlagen. Solche Argumente können, obwohl sie nicht völlig ohne Grundlage sind, trotzdem in keiner Weise die folgenden Ereignisse irgendwie überzeugend erklären, so zum Beispiel die plötzliche und allgemeine Veränderung in der Beziehung des einfachen Volkes zu Demetrius. Denn alles, was nun folgt, ist einem unerklärlichen Wunder ähnlich. Es ist, als ob sich etwas Höheres auf Demetrius niedergelassen, ihn mit einem charismatischen Licht umgeben hätte. Kromy, Orel, Tula, Serpuchow und viele kleinere Städte und Dörfer öffnen nun, ohne einen sichtbaren äußeren Grund, ihre Pforten vor dem künftigen russischen Zaren und gehen ihm, ohne eigentlich etwas von ihm zu wissen, als dem gesetzlichen und erwarteten russischen Thronfolger entgegen. Kosaken und Bauern strömen ihm in Scharen zu. Noch hat er keine besondere Güte oder Gnade erweisen können, und schon begegnet man ihm überall mit Frohlocken und Tränen, besonders von seiten des einfachen Volkes, das in Massen auf seine Seite überzugehen beginnt. Ebenso ist es vom äußeren Standpunkt völlig unverständlich, daß man ihn auch in Moskau mit Begeisterung begrüßt. Sogar der Historiker Karamsin, der in keiner Weise mit Demetrius sympathisiert, erkennt dieses ungelöste Rätsel an und spricht von dem neuen Zaren, der «durch seinen Charme Herz und Verstand, entgegen jedem gesunden Sinn, verführte und tat, was ohne Beispiel in der Geschichte ist: Er wurde aus einem entlaufenen Mönch, einem Kosaken-Räuber und einem Diener des Pan Litowskij in drei Jahren der Zar eines großen Staates».[21]

Zwar versprach Demetrius in seinen Sendschreiben und Erlassen dem Volk und den Bojaren immer wieder Gnade, Frieden und Wohlfahrt, es ist jedoch schwer vorstellbar, daß die Aufnahme, die er überall erfuhr, nur die Folge seiner Versprechen war, die er natürlich erst später, nachdem er den russischen Thron bestiegen hatte, erfüllen konnte.

Einen besonderen Platz in dieser ununterbrochenen Reihe von Demetrius' Triumphen nimmt seine öffentliche Anerkennung durch die Zarin Marfa ein, die letzte offizielle Frau Iwans des Schrecklichen, die Mutter des in Uglitsch ermordeten Zarewitsch Dimitrij, was am 17. Juli 1605 in der Nähe von Moskau stattfand. Die Historiker äußerten oftmals Erstaunen über das heuchlerische Verhalten der Zarin, welche zunächst Demetrius vor dem ganzen Volk als ihren Sohn anerkannte und ihn später verleugnete, als er von den Verschwörern mit Schuiskij an der Spitze gefaßt worden war, und ihn damit zu einem qualvollen Tod bestimmte.*

Die gleichmütige Antwort jedoch, die sie der Menge gab, als der Leichnam des ermordeten Zaren unter den Fenstern ihrer Zelle vorbeigetragen wurde wie auch ihre hartnäckige Weigerung, trotz aller Versuche des Zaren, die Gebeine des Uglitscher Zarewitsch aus der Familiengruft der Nagoj zu entfernen, zeugen wohl eher davon, daß sie dennoch den Zaren nicht wirklich für ihren Sohn hielt.

Gewöhnlich wird diese Doppelgesichtigkeit im Verhalten Marfas von der Geschichtswissenschaft erstens damit erklärt, daß sie sich mit Demetrius' Hilfe an dem von ihr gehaßten Geschlecht der Godunows zu rächen trachtete und zweitens auch als Folge einer Drohung, zu der Demetrius in dem Gespräch seine Zuflucht nahm, das unmittelbar vor seiner öffentlichen Anerkennung durch sie, im Zelt mit ihr allein stattfand. (Es gibt Hinweise, daß Demetrius schon vorher seinen Kammerherrn, Semjon Schapkin, «mit Drohungen» zu ihr ins Kloster gesandt hat.[21b]) Marfa sprach jedoch von Drohungen, durch welche sie zur Anerkennung des Prätenden-

---

* Nach S. Solowjeff verleugnete Marfa Demetrius nicht unmittelbar nach, sondern *vor* seiner Ermordung, die erfolgte, nachdem die Kreml-Strelitzen, als sie durch Boten von der Verleugnung Marfas gehört hatten, sich weigerten, den Zaren zu schützen und ihn damit freiwillig dem sicheren Tod durch die Verschwörer auslieferten. (Darüber schreibt auch Karamsin, sich auf die «Polnischen Angelegenheiten» Nr. 26 beziehend.)[21a]

ten gezwungen werden sollte, erst nach dessen Tod, weshalb diese Erklärungen keine rechte Glaubwürdigkeit verdienen. Eher können hier, nach Meinung einiger Historiker, Versprechen ungewöhnlicher Gunstbeweise von seiten des künftigen Zaren eine Rolle gespielt haben, welche sich nach dreizehn Jahren hinter Klostermauern für die Witwe Iwans des Schrecklichen, die ein freies und luxuriöses Leben gewöhnt war, als sehr wirksam erweisen mochten. Zudem könnte der Wunsch, sich um jeden Preis an Godunow zu rächen, ohne Zweifel ein starkes Motiv für ihr Handeln gewesen sein. Dieses Motiv hat Schiller in den Entwürfen zu seinem Drama ganz besonders herausgearbeitet.

Vom Standpunkt des bereits in diesem Kapitel Dargestellten kann jedoch auch angenommen werden, daß hier der Einfluß, den Demetrius' charismatische Aura zweifellos ebenso auf Marfa ausübte, keine geringe Rolle spielte, so daß die Zarin, obwohl sie genau wußte, daß das nicht ihr Sohn war, trotz alledem unwiderstehlich von ihm angezogen wurde, indem sie gleichsam fühlte, daß in diesem unbekannten Jüngling tatsächlich *etwas* von ihrem umgekommenen Sohn lebte (von den okkulten Gründen für ein solches Empfinden Marfas wird im folgenden Kapitel eingehend gesprochen werden). Und diese unwiderstehliche Anziehung und unerwartete innere Sympathie für den jungen Prätendenten war dann wohl auch die Hauptursache für seine spontane Anerkennung als «Zarewitsch». Es versteht sich von selbst, daß letzteres einen starken Eindruck auf das einfache Volk machte und es Demetrius ohne Zweifel bedeutend erleichterte, sich die Krone Monomachs aufs Haupt zu setzen.

Nichtsdestoweniger gewannen in Marfas Seele, als nach einiger Zeit ihre Rachegefühle befriedigt und der unmittelbare Einfluß, welchen Demetrius' Aura auf sie ausübte, schwächer geworden war, ganz andere Bestrebungen die Oberhand. So gibt es Zeugnisse, denen zufolge Marfa, bald nachdem der neue Zar den Thron in Moskau bestiegen hatte, mit der von Schujskij und Golizyn geführten Bojarenopposition in Verbindung trat (sie bemühte sich nicht ohne Grund, Schujskij vor der Todesstrafe zu erretten, siehe Seite 28), und im Dezember 1605 versuchte, den polnischen König Sigismund III. durch den Schweden Peter Petrej davon zu unterrichten, daß der Zar den Thron usurpiert habe.

Der Historiker Skrynnikow schreibt in diesem Zusammenhang: «Der polnische Hetman Žolkewskij schrieb, daß Marfa Nagoj dem König durch einen Schweden von der Usurpation durch den Zaren Mitteilung machte. Man konnte den Namen des Schweden herausfinden, der den Auftrag von Marfa und den ihr Gleichgesinnten erhielt. Das war Peter Petrej. Die Bojaren wählten ihn deshalb, weil Petrej Sigismund III. persönlich bekannt war und sich im Dienst des Zaren in Moskau befand. Beim Treffen mit Sigismund III. erklärte Petrej, daß der falsche Demetrius nicht der sei, für den er sich ausgebe und führte Tatsachen an, welche bewiesen, daß der Zar den Thron usurpiert hatte. Der Schwede berichtete dem König von der Anerkennung durch die Zarin Marfa, und er berief sich auf die Meinung des Gesandten Gonsewskij, der gerade aus Moskau zurückgekehrt war und der über dieselben wahren und glaubwürdigen Auskünfte über Grischka verfügte wie auch Petrej.

Petrej traf Sigismund III. an den ersten Dezembertagen des Jahres 1605, als der König seine Vermählung mit Konstanze feierte. Sigismund beteuerte, daß Moskauer Bojaren während der Hochzeitstage mit ihm wegen der Vertreibung Otrepjews verhandelten.»[21c]

Jedoch trotz dieser sich über ihm zusammenziehenden Wolken umgibt Demetrius auch weiterhin nach seiner Thronbesteigung in Moskau dieses geheimnisvolle und äußerlich unerklärliche Charisma, das sich vor allem in der unveränderten Liebe des einfachen Volkes und der meisten Menschen seiner näheren Umgebung zu ihm äußerte. Und sogar trotz vieler unpassender Handlungen und deutlich negativer Neigungen verließ es ihn faktisch nicht während seiner ganzen kurzen Herrschaft, bis hin zu dem verhängnisvollsten Ereignis seines Lebens, der Vermählung mit Marina. Diese so vollkommen neue Gesinnung erwies sich auch als die treibende Kraft bei seinen Reformen, welche freilich ihrem Inhalt nach nicht über das hinausgingen, was Demetrius während seines Aufenthaltes in Polen als staatliche und soziale Einrichtungen sowie Gesetze gesehen hatte, die er aber den Bojaren auf den Sitzungen der Duma unentwegt als Beispiele hinstellte.[22]

So zeigte sich auch während seiner kurzen Regierung die eigenartige Zwiespältigkeit seiner Natur, von der oben gesprochen wurde, in starkem Maße.

Seine Leidenschaft für Luxus und Festlichkeiten, für fremde Zeremonien und Bräuche, seine Liebe für Ausländer, seine betonte Nichtachtung der religiösen Gefühle seiner Landsleute und der ganzen Lebensweise des Landes, das er regierte, ebenso wie die von ihm erdachten «Vergnügungen», die, so sollte man denken, nach kürzester Zeit nicht nur seine engere Umgebung, sondern vor allem das Volk ihm hätten entfremden müssen, alles das verringerte das ihn wie eine Wolke umgebende Charisma auf unbegreifliche Weise nicht. Man sagt, daß er in drei Monaten mehr als sieben Millionen Goldrubel allein für den Unterhalt ausländischer Musikanten, für Luxusgegenstände und den Erwerb von Kleinodien ausgab.[23] Die Festlichkeiten, die er bei seiner Krönung, besonders aber im Zusammenhang mit der Ankunft Marinas in Moskau und bei seiner Hochzeit mit ihr veranstaltete, erstaunten wegen ihrer Pracht und sinnlosen Verschwendung sogar die Bojaren und ausländischen Gesandten, die schon viel gesehen hatten (siehe Seite 49f). Trotzdem, so schien es, konnte nichts die

Liebe vieler Bojaren und besonders des einfachen Volkes zu ihm erschüttern.

Dazu kam bald noch etwas anderes. Demetrius begann, nachdem er den Thron bestiegen hatte, gleichsam von einer höheren Macht geleitet, in wachsendem Maße sich von den Zielen jener politischen Intrige zu entfernen, deren Werkzeug er hatte werden sollen, und das er bis zu einem hohen Grade auch schon geworden war, als er im August 1604 von den Jesuiten und Mniszek begleitet, Sambor mit seinem Heer verließ.

Zu Beginn seiner Herrschaft dachte er noch ernsthaft an seine Versprechen: Er befahl sogar, ein Heer zum Krieg gegen die Schweden auf der Seite Polens aufzustellen,*[24] gestattete den Polen, in Moskau eine katholische Kirche zu bauen und noch eine zweite eigens für die Jesuiten, und er versprach, bald ein Jesuitenkolleg in der Hauptstadt zu eröffnen.

Mit der Zeit erkannten die Initiatoren der Intrige jedoch immer deutlicher, daß Demetrius sich ihrem Einfluß zu entziehen begann. Beim Empfang der polnischen Gesandten, die zu verstehen gaben, daß der polnische König seinen kaiserlichen Titel nicht anerkenne, weigerte er sich seinerseits, diesem westliche Gebiete abzutreten, und versprach nur irgendeinen geldlichen Ausgleich.

Schwieriger war es mit den Jesuiten. Obwohl Demetrius es mit der versprochenen Bekehrung der Russen zum «wahren Glauben» offensichtlich nicht eilig hatte, so betonte er doch ständig seine Ergebenheit gegenüber dem Heiligen Stuhl, besonders in privaten Gesprächen, und er sprach bei jeder Gelegenheit den Jesuiten gegenüber davon, daß er die eingegangenen Verpflichtungen treu einhalten werde, und er beichtete sogar vor seiner Krönung dem Jesuiten Lawicki.[25]

Am Anfang seiner Regierung bemühte er sich zudem, den Jesuiten in besonderem Maße ganz offen Achtung zu erweisen. So berichtet Peter Paterson, ein persönlicher Zeuge all dieser Ereignisse:

Nach des Demetrius' Krönung «erinnert er sich seines in Polen gethanen Aidts wegen einfiehrung der Päbstischen religion, vnd befahle dass man den Jesuiteren, deren er vil bey vnd vmb sich hatte, den grossen hoff in der Statt Moscaw solte einraumen. Darinnen Iren Gottesdienst zu veben, dan dieser Griska [Otrepjew] zu des Pabst Instrument ausserkiest gewesst, durch den Er sich vnterstanden die Griechische religion ausszurotten, vnd dargegen den Päbstischen Aberglauben einzufiehren ... Dan nachdem die Jesuiter erlaubnuss bekommen, Mess zu halten, zu predigen, vnd zu thun was sie wolten, auch Griska die hand vber sie hulte, also dass Inen niemandt

---

* Wie schon gesagt, mußte Demetrius wegen des entschiedenen Widerstandes der Duma diesen Plan bald wieder aufgeben.

widersprechen dorfft – kundten sie leichtlich die vngelehrte Reussen zum falschen Gottesdienst vberreden, oder die widerspenstige bezwingen, vnd zum Arett bringen.»[25a]

Und der bekannte Spezialist für den Jesuitenorden René Fülöp-Miller schreibt: «Die feierliche Begrüßungsansprache beim Einzug des neuen Zaren in den Kreml hielt Pater Lawicki, die Rede bei der Thronbesteigung Pater Czyrzowski. Eine der ersten von Demetrius getroffenen Verfügungen bezog sich auf die Errichtung von Jesuitenkollegien, Seminaren und Kirchen im ganzen Reich.»[25b] Dabei ist zu beachten, daß die zwei von den Jesuiten noch dazu in polnischer Sprache gehaltenen Reden eine offene Herausforderung und direkte Beleidigung der gesamten russischen Bojarenschaft darstellten. Und – schließlich – äußerte Demetrius gegen Ende der Zeremonie, allerdings unter vier Augen, beiden Jesuiten gegenüber seine besondere Genugtuung, daß der Krönungstag mit dem Festtag von Ignatius von Loyola, dem Begründer des Jesuitenordens zusammenfiel.[26] All das zusammengenommen rief eine heftige Empörung bei dem russischen Teil der Gäste hervor, so daß Demetrius es später nicht mehr wagte, eine solch offene Sympathie für die «Häretiker» zu zeigen. Bei seiner Begrüßungsrede für Rangoni, den Neffen des päpstlichen Nuntius, zum Beispiel, riskierte er es nicht, in Gegenwart so vieler Russen alle offiziellen Titel des römischen Papstes zu nennen, sandte jedoch sofort nach der Audienz zunächst seinen Sekretär zu ihm mit der Versicherung seiner vollen Ergebenheit gegenüber dem Heiligen Stuhl und der katholischen Kirche und am Abend desselben Tages nochmals den Jesuiten Czyrzowski mit demselben Auftrag.[27] Das Gespräch mit Rangoni wurde mit der Übergabe eines weiteren Geheimschreibens an Papst Paul V. beendet.

Im ganzen gesehen entsteht auf der Grundlage zahlreicher Dokumente, die sich von Demetrius' Verkehr mit den Jesuiten und dem Heiligen Stuhl erhalten haben, der Eindruck, daß er sich von dem Teil der Intrige, der mit den geheimen Zielen der polnischen Politik verbunden war, verhältnismäßig leicht losmachen konnte, nachdem er den Thron bestiegen hatte, während es für ihn sehr viel schwieriger war, sich von dem Teil derselben zu befreien, den die Jesuiten spannen. Letztere konnten dadurch, daß Demetrius zu ihrem Glauben übergetreten war, durch regelmäßig aufeinander folgende Beichten, Geschenke und Sendschreiben zweier Päpste wie auch ihres Ordensobersten, vor allem aber durch ihre glänzende Kenntnis der menschlichen Psyche, durch ihre raffinierten Methoden und den starken geistigen Einfluß, den sie durch jahrelange, von Rudolf Steiner mehrfach in seinen Vorträgen charakterisierte[28], okkulte Praxis erlangt hatten, den «neuen» Zaren Demetrius zwar nicht vollständig in ihrer Hand halten, aber doch einen bedeutenden Einfluß auf ihn ausüben.

Auf der anderen Seite, mußten die Jesuiten eine starke Veränderung in

Demetrius nach der Schlacht von Dobrynitsch bemerken, sie konnten nicht umhin, jene höhere Macht nicht zu spüren, die immer stärker durch ihn wirkte, die ihm das Tor zur Liebe des Volkes öffnete und ihn in wachsendem Maße zu neuen Aufgaben führte, welche sie nur als feindlich für ihre eigenen Pläne und Absichten ansehen mußten.

Es ist schwer zu beurteilen, inwieweit Demetrius selbst sich der Veränderung bewußt wurde, die mit ihm vorgegangen war. Es ist jedenfalls deutlich, daß sich ihm der neue, wahre Sinn seiner Mission nur allmählich erschloß, daß dieser immer wieder von der Unausgeglichenheit seines eigenen Charakters verdunkelt wurde wie auch von seinen moralischen Schwächen und, selbstverständlich, dem okkulten Einfluß der Jesuiten, den diese jedoch gegen das Ende seiner kurzen Herrschaft mehr und mehr zu verlieren begannen, da sie nicht die Kraft hatten, sich gegenüber der durch ihn wirkenden geistigen Macht zu behaupten.

Es gab nur noch ein Mittel, dank dessen die Jesuiten Demetrius in ihrer Gewalt zu halten hoffen konnten, und das war Marina, eine ihnen mit Leib und Seele ergebene Katholikin, für die Demetrius noch immer eine ungestüme Leidenschaft empfand. Die baldige Vermählung des Zaren mit ihr bot sich ihnen als die einzige Rettung der ganzen Intrige. Aber gerade ihre Ankunft in Moskau und ganz besonders die Vermählung mit ihr führten das Ende von Demetrius' Regierung herbei.

Die Braut kam am 2. Mai 1606 zusammen mit ihrem Vater, Jurij Mniszek, in Begleitung von Fürst Wiszneweccki und einer großen Gefolgschaft in der Hauptstadt an. Der Reichtum ihrer Kortege und die ihr erwiesenen Ehrenbezeugungen bei der Ankunft überstiegen jegliche Vorstellung und wurden von vielen Zeitgenossen beschrieben, hatte doch Demetrius für deren Organisation Mniszek rechtzeitig die für jene Zeiten riesige Summe von 200 000 Goldrubel gesandt.[29] So schrieb der Franzose Mažaret, daß die Kortege Marinas «prächtiger war, als man je vorher irgendwo gesehen hatte».[29a] Und Georg Peyerle, ein deutscher Kaufmann und Zeuge ihres Einzuges in Moskau beschrieb diesen so:

«Vorher zogen 1000 boyaren zue Pferdt, mit bogen vnd Pfeilen, die sie [Marina] von der gränz an im Landt allzeit beglaitet haben, Inen volgenden dess herrn woiwoda [Mniszeks] 200 Polnische husaren, in ihrn Rustungen, an den Lanzen auch rothe vnd weise fahnen, auf die Ritten seine andere fürnembste von Adel, auch sein herr Sohn, Tochterman vnd Brueder, stattlich beklaydet, vnd auf schönen Türckischen Pferdten, Derer zeug alle von gold vnd silber vnd Edelgesteinen gezieret war, er [der Wojewode] selb aber ritte neben der gutschen auf einem sehr schönen Türckischen Pferdt, darauf der zeug alles sambt den Stegraiffen vnd Sporn, von lauter gold geschmelzt, vnd mit Thürkesenn guarnisiert war, inn einem Purpurfarb guldin stuckh, der rockh mit schönen zöblin durchfiettert, an Ire Gutschen waren gespannt: 8 weise schöne Türckische pferdt, Roth geferbt von vnden an biss an halben leib, die geschürr darauf waren von rothem Samat, die spangen von silber vnd vergult, der wagen gefüettert mit grüenem guldin stueckh, die guetscher inn dergleichen grüenen vnd weysen seydin röckhin, nach Ihr fuhren inn 4 gutschen Ir frawenzimmer ser stattlich, hinder vnd neben disen gutschen giengen 300 hayduggen alle in schönen blawen Tuech bekhleidet vnd weise lange spitzfedern auf Iren Magierken (oder hüetlen) u. s. w.»[29b]

Außerdem wurde Marina von fast einem ganzen Heer bewaffneter Polen begleitet, die, wie sich bald herausstellte, nicht zum «Schutz» der Braut kamen, sondern die die Möglichkeit leichter Beute und freien Lebens angezogen hatte. Ihr Anblick war tatsächlich eindrucksvoll: Fußvolk mit Flinten, Reiter mit Lanze und Schwert, von Kopf bis Fuß in eisernen Panzern, Heiducken und Husaren, die einst mit Demetrius aus Sambor ausgezogen waren, bewaffnete Diener und ein beeindruckender Wagenzug mit Waffen. Bei der Hochzeit waren zudem zwei offizielle Gesandte König Sigismunds zugegen, wodurch dieser seine Wohlgesonnenheit bezeugen wollte.

Demetrius verfügte persönlich, daß alle Polen in den besten Häusern Moskaus unterzubringen seien: bei Adligen, reichen Kaufleuten und selbst Bischöfen. Die Polen schienen jedoch ihren Marsch als Eroberung Moskaus aufzufassen und verhielten sich entsprechend. Vom Zaren offensichtlich in Schutz genommen, hielten sie sich für straffrei und machten nicht viele Umstände, weder mit ihren Gastgebern noch mit den Bewohnern der Hauptstadt. Von ihren Untaten berichten sowohl russische als polnische Quellen.[30] Sie raubten, mordeten, vergewaltigten, legten Feuer. Besondere Erregung rief im Volk die Entweihung vieler Moskauer Kirchen durch die Polen hervor. Da sie diese für Kirchen von Häretikern hielten und sich selbst bei der Trauung des Zaren mit eigenen Augen überzeugt hatten, daß der neue Moskauer Regent *ihres* Glaubens war, benutzten sie die Kirchen als Pferdestall, verbrannten Ikonen, schlugen Geistliche und so fort.[31]

Schon Monate vor der geplanten Hochzeit mit Marina hatten sich Demetrius und Georgij Mniszek, der Vater Marinas, schriftlich mit der Bitte an den Papst gewandt, Marina zu gestatten, daß sie nach der Trauung das Abendmahl in orthodoxer Form nehmen dürfe (das heißt nicht nur mit dem Brot, wie das bei den Katholiken der Fall war, sondern *auch mit dem Wein*). Es ist nicht bekannt, wie der Papst selbst über diese Frage dachte, seine Umgebung widersetzte sich jedenfalls kategorisch, wohl in der Annahme, daß eine solche Entscheidung eine entschiedene Abweichung vom «wahren Glauben» sei. Schließlich mußte der Papst die Angelegenheit zur Abstimmung bringen, und sie wurde durch eine überwiegende Mehrheit der Stimmen des Kardinalkonklaves negativ entschieden.[32] Diese ablehnende

Antwort traf kurz vor der Hochzeit aus Rom ein. Und damit war Demetrius in eine äußerst schwierige Lage gebracht. In Gegenwart zweier offizieller Gesandter Sigismunds und von fast zweitausend Polen, die mit Marina nach Moskau gekommen waren, dem Papst nicht zu gehorchen, das bedeutete faktisch, die ersehnte Braut, die eine fanatische Katholikin war und schon mehrmals die strikte Beachtung aller katholischen Vorschriften zur Bedingung gemacht hatte, für immer zu verlieren, ja schlimmer noch, es konnte das zum Verlust der Unterstützung durch die katholischen Polen in seiner nächsten Umgebung führen, auf die er in hohem Maße angewiesen war.

Andererseits würden Demetrius und Marina, wenn sie vor dem ganzen russischen Volk das orthodoxe Abendmahl ablehnten, damit offen ihre Zugehörigkeit zu einem anderen Glauben demonstrieren, der im Volk für häretisch angesehen wurde. Für einen Herrscher über ein *orthodoxes Volk* wäre das einem moralischen und politischen Selbstmord gleichgekommen. (Von der geistigen Bedeutung dieses Schrittes wird weiter unten gesprochen werden.) In dieser Situation konnten sogar die Jesuiten ihrem Schützling nicht helfen, da auch sie in Gegenwart der Gesandten des polnischen Königs und so vieler katholischer Gäste Demetrius nicht vor aller Augen unterstützen konnten, wenn er sich entschließen sollte, eigenmächtig gegen die Entscheidung des Papstes zu handeln.

So stand Demetrius vor einer ausgesprochen schweren Entscheidung: Entweder um das Vertrauen des orthodoxen Volkes zu sich zu erhalten und damit die Möglichkeit, seine eigene zukünftige Mission unter ihm zu verwirklichen, sich offen, vor aller Welt, als orthodoxer Zar zu erweisen, oder diese Mission um der Treue zum Papst und der Leidenschaft zu Marina willen, die auf jede Art und Weise von den Jesuiten, Mniszek und sogar Sigismund unterstützt wurde, und um der höchst fragwürdigen Unterstützung willen, die ihm seine polnische Umgebung gewährte, endgültig zu opfern und mit dieser Entscheidung allem Volk zu zeigen, daß der fremde Glaube ihm teurer war als der seiner Väter, daß die Meinung, welche die Fremden über ihn hatten, ihm wichtiger war als die seines eigenen Volkes und das Verlangen, sich, koste es, was es wolle, mit der den Jesuiten ergebenen Polin zu vermählen, höher als alles zusammen, höher sogar als seine eigene Mission, die er dunkel in sich zu ahnen begann.

Trotz alledem entschied Demetrius sich für die *zweite* Alternative, und das wurde verhängnisvoll für ihn.

Von allem Anfang an war sowohl die Bojarenduma als auch die orthodoxe Geistlichkeit kategorisch gegen die Ehe des Zaren mit der katholischen «Jungfer», wie Marina vom Volk genannt wurde.[33]

Für dieses war sie eine Häretikerin, der zudem das rechte Ansehen mangelte und deren Familie sich am Rande des Ruins befand.[34] Der Widerstand im Volk war bis zur Hochzeit so stark geworden, daß Demetrius sogar zu Strafen seine Zuflucht nehmen mußte, um die Unzufriedenheit zu unterdrücken und sein Ziel zu erreichen. So berichten auch Jesuiten von Strafen.[35] Sehr wahrscheinlich unterstützten sie Demetrius dabei oder gaben ihm gar den Gedanken dazu ein. Später erzählte Demetrius dem aus Polen zurückkehrenden Butschinskij davon: «Einer der Erzbischöfe begann, mich zu tadeln und forderte mich auf, hartnäckig zu werden, dem Segen der Ehe zu entsagen, ich aber verbannte ihn, und jetzt wagt es niemand mehr, etwas zu sagen, und sie erfüllen alle meinen Willen.»[36]

Die ganze Situation wurde noch zusätzlich dadurch erschwert, daß die Trauung wegen der Auseinandersetzungen mit der Geistlichkeit über die Trauungsprozedur um zunächst vier Tage verschoben werden mußte, und, als dann schließlich mit Hilfe des heimlich zum Katholizismus neigenden Patriarchen Ignatius ein Kompromiß erreicht war, da stellte es sich heraus, daß die Hochzeit abermals um einen weiteren Tag verschoben werden mußte, denn es war der Vorabend des Festes für den heiligen Nikolaus angebrochen, eines der am meisten geachteten Feste in Rußland.

Demetrius aber wollte nicht noch einen Tag länger warten und befahl, die Hochzeit unverzüglich zu feiern, das heißt am Nikolaus-Tag (8. Mai) selbst, was eine tiefe Kränkung der religiösen Gefühle des Volkes bedeutete.

Am 8. Mai 1606 lehnten es Demetrius und Marina dann nach der feierlichen Trauung in der Uspenskij-Kathedrale im Moskauer Kreml öffentlich unter einem großen Andrang des Volkes zum Entsetzen und zur Empörung der Russen und der unverhohlenen Freude der Polen kategorisch ab, das Abendmahl in beiderlei Gestalt zu nehmen. Der griechische Erzbischof aus Elasson, der persönlich der Zeremonie beigewohnt hatte, beschrieb den Vorgang folgendermaßen: «Nach der Hochzeitszeremonie zeigten die beiden [Dimitrij und Marina] keinen Wunsch, die heilige Kommunion zu empfangen. Darüber waren alle Teilnehmer – nicht nur der Patriarch und die Bischöfe, sondern alle, die es sahen und hörten – sehr betrübt. Solcherart war die erste, wirklich sehr schwere Pein [für alle]; es war ein Anlaß zum Ärgernis und erste Ursache vieler, vieler Übel für das moskowitische Volk und ganz Rußland . . .»[37]

Der moderne Biograph von Demetrius, Philip L. Barbour zitiert und kommentiert diese Worte folgendermaßen: «Für ein Volk, das in religiöser Hinsicht so fanatisch war wie die Moskowiter im Jahre 1606, war die Weigerung, die heilige Kommunion zu empfangen, eine schwere Beleidigung Gottes. Marina hatte man bisher für eine Heidin angesehen; nun lief sie Gefahr, als gottlos, ja antichristlich zu gelten. Und mit ihr Dimitrij.»

Dieser Ansicht muß man zustimmen, denn da er nach dem Verständnis des Volkes Gott beleidigt hatte, war er in dessen Augen nicht länger ein christlicher Zar und mußte unweigerlich die Unterstützung des Volkes verlieren, und das war in seiner Lage gleichbedeutend mit seinem Untergang.

Trotzdem versuchten die Jesuiten, in einem letzten Bemühen, die Situation irgendwie zu retten, ihrem Schützling zu helfen. Sie gestatteten Demetrius und Marina, entgegen dem Verbot des Papstes, das Abendmahl nach orthodoxem Ritus zu nehmen, jedoch insgeheim, nachdem die königlichen Gesandten und alle ausländischen Katholiken die Kirche verlassen hatten.[38]

Auf diese Weise hoffte Demetrius, mit der Billigung der Jesuiten, wenigstens die orthodoxe Geistlichkeit zu begütigen, die ohnehin stark gegen ihn eingestellt war (ganz besonders nach den Verfolgungen, denen sie infolge ihres Widerstandes gegen die Hochzeit ausgesetzt war). Höchstwahrscheinlich rechneten die Jesuiten damit, daß sie die Kunde von dem geheimen Abendmahl nach orthodoxem Ritus mit der Zeit unter dem Volk verbreiten könnten, um so dessen Zorn und Erregung wenigstens etwas zu beschwichtigen. Sie hatten sich jedoch, in Unkenntnis des ihnen fremden Volkes völlig verrechnet. Denn das Unglück war bereits geschehen: *Die geistige Verbindung zwischen dem Zaren und dem Volk war zerstört.*

Das Gerücht, daß der Zar es vor allem Volk abgelehnt hatte, das Sakrament zu empfangen, verbreitete sich sogleich in der ganzen Stadt. Und schon nach wenigen Tagen wurde die Lage kritisch. Wie Bussow bezeugt[39], wurde vom 12. Mai an überall offen im Volk davon gesprochen, daß der Zar ein dreckiger Heide sei, daß er ein ungetaufter Fremder sei, die Ikonen nicht achte, Frömmigkeit nicht liebe, den Nikolaus-Tag nicht gefeiert habe und so fort.[40] Die Lage wurde noch durch die oben erwähnten Untaten und Raubüberfälle verschlimmert, welche die bewaffneten Polen, die mit Marina gekommen waren, überall in der Stadt verübten. Da aber das Volk seinem Zaren nicht mehr vertraute, da es ihn für einen von Gott Abgefallenen hielt, der seine Seele den ausländischen Häretikern verkauft hatte, so machte es ihn nun auch für das Chaos in der Stadt verantwortlich.

Und so kam es bereits sechs Tage nach der Hochzeit (14. Mai) zu ersten größeren Volksaufständen in Moskau. Das und die allgemeine Erregung, die sich im Volk gegen das Zaren-Paar ausbreitete, bildete den Boden, auf dem die von Schujskij organisierte Verschwörung in kürzester Frist vollen Erfolg haben konnte.

Betrachtet man diesen plötzlichen Umschwung in der Beziehung der breiten Volksmassen zu Demetrius, so entsteht der Eindruck, daß er ganz plötzlich, wie in einem Augenblick, sein einstiges Charisma verlor und daß sich das Volk, das sich in seinen heiligsten Gefühlen getäuscht sah, nun gegen den Betrüger wandte, der es während seiner ganzen Regierungszeit verstanden hatte, seine Zugehörigkeit zu einem falschen Glauben vor ihnen zu verbergen. Das ist eine psychologische Erklärung der äußerlich so unverständlichen Tatsache, daß das Volk bald danach Demetrius' Ermordung gleichmütig, ohne jedes Mitgefühl, hinnahm. Und als sein Leichnam auf der Schädelstätte (einem Teil des Roten Platzes, der als Richtstätte diente) des Roten Platzes zur Schau gestellt wurde, da äußerten nicht nur das einfache Volk, sondern auch die Adligen, Kaufleute und sogar Frauen in großer Zahl nur Zorn, Verachtung und Spott.[41]

Ungeachtet der verhängnisvollen und für alle sichtbaren Veränderung in der Beziehung des Volkes zu Demetrius nach seiner Vermählung mit Marina, schien er diesen Wandel nicht zu bemerken oder bemerken zu wollen. Fünf Tage zogen sich die Hochzeitsfestlichkeiten ohne Unterbrechung am Hofe hin, zu denen nicht nur der polnische Adel, sondern auch viele polnische Soldaten geladen waren, welchen Demetrius bei vollkommen leerer Staatskasse lauthals große Geldsummen versprach. Die Russen achtete er so wie früher noch immer für Fremde. Die Feierlichkeiten sollten dann nach seinem Befehl mit den von ihm so geliebten «Kriegsspielen» beendet werden, nur dieses Mal in ganz ungewöhnlichem Umfang und mit einer von Marina organisierten Maskerade.[42]

Man war jedoch gezwungen, die weiteren Vergnügungen wegen der Unruhen in der Stadt aufzuschieben. Statt dessen mußte Demetrius die Kremlwachen kurzfristig verdoppeln und die Strelitzen in die unruhigsten Rayons der Stadt schicken.

Auch änderte sich ganz plötzlich Demetrius' Stimmung. Die Charakterzüge des guten und gnädigen Herrschers wichen äußerstem Argwohn und großer Grausamkeit. So befahl Demetrius Basmanow und den von ihm geführten Wachen, jede verdächtige Person, die in den Kreml einzudringen versuchen sollte, zu erschlagen. Bereits in der Nacht zum 16. Mai griff man sechs Menschen auf: Drei wurden sogleich getötet, die übrigen zu Tode gefoltert.[43] Und Mniszek erklärte Demetrius, daß er die Macht habe, «allen an einem Tag das Leben zu nehmen».[44]

Aber auch indem er zur Grausamkeit seine Zuflucht nahm, konnte Demetrius seine Lage nicht retten. Seine Tage, ja seine Stunden, waren fortan gezählt.

Die folgende Entwicklung der Ereignisse war auch für die Jesuiten ganz unerwartet, denn sie hatten die katastrophalen Folgen ihres Unwillens, sich offen gegen den Entschluß des Papstes und des Kardinalskollegiums zu stellen, nicht vorausgesehen. Indem sie die Hochzeit vorbereiteten, hofften sie, durch Marina den ihnen entgleitenden Demetrius wieder in ihre Hände zu bekommen, um ihn abermals in jenes willfährige Werkzeug zu verwandeln, das er schon einmal in Polen gewesen war. Sie hatten sich jedoch verrechnet, weil sie die Kräfte und das Wesen des russischen Volksgeistes nicht beachteten und bis zum Schluß auch nicht verstanden.

Was Demetrius hätte retten können – sich auf diesen Geist zu stützen –, das versäumte er unwiederbringlich. Die Rettung hätte allein darin bestehen können, daß er durch den Empfang des *orthodoxen Abendmahls* vor allem Volk zugleich seine Treue zu diesem Geist gezeigt und damit die geistige Verbindung mit ihm bewahrt hätte, auch wenn das – höchstwahrscheinlich – zur Annullierung der Hochzeit, zum Verlust der Braut und zur schroffen Verschlechterung der Beziehungen mit Polen, vor allem aber zum Bruch mit Rom und den Jesuiten geführt hätte.

Denn nur ein solches Handeln mit ungewöhnlicher moralischer Kraft, aus voller innerer Entschiedenheit hätte Demetrius den Weg zu den Aufgaben erschlossen, deren Verwirklichung seine eigentliche Mission in bezug auf Rußland und sein Volk an diesem Wendepunkt seiner Geschichte war.[45]

Hätte Demetrius sich anders entschlossen, als er es tat, dann hätte die Aufgabe, welche ursprünglich von dem in Uglitsch ermordeten Zarewitsch in der russischen Geschichte erfüllt werden sollte, *langsam auf ihn übergehen können*. Und tatsächlich hatte dieser Prozeß nach der tiefgreifenden Umwandlung, die durch die Schlacht bei Dobrynitsch in ihm vorgegangen war, schon begonnen. Der verhängnisvolle Einfluß, den die wachsamen Anführer der Intrige auf ihn ausübten, seine eigenen Schwächen, moralischen Mängel und egoistischen Wünsche jedoch zerstörten diesen Prozeß und vernichteten auch Demetrius selbst in kürzester Zeit.

Wie das alles vor sich ging und was die tieferen okkulten Kräfte und Ereignisse waren, die hinter dieser Tragödie standen, das kann, wenn auch nur bis zu einem gewissen Grad, allein durch eine geisteswissenschaftliche Betrachtung von Demetrius' Leben und Schicksal geklärt werden.

5. Das Demetrius-Rätsel
geisteswissenschaftlich betrachtet

Die in den vorangehenden Kapiteln dargestellte Doppelgesichtigkeit von Demetrius kann nur durch eine geisteswissenschaftliche Betrachtung seiner Persönlichkeit erklärt werden.

Als Grundlage einer solchen Betrachtung sollen uns die Resultate der geistigen Forschung Rudolf Steiners dienen, die im 2. Kapitel angeführt wurden. Aus diesen geht hervor, daß es sich bei dem im Jahre 1591 in Uglitsch ermordeten Dimitrij um eine geistig ungewöhnlich hohe Individualität handelt, die sich im Jahre 1582 entschlossen hatte, sich zur Erfüllung einer ganz bestimmten geistigen Aufgabe im russischen Volk im Herrschergeschlecht der Rurikiden als Sohn Iwans des Schrecklichen und dessen letzter Frau Maria Nagoj zu verkörpern.

In dem Buch des Verfassers «Die geistigen Quellen Osteuropas und die künftigen Mysterien des Heiligen Gral»[1] wurde der geistige Gehalt dieser Aufgabe eingehend charakterisiert. Er bestand darin, daß das russische Volk, das bis zum Beginn des 17. Jahrhunderts noch auf der Stufe der Empfindungsseele stand, nach dem Willen der die Menschheit führenden höheren geistigen Mächte nun den ersten Impuls zur Entwicklung des nächst höheren Wesensgliedes, der Verstandes- oder Gemütsseele, erhalten sollte.

Das Erwachen dieses Wesensgliedes war in jener Zeit eine objektive geist-historische Notwendigkeit für das russische Volk. Verschiedene Mächte, die das vorausahnten, strebten nun danach, Einfluß auf diesen Prozeß zu nehmen, um so Osteuropa politisch, geistig oder auch ganz und gar, zu beherrschen oder es wenigstens in hohem Grade dem eigenen Einfluß zu unterwerfen.

In dem genannten Buch wurde vor allem auf drei für die weitere Entwicklung Rußlands *negative* Einflüsse hingewiesen.

Als erstes auf jene radikale Tendenz, die später in den Reformen Peters I. voll zum Ausdruck kam. Geisteswissenschaftlich betrachtet bestand sie im wesentlichen aus einer intensiven Ahrimanisierung der Verstandes- oder Gemütsseele, was die Entwicklung jenes imperialen Großmachtstrebens zur Folge hatte, das im 20. Jahrhundert zum Sieg des Bolschewismus in Rußland führte. Diese radikal-reformerische Richtung, die mit einer gewaltsamen Einführung der äußeren Errungenschaften der damals in wachsendem Maße zu einem entschiedenen Materialismus neigenden westlichen Zivilisation auf russischem Boden einherging, wurde bereits in vorpetrinischer Zeit von Boris Godunow vorbereitet. Sie äußerte sich in dem Bestreben, sich dem Westen zuzuwenden, dem «progressiven» Europa[1a], sie sollte sich ganz besonders bei Boris' Sohn Fjodor zeigen, der ermordet wurde, als der falsche Demetrius in Moskau einzog, und der von Godunow mit Hilfe ausländischer Erzieher ganz in westlichem Geiste erzogen worden war.[2]

Die zweite Tendenz in der Entwicklung der Verstandes- oder Gemütsseele war mit der Thronbesteigung der neuen Dynastie der Romanows im Jahre 1613 verbunden. Sie stellte ihrem eigenen Wesen nach zwar keine negative Tendenz dar, war jedoch bar jedes positiven Gehaltes und erwies sich letzten Endes als völlig unproduktiv, wodurch sich sehr bald die erstgenannte radikale Richtung in der Person Peters I. in Rußland durchsetzte.

Die dritte negative Tendenz, schließlich, bildete das aus Rom stammende Bestreben, mit Hilfe des Jesuitenordens dem russischen Volk den Katholizismus in seiner konservativsten, in der Zeit der Gegenreformation unter dem Einfluß der Jesuiten herausgebildeten Form aufzuzwingen. Die auf diese Weise entstandene Verstandes- oder Gemütsseele hätte dem russischen Volk jede Möglichkeit für immer verbaut, in der Zukunft zu einer eigenständigen Entwicklung der Bewußtseinsseele zu gelangen. Statt dessen wäre es zu einer völlig abhängigen geistigen Existenz verurteilt und in jeder Hinsicht allein durch das autoritative Diktat des römischen Papstes bestimmt worden – wie das nur im tiefen Mittelalter rechtmäßig war –, unter Ausschluß jeglicher freier geistiger Entwicklung. Um diesen Plan zu verwirklichen, wählten die hinter ihm stehenden Kreise der katholischen Kirche den falschen Demetrius zu ihrem irdischen Werkzeug und schickten ihn mit dieser Mission, nachdem sie ihn dazu vorbereitet hatten, im Jahre 1604 von Polen nach Rußland.

Wenn wir nun beachten, daß sich die Jesuiten, bald nach den hier beschriebenen Ereignissen, bereits 1610 anschickten, das vielleicht bedeutendste Experiment in ihrer ganzen Geschichte, die Begründung eines unabhängigen Jesuitenstaates unter den Indianern in Paraguay, vorzunehmen, eines Staates, der dann anderthalb Jahrhunderte in den Dschungeln Südamerikas existierte (1610–1768), dessen Planung sie zweifellos lange vor seiner Verwirklichung vorgenommen hatten, so können wir uns vorstellen, was Rußland nach dem Willen der Jesuitenpatres erwartet hätte, wenn diese mit Hilfe des falschen Demetrius ihre Ziele erreicht hätten.

Man kann aber auch umgekehrt sagen: Nachdem sie im Jahre 1606 eine totale Niederlage im Osten (in Rußland) erlitten hatten, beschlossen die Jesuiten nunmehr den Versuch zu unternehmen, ihren Plan im Westen, in

Südamerika zu verwirklichen.[2a] Denn der Jesuitenstaat, den sie schließlich in Paraguay errichteten, sollte die Konkretisierung jener sozialen Ordnung darstellen, welche die Jesuiten, ausgehend von den Inspirationen der hinter ihnen stehenden okkulten Mächte[3], über die ganze Erde verbreiten wollten, und ganz besonders unter denjenigen Völkern, die noch kaum von der westlichen Zivilisation mit ihrem wachsenden Materialismus und dem protestantischen «Irrglauben» berührt worden waren. Zu diesen «unzivilisierten» Völkern zählten die Jesuiten auch das russische Volk, wie das mit aller Deutlichkeit aus ihren Briefen und geheimen Berichten hervorgeht. Schon mit Possevino beginnend, schrieben sie immer wieder über das – von ihrem Standpunkte – unwissende, ungebildete und grobe, wenn auch zugleich in höchstem Grade fromme russische Volk[4], eine Charakteristik, die sich oftmals kaum von derjenigen unterschied, welche die Europäer, die sich als erste auf dem amerikanischen Kontinent niederließen, von den dortigen Ureinwohnern gaben.

In einem Vortrag vom 9. Mai 1916[5] charakterisierte Rudolf Steiner das Wesen dieses Jesuitenstaates auf die folgende Weise: «Daher möchte ich zuerst an einem Beispiel [gemeint ist der Jesuitenstaat in Paraguay] zeigen, wie es der Jesuitismus macht, wenn er ganz robust, ungehindert seinen Impulsen folgen kann, wenn er alles dasjenige tun kann, was in seinen Methoden liegt, die darauf ausgehen, in den astralischen Leib des Menschen hineinzuwirken.» Beschäftigt man sich eingehender mit der Beschreibung des Lebens der Indianer in dem Jesuitenstaat[6], wird deutlich, daß die Jesuiten dort zu Beginn des 17. Jahrhunderts ein gründlich geplantes okkult-politisches Experiment durchführten, um unter den Indianern, die noch in recht primitiven Formen der Empfindungsseele lebten, erste Elemente der Verstandes- oder Gemütsseele in äußerst luziferischer Form einzuführen. Das Ergebnis war ein Staatsgebilde, das in vieler Hinsicht ein Vorläufer des «sozialistischen Experimentes» im Osteuropa des 20. Jahrhunderts war.

In seinem Buch «Macht und Geheimnis der Jesuiten» schreibt René Fülöp-Miller in diesem Zusammenhang über den Jesuitenstaat: «So hatten die Jesuiten, ausgehend von der richtigen Beobachtung der Fähigkeiten und Schwächen ihrer Indianer, in Paraguay eben jenen kommunistischen Staat verwirklicht, der noch heute, zwei Jahrhunderte später, der Menschheit als besonders erstrebenswerter Idealzustand angepriesen wird.» (Nicht zufällig schätzte deshalb schon Paul Lafargue, ein enger Mitarbeiter und Schwiegersohn von K. Marx, das sozialistische «Experiment in Paraguay» ganz besonders hoch.)[7a]

Fülöp-Miller sagte weiter, sich der Geschichte Osteuropas im 20. Jahrhundert zuwendend: «Daher hat der Bolschewismus trotz zahlloser Blutopfer sein Ziel bis zum gegenwärtigen Zeitpunkt [das Buch wurde im Jahre

1947 geschrieben und 1960 neu aufgelegt] nur höchst unvollkommen erreicht; die Jesuiten in Paraguay aber hatten nichts anderes zu tun gehabt, als daß sie ihre Maßregeln den Trieben und Bedürfnissen ihrer unzivilisierten Urwaldindianer anpaßten, und schon war unter ihren Händen ganz von selbst der ‹kommunistische Idealstaat› entstanden.»

Die drei angeführten negativen Tendenzen in der Entwicklung der Verstandes- oder Gemütsseele lassen nun die Frage nach dem Charakter und den Quellen ihrer *positiven Entwicklungsrichtung* aufkommen. Und dies ist unmittelbar mit der Mission des wahren Demetrius verbunden, die wir nur verstehen können, wenn wir uns daran erinnern, daß Rudolf Steiner den zentralen Impuls, der von allem Anfang an in den Tiefen der Empfindungsseele des russischen Volkes lebte als «Gralsstimmung» charakterisierte.[8] Diese «Gralsstimmung» als der größte Seelenschatz des russischen Volkes sollte nun, zu Beginn des 17. Jahrhunderts, aus der Empfindungsseele in die Verstandes- oder Gemütsseele gehoben werden, das heißt erstmals in den Seelenbereich eintreten, wo ein sehr viel bewußteres Wirken des menschlichen Ich möglich ist, was eine erste und ganz besonders wichtige Stufe auf dem Wege des *Bewußtwerdens* dieser Gralskräfte in der russischen Seele bedeutete.

Ein solcher Übergang zum Erleben der Gralsstimmung in der Verstandes- oder Gemütsseele konnte im russischen Volke jedoch nicht durch die Ausbreitung irgendeiner Lehre oder die mechanische Übertragung der Errungenschaften der damaligen materialistischen Zivilisation des Westens vor sich gehen, noch durch die autoritativen Forderungen der römischen Oberhirten, die ganz und gar von politischen Interessen ausgingen. Gemäß den Besonderheiten und dem Charakter des russischen Menschen konnte der Übergang zur Verstandes- oder Gemütsseele nur durch ein *moralisches Beispiel* geschehen, das ihm zudem von der höchsten Stelle des Staates aus gegeben würde. Und so wäre es die Aufgabe des wahren Demetrius gewesen, dem russischen Volk mit dem Erreichen des 28. Lebensjahres, das heißt zu der Zeit, da das Erwachen der Verstandes- oder Gemütsseele im individuellen Leben stattfindet, *dieses* Seelenglied als von wahrer *Gralsstimmung* erfüllt darzuleben.

Man kann auch sagen, daß Demetrius hier auf *mikrokosmischer* Ebene in seiner Seele etwas dem Vergleichbares verwirklichen sollte, was einst im Gange der Weltgeschichte als *makrokosmisches* Ereignis bei der Taufe des Jesus im Jordan geschah, als die kosmische Christus-Wesenheit in ihn einging und sich zunächst vor allem mit seiner Verstandes- oder Gemütsseele vereinigte als dem am weitesten entwickelten Seelenglied in der vierten nachatlantischen Epoche, aus welcher sie dann wie eine Geistessonne nach außen strahlte.[9] Solches vor seinem Volk darlebend, hätte

Demetrius dann als christlicher Zar des christlichen Volkes im Glanze einer höheren *moralischen* und *geistigen* Autorität durch vernünftige und allmähliche Reformen und eine weise Leitung seines Staates den Grund im Volk für die weitere Entwicklung der Verstandes- oder Gemütsseele in wahrhaft christlichem Geiste legen können, das heißt so, daß die in den Seelentiefen des russischen Menschen ruhende «Gralsstimmung» nicht nur keinen Schaden erlitten, sondern im Gegenteil noch intensiver und vor allem *bewußter* wahrgenommen worden wäre.

Damit haben wir eine konkrete Parallele zwischen der Mission des wahren Demetrius im 17. Jahrhundert in Osteuropa und der Mission Kaspar Hausers im 19. Jahrhundert in Mitteleuropa und zugleich ein Zeugnis für die tiefe innere Verbindung, die zwischen den beiden so ungewöhnlich bedeutsamen geistigen Individualitäten besteht (siehe auch Kapitel 2). Denn Demetrius hatte die Aufgabe, die «Gralsstimmung» im russischen Volk aus der Empfindungsseele in die Verstandes- oder Gemütsseele zu heben, und Kaspar Hauser, den Gralsimpuls im nächst-höheren Seelenglied in Erscheinung zu bringen, in der *Bewußtseinsseele*, das heißt, ihn in das in letzterer voll entwickelte individuelle Ich zu tragen und auf dieser Grundlage in Mitteleuropa ein neues Mysterienzentrum zu errichten. Davon sprach Rudolf Steiner auf die folgende Weise: «In Süddeutschland hätte werden sollen die neue Gralsburg der neuen Geistesstreiter und die Wiege künftiger Ereignisse. Wohlvorbereitet war der Geistesraum durch alle jene Persönlichkeiten, die wir als Goethe, Schiller, Hölderlin, Herder und so weiter kennen. Kaspar Hauser sollte wie um sich herum sammeln all das, was da lebte in diesem so vorbereiteten Geistesraum.»[10]

Wenn wir uns im Zusammenhang mit diesen Vertretern des mitteleuropäischen Geisteslebens bewußtmachen, daß Rudolf Steiner über den erstgenannten sagte: «In dieser Gralsstimmung, wenn auch sehr stark in den untersten Kräften seines Bewußtseins, lebte Goethe»[10a], und daraus folgt, daß eine ähnliche Gralsstimmung in jener Zeit auch in den anderen führenden Geistern Mitteleuropas wirksam war, so wird deutlich: Wenn Kaspar Hauser tatsächlich den badensischen Thron bestiegen und im Jahre 1847 fünfunddreißig Jahre alt geworden wäre, was den Beginn der Epoche der individuellen Entwicklung der Bewußtseinsseele bedeutet, dann hätte er durch seine eigene Persönlichkeit in dieser das Grals-Bewußtsein, das bei Goethe noch halbbewußt wirkte, voll entfalten und aus diesen Kräften ein neues Mysterienzentrum in Mitteleuropa begründen können.

Das geschah jedoch nicht, weder in dem einen noch dem anderen Falle. Demetrius wurde ermordet, als er noch nicht ganz neun Jahre alt war, und Kaspar Hauser wurde sogleich nach seiner Geburt seinen Eltern, dem Großherzog Karl von Baden und dessen Gemahlin Stephanie von Beauharnais geraubt und dann zwölf Jahre in einer geheimen Kasematte gefangengehalten. Seine weitere, tief tragische Geschichte ist gut bekannt.[11] Er wurde am 26. Mai 1928, kaum 15jährig, von Unbekannten nach Nürnberg gebracht und dort seinem Schicksal in einem Leben überlassen, von dem er während der vorhergehenden Jahre künstlich abgeschnitten worden war, und sechs Jahre später im Jahre 1833 von einem gedungenen Mörder in Ansbach getötet.*

Aber nicht nur der unverkennbare Parallelismus dieser zwei ungewöhnlichen Schicksale fällt sogleich auf, sondern es hat für ihr Verständnis auch der entscheidende Altersunterschied beider Individualitäten im Augenblick ihres tragischen Todes eine ebenso große Bedeutung. Warum töten die geheimen Entführer Kaspar Hauser nicht sofort, sondern unterwerfen ihn zunächst einer jahrelangen, qualvollen Gefangenschaft, um ihn dann nach Nürnberg zu bringen und dort ganz allein auszusetzen? Rudolf Steiner erklärte dieses Märtyrerschicksal Kaspar Hausers folgendermaßen: «Jene Kreise, die alles verhüllen und auch heute noch versuchen zu verhüllen, was mit dem Kaspar-Hauser-Schicksal tatsächlich zusammenhängt, sind jene Mitglieder der westlichen Logen und der Jesuiten, die ja in ihren Spitzenorganisationen seit mehr als 150 Jahren [das heißt seit 1766], aber seit Januar 1802 nachweisbar, zusammenarbeiten. Diese also wollen nicht, daß enthüllt werde, was sie als ein Experiment, als einen großangelegten Versuch inszenierten, um jene Individualität [Kaspar Hauser], durch eben ihr Experiment, von ihren Aufgaben zu trennen, sie in einem Zwischenreich zu halten. Die Ichheit dieses Wesens soll nicht durchdringen können ihren Leib, soll draußen bleiben in einem Zwischenreiche, nicht reine Geistgestalt und nicht reiner Erdenmensch. Von ihren Aufgaben abgelenkt und wie in geistiger Verbannung bleiben. Das heißt, einen Leib zu formen, aber nicht tätig als Ichheit ihn ergreifen können. Dieses Experiment aber glückte nicht, und darum mußte Kaspar Hauser sterben. Sie [seine Feinde] mußten erleben, wie durch ihr Experiment gerade erreicht wurde, was sie zu verhindern strebten: das Wachwerden der Individualität. Ja, daß sie wußte von Reinkarnation und Karma. Das aber sollte ja eben nicht sein.»

Warum aber die Entführer oder genauer, die hinter ihnen stehenden okkulten Kreise, nicht befahlen, den Knaben sogleich zu töten, das ist darin begründet, daß sie wußten, daß ein früher und dazuhin gewaltsamer Tod sogleich eine neue Geburt nach sich ziehen kann, da die Seele in der frühen

---

* Der erste erfolglose Anschlag eines Unbekannten auf Kaspar Hauser hatte bereits vier Jahre früher stattgefunden, am 17. Oktober 1829, im Hause Daumers in Nürnberg. Ebenso berichtet Giles Fletcher, der Rußland von 1588–1589 bereist, in seinem Buch «Über den russischen Staat» von einem Anschlag auf den Zarewitsch Demetrius in Uglitsch einige Jahre vor seiner Ermordung.[11a]

Kindheit noch wenig von den Gegebenheiten des konkreten Erdenlebens berührt worden ist, und das bedeutet, noch kein Träger jenes negativen Karma wurde, das den Durchgang durch das Kamaloka fordert, auf den stets eine längere Zeit der Vorbereitung einer neuen Erdenverkörperung in der geistigen Welt folgt. Aber die rasche Rückkehr dieser hohen, hinter Kaspar Hauser stehenden Individualität zur Erde wollten jene Kreise ja gerade mit allen Mitteln verhindern.[12a] Und so ließen sie diese Individualität sich völlig auf der Erde verkörpern. Da sie aber wußten, daß dieser Prozeß im großen und ganzen bis zur Zeit der Geschlechtsreife (14./15. Lebensjahr) zum Abschluß kommt, hielten sie Kaspar Hauser bis zu diesem Zeitpunkt in völliger Einsamkeit in Gefangenschaft, was gemäß dem Plan ihres teuflischen Experimentes die gesetzmäßige seelisch-geistige Entwicklung seiner Wesenheit im physischen Leib verhindern sollte. Infolgedessen hofften seine Peiniger, daß er, sich plötzlich allein in der großen, ihm bis dahin unbekannten Menschenwelt vorfindend, umkommen oder eine armselige, schwachsinnige Existenz fristen würde. Das Gegenteil geschah jedoch. Die mächtige Individualität, die durch Kaspar Hauser wirkte, vermochte in kürzester Frist, kaum daß sie unter den Menschen erschienen war, ihren physischen Leib voll zu beherrschen, in wenigen Jahren die künstlich hervorgerufene Verzögerung in ihrer Entwicklung aufzuholen, sich an alles zu erinnern, was in ihrer Kindheit mit ihr geschehen war, mehr noch, mit dem 21. Jahr die Schwelle zu höherer geistiger Erkenntnis zu betreten, so daß ihren Feinden nichts anderes übrigblieb, als aus Furcht vor der unvermeidlichen Entlarvung und noch schlimmeren Folgen zu dem äußersten Mittel Zuflucht zu nehmen und sie physisch zu vernichten.

Infolge des Mordes wurde das Ziel der Feinde wenigstens zum Teil erreicht: Die hohe Individualität von Kaspar Hauser kehrte in die geistige Welt zurück und hat sich nach dem Zeugnis von Rudolf Steiner seitdem nicht wieder auf der Erde verkörpert.[13]

Wenn wir uns nun abermals dem Schicksal von Demetrius zuwenden, so ist vor allem zu bemerken, daß dessen Feinde am Ende des 16. Jahrhunderts offensichtlich nicht solche okkulten Kenntnisse besaßen wie die Feinde von Kaspar Hauser am Ende des 19. Jahrhunderts. Deshalb nahmen sie gleich zu Beginn Zuflucht zum Mittel der physischen Gewaltanwendung, und der achteinhalbjährige Zarewitsch wurde am 15. Mai 1591 von gedungenen Mördern umgebracht.[13a] Damit kehrte auch in diesem Falle eine bedeutende menschliche Individualität vorzeitig in die geistige Welt zurück, ohne die wichtige Aufgabe erfüllt zu haben, die sie auf sich genommen hatte.

Da sie jedoch in einem bedeutend früheren Alter als Kaspar Hauser in die geistige Welt zurückkehrte und sich noch nicht in dem Maße mit ihrem physischen Leib hatte verbinden, das heißt mit der Formung ihres neuen Erdenkarma beginnen können wie jener, befand sich die Individualität von Demetrius in einer ganz besonderen Lage. Hier müssen wir, im Zusammenhang mit dem Alter von Demetrius zum Augenblick seines Todes, das Folgende beachten.

Nachdem sie acht Jahre, sechs Monate und sechsundzwanzig Tage alt geworden war, verließ die Individualität von Demetrius den physischen Plan unmittelbar vor jenem wichtigen Übergang im Leben jedes Kindes, der im 9./10. Lebensjahr stattfindet und der selbst den Anfang einer direkten Beziehung zu seiner irdischen Umgebung bedeutet, das heißt, zur materiellen Welt. Bis zu diesem Alter empfindet das Kind die ganze Welt als durchdrungen vom seelischen Element und unterscheidet sich deshalb nicht von seiner Umgebung.[13b] Das ändert sich entschieden mit dem Heraufkommen des 9./10. Lebensjahres. Jetzt beginnt das Kind, sich erstmals der übrigen Welt gegenüberzustellen, und dieses erstmalige Wahrnehmen seines Abgesondertseins nimmt oftmals einen tragischen Charakter in seiner Seele an. Okkult betrachtet vollzieht sich diese Absonderung von der übrigen Welt, mit der das Kind vorher verbunden gewesen war, dadurch, daß ahrimanische Kräfte beginnen, in es einzudringen. «Um das neunte, zehnte Jahr herum, da ergreift Ahriman nämlich den Menschen», äußerte Rudolf Steiner in diesem Zusammenhang.[13c] Bis zu diesem Zeitpunkt, das heißt bis zum Beginn des 9./10. Lebensjahres, ist das Kind noch in hohem Grade frei vom ahrimanischen Einfluß und bewahrt noch die von ihm aus dem Leben vor der Geburt mitgebrachte Verbindung mit der geistigen Welt.

Und in dieser Lebensepoche, unmittelbar vor dem entscheidenden Übergang, verließ die Demetrius-Individualität die Erdenwelt, ohne den das nachtodliche Leben belastenden ahrimanischen Einfluß aufgenommen zu haben. Deshalb konnte sie nach ihrem Tode frei in der der Erde benachbarten geistigen Welt weilen, ohne Gefahr zu laufen, dort den ahrimanischen Wesen zu verfallen.

Aber das ist noch nicht alles. Denn wenn einerseits der Tod am Beginn des zweiten Jahrsiebts der Individualität von Demetrius nicht eine sofortige neue Inkarnation gestattete (so wie das für Kinder möglich ist, die vor dem dritten, und in seltenen Fällen dem siebenten Jahr sterben), so konnte sie doch andererseits, da sie vor dem Erlangen der Geschlechtsreife starb und indem sie sich nach dem Tode nahe bei der Erde aufhielt, mit besonderer Kraft und Unmittelbarkeit auf verkörperte Menschen einwirken. Im Vortrag vom 22. Oktober 1915 beschrieb Rudolf Steiner eingehend zwei verschiedene Seelenzustände nach dem Tode, je nachdem, in welchem Alter die Seele die Erde verlassen hat. So vermögen die Seelen, die vor Beginn eines bestimmten Lebensalters, den Rudolf Steiner zwischen dem 7. und

10. Lebensjahr angibt,* das heißt der etwa mit der Beendigung der Bildung der zweiten Zähne zusammenfällt, in der geistigen Welt den genialeren Erdenmenschen zu helfen und sie zu inspirieren. Als Beispiel führt Rudolf Steiner in diesem Vortrag Goethe an, dem neben seiner eigenen, aus vergangenen Leben mitgebrachten Genialität, im Laufe seines Lebens Seelen von Kindern intensiv halfen, die vor dem genannten Rubikon gestorben waren.

Kinder dagegen, die nach diesem Übergang sterben, aber den nächsten, der etwa zwischen dem 14. und 17. Lebensjahr stattfindet, oder allgemein gesagt, die die Geschlechtsreife noch nicht erreicht haben, beschäftigen sich nach dem Tod in der Hauptsache mit der Vorbereitung der zur Inkarnation aus den geistigen Welten herabsteigenden Seelen.

Da die Demetrius-Individualität zur ersten Kategorie der Verstorbenen gehörte und dazu noch das stärkste Bestreben hatte, die gewaltsam unterbrochene Erdenaufgabe wenigstens einigermaßen zu erfüllen, mußte sie ihren Blick zur Erde hinablenken auf der Suche nach irgendeinem verkörperten Menschen, den inspirierend sie versuchen konnte, ihre Aufgabe auf der Erde wenigstens teilweise zu verwirklichen. Ehe wir uns jedoch der Beschreibung der Eigenschaften zuwenden, über welche ein solcher Mensch als Träger ihrer Inspirationen verfügen mußte, ist die nach der Tragödie von Uglitsch in der geistigen Welt weilende Individualität von Demetrius eingehender zu betrachten. Dem, was über sie bereits in dem Buch «Die geistigen Quellen Osteuropas...»[15] gesagt wurde, ist hier noch das Folgende hinzuzufügen.

Aus dem oben angeführten Parallelismus in den spirituellen Aufgaben Kaspar Hausers und des Zarewitsch Dimitrij folgt nicht nur eine bestimmte Beziehung beider Individualitäten miteinander, sondern auch eine unmittelbare Verbindung beider mit den Gralsmysterien, welche nach dem Zeugnis Rudolf Steiners bis zu jener Zeit schon länger in die Führung der Rosenkreuzer übergegangen waren.[16] Und wenn Rudolf Steiner weiter von der Individualität Kaspar Hausers sagte, daß sie «eine Wesenheit [ist], welche inspirierend in den Rosenkreuzer-Zusammenhängen seit Anfang an gewirkt hat»[17], so folgt schon aus der Verwandtschaft ihres Erdenwirkens im 19. Jahrhundert mit der Erdenaufgabe von Demetrius im 17. Jahrhundert auch eine innere Beziehung der Individualität des letzteren mit der Rosenkreuzerströmung. Nicht ohne Grund erwähnte Rudolf Steiner Kas-

---

* Vermutlich kam Rudolf Steiner bei der okkulten Beobachtung verschiedener Fälle zu verschiedenen Resultaten, da er in eben demselben Vortrag den genannten Rubikon einmal auf das 10., 8.–9., 9.–10. und 7.–8. Lebensjahr bezieht.

par Hauser und Demetrius sozusagen in einem Atemzug in einem Gespräch mit Polzer-Hoditz (siehe Kapitel 2) und verband die sie betreffende Frage mit dem Problem der zwei Johannes, wodurch er deutlich auf die Zugehörigkeit sowohl Kaspar Hausers als auch Demetrius' zur Rosenkreuzerströmung und ganz besonders zu deren Begründerpersönlichkeit hinwies.[18]

Wenn wir das beachten, dann mag es nicht unmöglich erscheinen, daß die Individualität des Demetrius' nachdem sie im Jahre 1591 den physischen Plan verlassen hatte, übersinnlich an jenem großen Konzil teilnahm, das Christian Rosenkreutz am Ende des 16. Jahrhunderts zur Vorbereitung eines besonders wichtigen geistigen Ereignisses berief. Über dieses Konzil äußerte Rudolf Steiner: «Gegen Ende des sechzehnten Jahrhunderts fand daher eine jener Konferenzen statt, wie wir sie hier vor einem Jahre kennengelernt haben, als nämlich im dreizehnten Jahrhundert Christian Rosenkreutz selbst eingeweiht wurde. Diese okkulte Konferenz der führenden Individualitäten [am Ende des 16. Jahrhunderts] vereinigte Christian Rosenkreutz mit jenen zwölf Individualitäten von damals und noch einigen anderen bedeutsamen Individualitäten der Menschheitsführung. Es waren dabei anwesend nicht nur Persönlichkeiten, die auf dem physischen Plan inkarniert waren, sondern auch solche, die sich in den geistigen Welten befanden. Anwesend war bei jener Konferenz auch dieselbe Individualität, die im sechsten Jahrhundert vor Christus verkörpert war als der Gautama Buddha.»[19] Für unsere Betrachtung ist in diesem Zitat der Hinweis darauf ganz besonders zu beachten, daß «nicht nur Persönlichkeiten, die auf dem physischen Plan inkarniert waren», an dem Konzil teilnahmen, *«sondern auch solche, die sich in den geistigen Welten befanden»*. Zu letzteren ist auch die Individualität von Demetrius zu rechnen.[19a]

Auf dieser Konferenz wurde die außergewöhnlich wichtige Entscheidung getroffen, daß der Gautama Buddha, der sich bis zu dem Zeitpunkt im übersinnlichen Leibe in der geistigen Umgebung der Erde aufgehalten hatte, auf den Mars gesandt werden sollte, um den negativen Einfluß dieses Planeten auf die Erde zum Guten zu wenden, einen Einfluß, der zur Folge hatte, daß die Menschheit mit Beginn der Neuzeit immer stärker Gefahr lief, in zwei ganz verschiedene Gruppen zu zerfallen: in diejenigen, die ähnlich wie Franziskus von Assisi oder die alten buddhistischen Mönche nur ganz einseitig ein innerlich, mystisches Leben führen, und solchen, die ebenso einseitig vom Kopf ausgehend ganz in die moderne materialistische, wissenschaftlich-technische Zivilisation versinken. Vorausgreifend ist hier zu sagen, daß das, was auf diesem Konzil beschlossen wurde, einige Jahre später von Christian Rosenkreutz verwirklicht wurde, als er 1604 den Buddha auf den Mars sandte.[20]

All das betrifft auch Osteuropa ganz unmittelbar. Denn wir können *erstmals* auch in der russischen Geschichte diese beiden Tendenzen beobachten. Die eine wird durch das Bestreben der römisch-katholischen Kirche vertreten, den Impuls der Verstandes- oder Gemütsseele in einer solch einseitigen Form nach Rußland zu bringen, daß das russische Volk niemals aus der Vertiefung in das innere Leben herausfinden würde, was ja seit jeher ein besonders charakteristischer Wesenszug von ihm war, und es sich demzufolge in allen Fragen, nicht nur des Glaubens und der Dogmen, sondern auch des praktischen äußeren Lebens, bis hin zur Politik, von Rom lenken lassen würde – so wie es den Jesuiten in Paraguay in jener Zeit zu verwirklichen gelungen war. Die zweite Tendenz der Verstandes- oder Gemütsseele begann sich in eben dieser Zeit mit nicht geringerer Einseitigkeit unter Boris Godunow, später unter seinem Sohn Fjodor herauszubilden und trat schließlich bei Peter I. mit seinem alles verschlingenden Interesse an der rein westlichen wissenschaftlich-technischen Zivilisation deutlich in Erscheinung. Da aber die von Christian Rosenkreutz aufgeworfene Frage damals sowohl das westliche (mit dem mittleren) als auch das östliche Europa betraf, mit dem einen Unterschied, daß diese in ersterem auf der Ebene der Bewußtseinsseele gelöst werden mußte und im zweiten auf der Ebene der Verstandes- oder Gemütsseele, so kann die Tatsache, daß auch die Individualität des Demetrius an dieser Konferenz vom Ende des 16. Jahrhunderts teilnahm, die Individualität, welche zu jener Zeit eine Aufgabe hatte, welche mit dem Ins-Gleichgewicht-Bringen der zwei entgegengesetzten Tendenzen in der Verstandes- oder Gemütsseele* zusammenhing, keinem Zweifel unterliegen.

Wenn man das beachtet, ist es nicht schwer zu verstehen, daß gerade die übersinnliche Teilnahme der Demetrius-Entelechie an diesem Konzil, das wahrscheinlich irgendwann zwischen 1591 und 1597 stattfand, in ihr den Wunsch verstärkte, in Anbetracht der Rußland nach ihrem vorzeitigen Tod unabwendbar drohenden Gefahr, mit allen Mitteln doch noch ihre – zunächst unterbrochene – Aufgabe auf der Erde zu erfüllen.

Nun ist hier noch ein weiterer Aspekt zu betrachten. Denn so wie Kaspar Hauser mit seiner Aufgabe im 19. Jahrhundert aufs tiefste mit dem Erzengel des deutschen Volkes verbunden war[20a], so war die Individualität des Demetrius auf dieselbe Weise mit dem Erzengel des russischen Volkes

---

* In diesem Sinne kann man die Mission der wahren Demetrius-Individualität auch so charakterisieren, daß die Verstandes- oder Gemütsseele dem russischen Volk in einer solchermaßen harmonisch-vergeistigten Form gezeigt werden sollte, daß bei ihr das «Verstandes»-Element, das eine einseitige Neigung zur materialistischen Zivilisation der Neuzeit hat, ins Gleichgewicht gebracht ist mit dem ebenso einseitig zu mystischer Vertiefung strebenden Element des «Gemütes».

verbunden.* Und so wie Kaspar Hauser die Aufgabe hatte, die *geistige* Entfaltung Mitteleuropas zu ermöglichen, damit der mitteleuropäische Volksgeist seine Aufgaben verwirklichen könne, so sollte Demetrius vor allem das russische Volk zu *moralisch-seelischer* Entfaltung, zu einem bewußteren Wahrnehmen des Grals-Impulses in seiner Seele führen und weiter zur Gestaltung des sozialen und kulturellen Lebens aus diesem bewußt gewordenen Impuls im Geiste und in der Richtung der Aufgaben des führenden russischen Volkserzengels. Wir werden später in diesem Kapitel noch sehen, welche zentrale Rolle diese intime Verbindung des wahren Demetrius mit dem russischen Erzengel in der weiteren Entwicklung der Ereignisse spielte.

Und nun wollen wir uns der oben gestellten Frage wieder zuwenden: Wer konnte der in der geistigen Welt weilenden Demetrius-Individualität als geeignetes menschliches Werkzeug dienen, und über welche Eigenschaften mußte ein solcher Mensch verfügen, damit diese hohe Individualität wenigstens zum Teil ihre gewaltsam unterbrochene Erdenaufgabe erfüllen könnte?

Hier waren drei Faktoren ausschlaggebend.

Erstens mußte der Mensch, der das irdische Instrument für die geistige Individualität des Demetrius werden sollte aus eben dem Blutstrom kommen, der in den Adern aller Rurikiden floß. Das war notwendig, weil das Blut der Rurikiden einerseits, dank des in ihm enthaltenen «Waräger»-Anteils jahrhundertelang der Entwicklung des individuellen Ich im russischen Volk gedient hatte, und das bedeutet, die Grundlage bildete für eine bewußtere Beziehung zum Volkserzengel, der fast ein Jahrtausend lang durch das Geschlecht der Rurikiden wirkte. Andererseits zeigten sich bei den letzten russischen Zaren, ganz besonders von Iwan III. an, immer stärkere Züge moralischer und geistiger Entartung, und das Ich-Bewußtsein war immer luziferischer geworden. Das trat bei Iwan dem Schrecklichen besonders deutlich in Erscheinung, in dessen Seele sich am Ende die «Gralsstimmung», die einst das Zentrum des Seelenlebens jedes wahren russischen Menschen gebildet hatte, als völlig zerstört erwies. Aber gerade, weil ihr bei Iwan Grosnyj solcher Schaden zugefügt worden war, mußte ihre volle und sogar noch kraftvollere Wiederherstellung einen um so stärkeren Eindruck auf das russische Volk machen und so auch in ihm die Impulse wecken und verstärken, die aus der Gralsstimmung hervorgehen. Zudem darf auch nicht vergessen werden, daß die Ereignisse im Erdenle-

---

* Selbstverständlich betrifft das beide Individualitäten nicht im absoluten Sinne, sondern nur während der Vorbereitung und Verwirklichung ihrer Erdenaufgabe.

ben des Demetrius in der Regentschaftsepoche des Erzengels Gabriel stattfanden, der besonders eng mit den Impulsen verbunden ist, welche zum Bereich der Vererbung und der verwandtschaftlichen Beziehung gehören.[20b]

Zweitens mußte dieser Mensch innerlich bedingungslos und gänzlich auf den ermordeten Demetrius orientiert sein: Die Gedanken an ihn mußten, sozusagen, Tag und Nacht seine Seele erfüllen. Denn nur dadurch konnte zwischen ihm und der in der geistigen Welt weilenden Entelechie des wahren Demetrius jene seelisch-geistige Verbindung entstehen, die es dem letzteren möglich machen würde, durch den ersteren zu wirken.

Und, drittens, mußte eine gewisse, in konkreten irdischen Fähigkeiten sich äußernde Begabung vorliegen, so zum Beispiel rasche Auffassungs-gabe, starker Wille, Entschlußfreudigkeit, Konsequenz und Hartnäckig-keit im Verfolgen einmal gesetzter Ziele, über welche der Mensch verfügen mußte, der zum geeigneten Werkzeug für die entkörperte Demetrius-Individualität zur Erfüllung ihrer Aufgaben dienen sollte.

Nun wollen wir uns wiederum der im vorangehenden Kapitel beschriebe-nen Ermordung des Zarewitsch in Uglitsch zuwenden. Wie bereits erwähnt, hatte Iwan der Schreckliche viele außereheliche Kinder, ohne Zweifel auch solche von der nächsten weiblichen Umgebung seiner Frau; außereheliche Kinder hatte auch sein ältester Sohn Iwan. Einer von ihnen konnte sicher auch ein Spielkamerad des wahren Demetrius noch in Uglitsch sein und von dort nach der Ermordung des letzteren fortgebracht* und Bogdan Otrepjew, einem unbedeutenden Angehörigen des Kleinadels, als seinem Pflegevater zur Erziehung übergeben worden sein. Nicht ohne Grund sprach wohl auch der falsche Demetrius in seiner «Beichte» gegenüber Wisznewecki davon, daß er in seiner Jugend bei einer Familie irgendeines russischen Höflings lebte, ohne allerdings dessen Namen zu nennen.[21] Das Stammgut Bogdan Otrepjews befand sich im Kostromer Rayon, unweit der Besitzungen der Bojaren Romanow und Tscherkasskij, die später die Hauptorganisatoren des antigodunowschen Komplotts waren.[22] Ein weiteres Gut befand sich bei Moskau in Kolomna. Außerdem wohnten Verwandte von Bogdan Otrepjew in Uglitsch selbst. Es ist des-halb nicht ausgeschlossen, daß letztere sich an der von den Bojaren organi-sierten Fahrt des Knaben aus Uglitsch auf das Gut von Otrepjew beteilig-ten, um sich seiner später als Werkzeug gegen den verhaßten Godunow zu bedienen. In der Folgezeit war der angenommene Sohn Otrepjews dann

---

* An diese Version hielt sich zum Beispiel auch Fr. Schiller, als er seinen «Demetrius» schrieb (siehe Kapitel 6), sowie der deutsche Historiker Pantenius.

mehrmals in Moskau; es ist deshalb wohl möglich, daß man den Knaben schon damals in das Haus der Bojarenverschwörer mitnahm, die ihn später, als er 14–15 Jahre alt war, in ihre Dienste nahmen. Diese Tatsache veranlaßte auch den bekannten russischen Historiker der «Wirren» S. F. Platonow zu der Äußerung: «Die Ausbildung und Vorbereitung des Usurpators kann man jenen Bojarenfamilien zurechnen, in deren Häusern Grigorij Otrepjew diente [das heißt den Bojaren Romanow und Tscherkasskij]».[23]

Und Kljutschewskij, ein anderer russischer Historiker, schrieb: «In dem Nest der von Boris am meisten gejagten Bojaren mit den Romanows an der Spitze [zu ihnen gehörten auch die Tscherkasskijs, Schelkalowijs und Belskijs] wurde höchstwahrscheinlich auch der Gedanke des Usurpatorentums entwickelt. Sie beschuldigten zwar die Polen, daß sie ihn aussheckten, er wurde aber nur im polnischen Ofen gebacken, zubereitet dagegen in Moskau. Nicht ohne Grund sagte Boris den Bojaren ins Gesicht, kaum daß er vom Erscheinen des falschen Demetrius hörte, daß das ihr Werk sei, daß sie den Usurpator untergeschoben hätten.»[23b] Auf die Worte des Zaren hin setzten alsbald Verfolgungen ein, ganz besonders gegenüber den obengenannten Bojarenfamilien. Der falsche Demetrius überschüttete sie dagegen nach seiner Thronbesteigung buchstäblich mit Gunstbezeugungen. Eine Tatsache, welche mehrere Historiker als einen weiteren Beweis dafür ansahen, daß diese Bojaren ursprünglich an der Intrige beteiligt waren.[23c]

Es ist aber auch möglich, daß der zukünftige falsche Demetrius überhaupt nicht aus Uglitsch gebracht wurde, sondern einfach von den Bojaren-Verschwörern aus den außerehelichen Kindern Iwans ausgewählt und von ihnen noch vor dem Uglitscher Mord, da sie um die Mordvorbereitung durch Godunow wußten, bereitgehalten wurde.* Das oben Gesagte erklärt auch, warum Grigorij Otrepjew möglicherweise dem ermordeten Zarewitsch «physisch» ähnlich war, wie das mehrere Quellen erwähnen (während andere gerade das Gegenteil behaupten), insofern sie von demselben Vater abstammten.

Auf jeden Fall wußten die Bojaren sehr wohl, daß ein solcher «außerehelicher» Sohn Iwans ein ebensolches Anrecht auf den Thron seines Vaters hatte wie sein «ehelicher» Sohn, der in Uglitsch ermordet wurde, da die orthodoxe Kirche nur drei Ehen gestattete, woraus folgt, daß die Kinder aller weiterer Ehen «außerehelich» waren, was auch für Demetrius galt, den Sohn der Maria Nagoj, der siebenten offiziellen Gemahlin des Zaren. Zwar brachte Iwan die ohnehin nur schüchternen Proteste der Geistlichkeit zu seiner Zeit rasch zum Schweigen, doch das erzwungene Schweigen der

---

* Es gibt Zeugnisse, daß Versuche stattfanden, den Zarewitsch schon einige Jahre vor seiner Ermordung zu vergiften.[23a]

Kirche bedeutete in keiner Weise Zustimmung, und das verstand sogar der Zar.

Hier ist noch hinzuzufügen, daß möglicherweise sogar der polnische Kanzler Leo Sapieha wie auch die Jesuiten an den späteren Vorbereitungs-Stadien der Intrige beteiligt waren. Sapieha war in jener Zeit zweimal Gesandter in Moskau. Das erste Mal zur Regierungszeit von Zar Fjodor Iwanowitsch, das heißt in der Zeit bis 1598 und dann noch einmal unter Godunow, von August 1600 bis April 1601, wegen der Unterschrift unter den Friedensvertrag zwischen Rußland und Polen. Es ist auch zu beachten, daß gerade während seines letzten Aufenthaltes in Moskau die Gerüchte von der wunderbaren «Rettung» des Demetrius, die erstmals bei der Thronbesteigung Godunows aufgekommen waren, jetzt plötzlich nicht nur in der Hauptstadt, sondern auch weit von ihr entfernt verbreitet wurden.[23d] Leo Sapieha, der die Intrige mit dem falschen Demetrius zunächst auf jede Weise unterstützte (er organisierte zum Beispiel die Gegenüberstellung mit Petruschka zur «Identifizierung» des Prätendenten), rückte allerdings später äußerlich von ihm ab, besonders nach der Niederlage seines Schützlings bei Dobrynitsch und auch der vorherrschenden Meinung im polnischen Sejm folgend.

Das war jedoch wohl zu diesem Zeitpunkt eher ein Täuschungsmanöver, denn nach dem Untergang des ersten falschen Demetrius sprach er sehr schnell vor aller Ohren von dem «neuen Prätendenten» auf den russischen Thron, und zwar von dem auf wunderbare Weise «geretteten» Sohn von Marina Mniszek und dem zweiten falschen Demetrius, «und er hielt ihn bis zu seinem Tode in seiner Nähe, in Bereitschaft . . . als Werkzeug, um in Moskau Aufruhr zu erregen»[24], und er gab für dessen Unterhalt und Erziehung mehr Geld aus, als einst für den ersten falschen Demetrius. Später, während der Regierungszeit Michael Romanows in Moskau, drohten die polnischen Adligen, die das wußten, den russischen Botschaftern mehrmals, und sagten: «Wenn ihr [die Botschafter] den Vertrag mit den polnischen Herren nicht abschließen werdet, dann haben wir für den Moskauer Staat den Sohn des Dimitrij mit Kosaken bereit.»[25]

Zudem nahmen zweifellos an beiden Gesandtschaften Sapiehas Jesuiten teil, die schon seit der Regierungszeit von Iwan Grosnij infolge der diplomatischen Bemühungen Possevinos[26] die Genehmigung hatten, die polnischen Diplomaten auf ihren Reisen zu begleiten. Deshalb ist hier der Äußerung des russischen Historikers S. M. Solowieff zuzustimmen: «Man nimmt an, daß Sapieha sich während seines Moskauaufenthaltes mit den Bojaren über die Substitution mit Hilfe des Beamten Wlasjew absprach. Folglich muß man die Ansicht, daß der Usurpator von den Jesuiten und Sapieha untergeschoben wurde, noch, um der Wahrscheinlichkeit willen, mit der Ansicht von Zeitgenossen der Ereignisse zusammensehen, und zwar, daß der Usurpator in Moskau von den dortigen Feinden von Boris substituiert wurde.»[27]

Schließlich ist auch noch die Tatsache festzuhalten, daß ein Bojar aus der Umgebung des jungen Zaren im Gespräch mit dem Schweden Peter Petrej zu diesem direkt und ohne Umschweife sagte: «Wir haben ihn an die Macht gebracht, und wir können sie ihm auch wieder nehmen.»[28]

So wurde Grigorij, dem Adoptivsohn von Bogdan Otrepjew, wo auch immer die Intrige ihren Anfang nahm, und wer auch immer sie spann, wahrscheinlich von seinem 8./9. Lebensjahr an, das heißt sogleich nach der Tragödie von Uglitsch und vielleicht sogar schon früher, systematisch der Gedanke eingegeben, daß er mit dem ermordeten Zarewitsch identisch sei (er hatte ja auch, wie oben gesagt, das gleiche Recht auf den Moskauer Thron), was noch dadurch erhärtet wurde, daß man ihm später das Kreuz gab (das entweder das entwendete Original oder eine gut ausgeführte Kopie war), das einst dem ermordeten Zarewitsch von seinem Paten, dem Bojar Mstislⁿwskij geschenkt worden war. Die dem Knaben erzählte Version von seiner wunderbaren Rettung hatte im übrigen, wie wir sahen, wenig mit der Wirklichkeit gemein, wie das die Beichte des falschen Demetrius gegenüber Wisznewecki dokumentarisch beweist, die dieser auf seinem Gut Braczin im Jahre 1603 niederschrieb. Diese erstaunliche Unkenntnis der wahren Umstände des Uglitscher Mordes von seiten des Prätendenten wird noch durch die seltsame Tatsache erhärtet, daß er kein einziges Mal, weder in Polen noch später während seiner kurzen Regierung in Moskau, weder dem Volk noch den Bojaren, die rätselhaften Umstände seiner wunderbaren «Rettung» öffentlich enthüllte, während er in Privatgesprächen offensichtlich bis zum Ende seines Lebens mit erstaunlichem Nachdruck und ebensolcher Überzeugung, entgegen allen erwiesenen Tatsachen, darauf bestand, daß der Mord an seinem Doppelgänger in Uglitsch nicht am Tage, sondern in der Nacht geschehen sei; und nicht im Hof, sondern im Haus; und daß seine Mutter selbst die Vertauschung nicht bemerkt habe (siehe Seite 15).[28a]

Es steht jedenfalls zweifelsfrei fest, daß der Gedanke an die mögliche Identität mit dem ermordeten Zarewitsch schon seit seiner Kinderzeit in ihm lebte.

Und, schließlich, erwies sich der angenommene Sohn von Bogdan Otrepjew nach dem Willen des Schicksals als eine außergewöhnlich begabte Persönlichkeit, wenn auch nicht frei von Fehlern und moralischen Mängeln, die sich dann später unter dem Einfluß jenes ungünstigen Milieus, in dem er aufwuchs, noch verstärkten, als eine Persönlichkeit, die ohne Zweifel von Natur aus eine rasche Auffassungsgabe, einen energischen Charakter und großen Mut besaß, und die zugleich leicht zu beeindrucken und zu beeinflussen war.

Und dieser Persönlichkeit bediente sich die hohe Individualität des in Uglitsch ermordeten Zarewitsch als Instrument zur Erfüllung seiner gewaltsam unterbrochenen Mission auf der Erde. Allem Anschein nach begann sein *unmittelbares* Wirken durch den Astralleib des falschen Demetrius, als letzterer das 14. Lebensjahr erreicht hatte, das heißt zu der Zeit, als dieser, nachdem er sich nach Moskau begeben hatte, sein Schicksal endgültig mit den Verschwörern verband und in ihren Dienst trat.

Die erste und wohl bedeutendste Folge des Wirkens der hohen Individualität durch den falschen Demetrius, das damals begann und sich später noch verstärkte, mußte die endgültige Ausgestaltung seiner unerschütterlichen Überzeugung sein, daß er kaiserlicher Abstammung sei. Wenn bis zu diesem Zeitpunkt vielleicht mitunter gewisse Zweifel in ihm aufkamen, die seine eigenen Erinnerungen an die «fable convenue» nicht bestätigen konnten, welche seine Umgebung ihm immer wieder aufs neue einzureden suchte, so wirkte nun gleichsam eine Art höherer Macht in ihm, die besser als alle äußeren Beweise ihm innerlich seine kaiserliche Abstammung bestätigte. Und so mußte er vom 14. Lebensjahr an nicht nur immer häufiger denken, daß er der ermordete Zarewitsch sei, sondern sich auch als ein solcher empfinden. Und dieses reale Empfinden war wohl stärker als jeglicher Beweis seiner kindlichen Erinnerung, der ihn wohl manches Mal an den Vorstellungen zweifeln ließ, die ihm Persönlichkeiten eingaben, die älter und mächtiger waren als er und die sich zudem für wahre Prätendenten auf den russischen Thron hielten,[29] die er fürchtete und achtete und denen nicht zu glauben, er deshalb nicht wagte.

Infolgedessen erlangte seine Überzeugung von seiner Identität mit dem ermordeten Zarewitsch in kurzer Zeit eine solche Intensität, die alle Zweifel ausschließen mußte. Mehr noch, seine Überzeugung wurde nun, so wie für ihn selbst, auch für seine Umgebung ganz aufrichtig. Ebenso begannen sich seine schon von Natur aus nicht geringen Fähigkeiten, dank des Einflusses der von nun an durch ihn wirkenden höheren Individualität, in bedeutendem Maße zu wachsen und sich allmählich zu einer Art jugendlicher Genialität zu entwickeln.

Jedoch ganz plötzlich wurde seinen ehrgeizigen Hoffnungen ein Ende gesetzt, als Godunow das Komplott der Bojaren Romanow, bei denen er diente, vorzeitig aufdeckte.

Infolge der tiefen Krise, die durch die Zerstörung aller seiner Hoffnungen eingetreten war, und die noch durch die Lebensgefahr verstärkt wurde, der er, da er bei den Romanows diente, nur durch ein Wunder entkam, indem er Mönch wurde, verstärkte sich das Wirken der übersinnlichen Individualität des Demetrius in seinem Astralleib in bedeutendem Maße. Auf erstaunliche Weise fällt dessen übersinnliches Einwirken, das schon begann, als der falsche Demetrius 14–15 Jahre alt war, und das nun, um sein

18. Lebensjahr, kulminierte, historisch mit dem plötzlich verstärkten Auftreten des Gerüchtes von der wunderbaren Rettung des Demetrius in Uglitsch zusammen, was gegen 1600 geschah und zu einer raschen Ausbreitung des Gerüchtes über die Grenzen der Hauptstadt führte.

Außer einer Reihe äußerer Ursachen, welche das Entstehen und die Verbreitung solcher Gerüchte fördern mochten, entsteht der Eindruck, als ob die geistige Individualität des wahren Demetrius in dem Maße, in dem sie den Astralleib ihres irdischen Werkzeugs ergriff, zugleich immer intensiver aus der nächsten geistigen Welt auf die Erdenseelen einwirkte, indem sie vor allem den Glauben an die Gerüchte von der Errettung des Zarewitsch weckte, vielleicht sogar bis zu einem gewissen Grad deren höhere Quelle war, um so die Menschen für ihr späteres Wirken auf der Erde durch den falschen Demetrius vorzubereiten.

Nun wollen wir uns aber wieder dessen eigener Geschichte zuwenden.

Wahrscheinlich veranlaßten den falschen Demetrius seine wiederholten Versuche, seiner Umgebung seine hohe Abkunft mitzuteilen – eine Äußerung, zu der ihn gleichsam eine höhere Macht gegen seinen Willen trieb –, ein Kloster nach dem anderen zu verlassen, da er fürchten mußte, daß einer seiner Brüder ihn bei der Obrigkeit demaskieren könnte.[30] Schließlich beschloß Demetrius endgültig, sein Glück im Ausland zu versuchen, vielleicht, weil er das häufige Erscheinen polnischer Herren und möglicherweise auch von Jesuiten im Hause Romanow erinnerte, besonders aber, da in Rußland zu verbleiben, nachdem er mehrere Versuche unternommen hatte, verschiedenen Menschen sein «Geheimnis» mitzuteilen, für ihn bedeutete, sich tödlicher Gefahr auszusetzen. Sein Weg führte ihn nun über das Petscherskij-Kloster in Kiew nach Ostrog zum Fürsten Wassilij Ostrožskij. Seine verzweifelten Versuche, dort von seiner kaiserlichen Abstammung zu berichten, riefen jedoch die gegenteilige Reaktion hervor. So wie die Mönche des Petscherskij-Klosters, befahl auch Fürst Wassilij seinen Dienern, als er seine Beichte gehört hatte, den Usurpator aus dem Haus zu jagen. Dasselbe geschah in Goschtsch, wo der falsche Demetrius ebenso von Pan Gabriel Chojskij verjagt wurde. Möglicherweise erwähnte er aus diesem Grunde in seinem Gespräch mit Wisznewecki nur nebenbei, gleichsam widerwillig, seinen Besuch bei den Fürsten Ostrožskij und Chojskij, und sprach nur unbestimmt davon, daß «er sich dort schweigend aufgehalten habe»[31].

Jedoch trotz aller Erniedrigungen hatte gerade der Aufenthalt bei dem Grafen Ostrožskij entscheidende Folgen für den falschen Demetrius, denn er begegnete dort allem Anscheine nach erstmals den Jesuiten. Entweder wandte er sich selbst in seiner verzweifelten Lage um Hilfe an diese, da er sich daran erinnerte, daß er sie ja schon im Hause Romanow gesehen hatte, oder sie suchten ihn auf, nachdem sie von dem ungewöhnlichen, entlaufenen Mönch gehört hatten der aus Rußland gekommen war und überall erzählte, daß er kein anderer sei als der auf wunderbare Weise errettete Zarewitsch Demetrius, der jüngste Sohn Iwans des Schrecklichen von Maria Nagoj. Wie diese Begegnung auch tatsächlich zustande gekommen sein mag, so äußerten die Jesuiten jedenfalls in ihren Berichten und Briefen, daß sie über alle Wege des falschen Demetrius, angefangen bei seinem Auftauchen in Ostrog, völlig informiert waren.[32] Wie es sich zeigte, wußten sie zum Beispiel genau, daß der Fürst Ostrožskij seinen Heiducken befohlen hatte, den Usurpator aus dem Schloß zu werfen, und daß er anfangs bei Pan Chojskij gezwungen gewesen war, in der Küche zu dienen.[33]

Es ist nicht ausgeschlossen, daß es die Jesuiten waren, die nach vielen Gesprächen mit dem falschen Demetrius, nachdem sie sich endgültig entschlossen hatten, sich an der Intrige zu beteiligen, ihm rieten, sich an Adam Wisznewecki um Hilfe zu wenden. Denn wer wußte wohl besser als die Jesuiten, die über alle Seiten der polnisch-russischen Beziehungen bestens informiert waren, daß in der schwierigen politischen und ökonomischen Lage, in der sich Wisznewecki in jener Zeit befand, die Beteiligung an der Intrige, die sich allmählich um den falschen Demetrius entwickelte, die einzige reale Möglichkeit sein mochte, nicht nur, sich an dem verhaßten Boris zu rächen, sondern auch einige eigene Pläne zu verwirklichen (siehe dazu Seite 22). Besonders, wenn man beachtet, daß die Familie Wisznewecki entfernt mit Iwan dem Schrecklichen verwandt war[34], mußte die Tatsache, daß er den Prätendenten protegierte, seinen eigenen Ansprüchen Nachdruck und der Intrige neuen Schwung verleihen.

Aber nicht nur das eigene politische Interesse ließ Wisznewecki als erster den Usurpator öffentlich «anerkennen» und so zu einer der zentralen Gestalten der ganzen Intrige von polnischer Seite werden. Ohne Zweifel erreichte auch das Wirken der hohen Individualität durch den falschen Demetrius zu dieser Zeit eine solche Stärke, daß dessen unerschütterliche Überzeugung von seinem gesetzlichen Anspruch auf den russischen Thron wie auch seine bestechende Offenherzigkeit begannen, sich anderen Menschen mitzuteilen. Seine Worte übten, wenn er über dieses Thema sprach, eine gleichsam magische Wirkung auf andere Menschen aus, und es wurde außerordentlich schwierig, ihnen zu widerstehen, da ein großer und mächtiger Geist fortan durch ihn wirkte. Denn wie läßt sich sonst die Tatsache erklären, daß Wisznewecki den falschen Zarewitsch für den wahren hielt, wo doch dieser in seiner Erzählung (das heißt in seiner «Beichte») nichts Konkretes, weder über seine Kindheit, noch seine Jugend, noch über seine wunderbare «Rettung» vor dem Tod in Uglitsch, zu berichten wußte. Und Wisznewecki war, trotz aller deutlichen Widersprüche in seinem Bericht, sogleich vollkommen von seiner kaiserlichen Abstammung überzeugt.

Die Protektion durch Wisznewecki hatte in Polen jedoch einen entscheidenden Nachteil. Fürst Adam war orthodox. Der falsche Demetrius konnte jedoch nur durch einen *katholischen* Magnaten eine Verbindung zum polnischen Adel herstellen und ganz besonders zu König Sigismund III., der sich in der Hand der Jesuiten befand. Wahrscheinlich aus diesem Grund begab sich Demetrius sehr bald nach Sambor zu Jurij Mniszek, trat durch ihn mit dem mächtigen polnischen Kanzler Leo Sapieha in Verbindung und sicherte sich dessen Beistand, der, nachdem auch er nur einmal mit dem Prätendenten gesprochen hatte, sogleich laut verkündete, daß «Demetrius» dem verstorbenen Zar Fjodor Iwanowitsch sehr ähnlich sehe, und versprach, zweitausend bewaffnete Reiter zu dessen Unterstützung zu stellen. Organisierte er wohl jetzt die Komödie der Identifizierung des «Zarewitsch» durch seinen Leibeigenen Petruschka, weil er den Jüngling, den er drei Jahre zuvor im Hause der Bojaren Romanow gesehen hatte, selbst wiedererkannte? Oder wirkte sich auch in diesem Falle die unwiderstehliche «Ausstrahlung» des Prätendenten aus, dessen Glaube an seine kaiserliche Abkunft sich fast mit Windeseile auf andere übertrug?

Hier schalteten sich nun auch die Jesuiten mit neuer Kraft in die Entfaltung der Intrige ein. Als sie den ungewöhnlichen, fast übernatürlichen Eindruck sahen, den der falsche Demetrius auf Wisznewecki, Mniszek, Sapieha machte, mußte ihnen klar sein, welche einmalige Möglichkeit ihnen das Erscheinen ihres Schützlings auf dem russischen Thron bieten konnte, eines ganz von ihnen und dem römischen Papst abhängigen neuen Regenten des russischen Reiches. Von nun an wurde es zu ihrer ersten Aufgabe, sich des falschen Demetrius' zu bemächtigen, ihn in ein gehorsames Instrument für ihre Pläne zu verwandeln. Und dafür mußten sie ihn zuförderst auf irgendeine Weise zum katholischen Glauben bekehren. Ihr Hauptargument dabei war wohl in ihren Gesprächen mit ihm, daß nur sein Übertritt zum Katholizismus bei Sigismund, der ein eifriger Verfechter der Gegenreformation war, Interesse an den geplanten Unternehmungen wecken würde. Jedoch dieses und viele weitere Argumente, die ohne Zweifel dem Prätendenten vorgetragen wurden, wie auch der psychologische Druck und die okkulte Beeinflussung, der der falsche Demetrius höchstwahrscheinlich von seiten der Jesuiten ausgesetzt war (und auf diesem Gebiet hatten sie wahrhaftig eine große Erfahrung, die auf einer tiefen Kenntnis der Psychologie und der Schwächen der menschlichen Natur begründet war), konnten ihn doch wohl kaum allein veranlassen, sich von dem Glauben seiner – wie er nun aufrichtig dachte – Väter, Großväter und Urgroßväter auf dem russischen Thron und vor allem seines ganzen Volkes loszusagen. Denn die ihn aus den Höhen inspirierende Individualität des ermordeten Demetrius, die in den geistigen Welten aus den Impulsen des russischen Volkserzengels wirkte, wußte sehr wohl, daß der Übertritt zu dem fremden Glauben und infolgedessen die unvermeidliche Unterwerfung unter die Macht der Jesuiten, die Erfüllung ihrer eigentlichen Mission durch ihn in der Zukunft praktisch unmöglich machen würde, auch wenn der falsche Demetrius schließlich doch auf den Moskauer Thron gelangen sollte.

Und so wäre es den Jesuiten trotz aller Bemühungen niemals gelungen, den künftigen russischen Zaren zur «lateinischen Häresie» zu verführen, wenn ihnen – wie oben gesagt – die heftige Leidenschaft des emotional so stark beeindruckbaren und unausgeglichenen falschen Demetrius zu Marina Mniszek nicht zu Hilfe gekommen wäre. Die niedere Sinnlichkeit überwältigte seine ohnehin leicht zu entflammende Natur, indem sie zeitweilig seine Verbindung mit dem übersinnlichen Inspirator schwächte. Und diesen Augenblick nutzten die Jesuiten sogleich, die rasch begriffen, welche Möglichkeiten sich hier vor ihnen auftaten.

Durch den Vater Marinas, Jurij Mniszek, wurde dem falschen Demetrius klargemacht, daß er Marinas Hand nur erlangen könne, wenn er zum lateinischen Glauben übertrete. Das bekräftigte auch seine zukünftige Braut, deren Beichtväter dieselben Jesuiten waren. Damit hatte sich der psychologische Schlüssel zu der Persönlichkeit des falschen Demetrius gefunden, so daß alles weitere nur eine Frage der Zeit und der psychologischen Technik für die Jesuiten war. Infolgedessen wurde der innere Widerstand des falschen Demetrius rasch gebrochen, und er befand sich bald völlig in deren Händen.

Die geistige Beherrschung des noch unerfahrenen Jünglings ging so schnell und erfolgreich vor sich, daß er bald nicht nur dem Glaubenswechsel zustimmte, sondern selbst darum bat, daß sein Übertritt von einem Jesuiten durchgeführt werden möge.[35] Um sich von der Endgültigkeit der Entscheidung des Prätendenten zu überzeugen, führten zunächst die Jesuiten Sawicki und Grodzicki[36] ein zusätzliches, sozusagen «vorbeugendes» Gespräch, nur wenig später auch der Jesuit Bartsch und schließlich Peter Skarga selbst – der mächtigste Jesuit in Polen, der offizielle Prediger am Hofe Sigismunds und die entscheidende Figur in der Organisation der uniatischen Kirche.[37]

Danach wählte der falsche Demetrius den Jesuiten Sawicki[38] als Beichtvater und wurde dann, in ein Armesünder-Hemd gekleidet, während der Nacht, von dem polnischen Magnaten geleitet in die Jesuitenkirche in Krakau geführt, wo er Pater Sawicki beichtete, um sodann, nach den Worten eines Sendschreibens der Jesuiten, «sich vom [östlichen] Schisma loszusagen und sich mit der römischen Kirche mit großem Eifer zu verbinden».[39] Schon am Tag nach seiner Bekehrung diktierte der falsche Demetrius am Ostersonntag seinem neuen Beichtvater seinen ersten Brief an den römischen Papst und erhielt bereits nach wenigen Tagen die Erlaubnis, das erste katholische Abendmahl aus den Händen des päpstlichen Nuntius

Rangoni zu empfangen. Nach dem Abendmahl, nachdem er den Segen des Nuntius erhalten hatte, wiederholte der falsche Demetrius abermals das feierliche Versprechen, das er den Jesuiten bei seiner Bekehrung zum Katholizismus bereits gegeben hatte, das ganze russische Volk zum «wahren», das heißt lateinischen Glauben zu führen. Und dann warf er sich, zur Beteuerung seines künftigen Eifers in dieser Beziehung sowie seiner grenzenlosen Ergebenheit gegenüber dem Papst, dessen offizieller Repräsentant in diesem Augenblick Rangoni war, nicht in übertragenem Sinne, sondern tatsächlich zu dessen Füßen und versuchte, seinen Schuh zu küssen.* Etwas später wandte sich der falsche Demetrius in seinem geistigen Eifer an den Provinzial des Jesuitenordens in Polen, Striveri, mit der Bitte, daß er den Jesuiten gestatten möge, ihn auf seinem Feldzug gegen Rußland zu begleiten. Daraufhin wurden ihm die zwei Ordensmitglieder Lawicki und Czyrzowski gesandt, bei denen er sogleich beichtete und das Abendmahl nahm.

Zudem sollte der falsche Demetrius während seines Aufenthaltes in Krakau, so wie vorher in Sambor, stets im Hause von Jurij Mniszek, des Vaters seiner Braut, wohnen, um ihn unter ständiger Kontrolle zu halten.

Und so ging die Bekehrung mit erstaunlicher Schnelligkeit vor sich: Im Februar 1604 in Sambor begegnete der falsche Demetrius Marina zum ersten Mal, im März nahm ihn der polnische König huldvoll auf; im April trat er bereits zum Katholizismus über und im Mai schloß er den Ehevertrag mit seiner Braut und deren Vater, indem er «bei der Strafe des Anathema»[41] feierlich versprach, diesem fast ein Drittel des russischen Territoriums zu überlassen, dazu eine Million Goldmünzen, nicht eingerechnet die gute Hälfte der Kleinodien des Staatsschatzes und so fort (siehe Seite 24). Danach traf der falsche Demetrius zusammen mit Mniszek eilends die notwendigen Vorbereitungen für den Krieg mit Rußland.

Eine besondere Bedeutung kommt in diesem Zusammenhang dem ersten Brief des falschen Demetrius an den römischen Papst, damals noch Clemens VIII., zu, den er am 18. April 1604 schrieb, aber erst am 24. April, nach seiner letzten Begegnung mit dem päpstlichen Nuntius, endgültig unterschrieb. Dieser Brief charakterisiert den inneren Zustand seines Verfassers besonders deutlich. Weiter oben wurden bereits einige Zitate aus demselben angeführt (siehe Seite 23), in denen der falsche Demetrius sich offenherzig «ein erbärmlichstes Lamm» und einen «ergebenen Diener

---

* Möglicherweise fand diese erniedrigende Episode nicht bei diesem (dritten) Besuch des falschen Demetrius bei dem Nuntius statt, sondern bei seinem ersten, am Tag vor seiner Bekehrung.[40]

seiner Heiligkeit» nennt sowie schreibt, daß er «seine Füße küßt» als «die Füße Christi» wie auch volle Ergebenheit und völlige Unterordnung unter den Willen des «obersten Hirten und Vaters der ganzen Christenheit» äußert. Später (am 30. Juli), unmittelbar vor dem Beginn des Kriegszugs, sandte der falsche Demetrius noch einen Brief ähnlichen Inhalts durch Rangoni an Clemens VIII. als Antwort auf dessen Schreiben.[42]

Es ist in diesem Zusammenhang nicht uninteressant, daß die ersten Briefe von Demetrius ungefähr zu derselben Zeit an den Papst geschrieben wurden, als im fernen Deutschland Valentin Andreae, ein künftiger württembergischer Pfarrer, der fast gleich alt war wie der falsche Demetrius, den aber zu diesem Zeitpunkt niemand kannte und der unter Rosenkreuzer-Inspiration stand, von demselben Papst Clemens VIII. in seinem Buch «Confessio Fraternitatis» schrieb, daß die Rosenkreuzer «des Papstes Lästerung wider unsern Herrn Jesum Christum verdammen», und er sprach weiter von der «Tyrannei des Papstes» und nannte ihn einen «römischen Verführer», voller «Lästerung» und «Lügen».[43]

Nun begann die höhere Individualität, die bis dahin im Astralleib des falschen Demetrius gewirkt hatte, infolge seiner Bekehrung zum Katholizismus durch die Jesuiten, die die unwiderstehliche Leidenschaft des Prätendenten zu Marina klug nutzten und damit volle Macht über seine Seele und seine Pläne erlangten, sich von ihm zurückzuziehen. Denn der von fremden Kräften innerlich erfaßte falsche Demetrius konnte in dieser Lage und in diesem Seelenzustand weiterhin kein geeignetes Werkzeug mehr sein für die Verwirklichung der hohen Mission seines übersinnlichen Inspirators. Allerdings wurde auch nach der Entfernung des letzteren von ihm sein Glaube an seine kaiserliche Abstammung in keiner Weise schwankend, denn dieser hatte unter dem Einfluß des fast siebenjährigen Wirkens des höheren Wesens in ihm zu tiefe Wurzeln in seiner Seele geschlagen. Zudem wurde nunmehr sein Anspruch von fast seiner ganzen Umgebung unterstützt, die sich ihm gegenüber dementsprechend verhielt. Nun anerkannte ihn nicht nur der polnische König, sondern sogar der Papst als rechtmäßigen Nachfolger auf den russischen Thron. Und auch die Jesuiten zögerten hier selbstverständlich nicht.

Besonders wichtig bei der Bekehrung des falschen Demetrius zum Katholizismus erscheint eine Bemerkung, die sich in den Aufzeichnungen des Jesuiten Sawicki findet, des ersten Beichtvaters des falschen Demetrius, der dessen Lossagung vom orthodoxen Glauben persönlich entgegennahm. Er schreibt über das Verhalten des Prätendenten während dieser Prozedur: «suspensus animo aliquantum mansit», «von Zeit zu Zeit verlor er das Bewußtsein».[44] Der Jesuit erklärt diesen Zustand selbst mit einem harten inneren Kampf, den der falsche Demetrius auszufechten hatte. Von dem okkulten Standpunkt aus, den wir oben betrachteten, kann man diese

Bewußtseinsunterbrechungen als direkte Folgen der Tatsache verstehen, daß sich die geistige Wesenheit von ihm entfernte und sich das von Inspirationen erfüllte höhere Bewußtsein verdunkelte, über das der falsche Demetrius bis zu diesem Zeitpunkt verfügte.

Da er nun kein Instrument der höheren Mächte mehr war, wurde er zum willigen Werkzeug der großen, römisch-jesuitischen und polnischen Politik. Es begann jene, allerdings relativ kurze, «dunkle» Epoche seines Lebens, während der die negativen Züge seiner ungestümen und unausgeglichenen Natur mit aller Macht hervortraten: Heftigkeit, maßlose Eitelkeit und vor allem eine alles übertreffende Kampfeslust (siehe Genaueres auf Seite 25 und 26).

So ergibt sich folgende geistig-historische Konstellation. Im Jahre 1604 sendet Christian Rosenkreutz den Buddha, der bis dahin in der geistigen Aura der Erde weilte, auf den Mars, wo die Individualität des Buddha in seinem Auftrag eine große friedenschaffende Aufgabe zu erfüllen hat. Und sogleich nach diesem Ereignis weist Valentin Andreae in seinem inspirierten Aufsatz «Confessio Fraternitatis» auf die geistige Bedeutung dieses Jahres.[*][45] Infolge des Wegganges des Buddha jedoch gehen die Kräfte der Liebe, des Friedens, der Absage an jegliche Form der Gewalttätigkeit und der Kampfeslust, die er, in seinem Geistleib (Nirmanakaya) wirkend, in der übersinnlichen Umgebung der Erde ausstrahlte, auch auf den Mars über. Und auf der Erde taucht sogleich ihr *Gegenbild* auf. Denn man kann sich keinen größeren Gegensatz dazu vorstellen, als den Beginn des Kriegszugs des falschen Demetrius gegen Rußland. In eben diesem Jahre 1604 geht der falsche Demetrius dann, von der ihn bis dahin inspirierenden und führenden höheren geistigen Individualität verlassen, im August zusammen mit Mniszek von Sambor fort, versammelt sein Heer bei Lemberg (Lwiw) und zieht dann, von Sigismund unterstützt und mit aktiver Hilfe der Jesuiten,[46] Anfang Herbst über die Grenzen Rußlands und bricht damit verräterisch den im Jahre 1600 auf zwanzig Jahre geschlossenen Friedensvertrag zwischen Polen und Rußland.

Es folgen nun mehrere blutige Schlachten, die mit einem großen Sieg des falschen Demetrius bei Nowgorod-Sewersk im Jahre 1604 gekrönt werden. Aber bereits im Januar des folgenden Jahres erleidet er in der Schlacht bei Dobrynitsch eine vernichtende Niederlage, nach der sich die Reste seines Heeres rasch zerstreuen, die polnischen Soldaten nach Polen zurückkehren

---

* Und in dem Aufsatz «Fama Fraternitatis», der zur selben Zeit aus Rosenkreuzer-Inspiration geschrieben wurde, wird das Jahr 1604 und der 120. Jahrestag des letzten Todes von Christian Rosenkreutz, wie auch das Jahr erwähnt, in dem sein Grab mit dem «unversehrten» Leib gefunden wurde.

und sogar Mniszek den Prätendenten und Bräutigam seiner Tochter fallen läßt und nach Sambor zurückgeht. Der besiegte falsche Demetrius aber, der sich durch die Flucht retten kann, muß in Putiwl Zuflucht suchen. Jetzt ändern im polnischen Sejm viele Senatoren – unter ihnen auch Leo Sapieha – ihre Meinung über das Kriegsabenteuer. Sogar die Jesuiten, die den falschen Demetrius, gemäß der von ihnen empfangenen Instruktionen, so wie vorher überall hin begleiten, können ihrem Schützling nicht helfen. Von außen betrachtet scheint es, als ob die ganze Intrige schließlich ein unrühmliches Ende gefunden habe.

Da geschieht jedoch etwas vollständig Unerwartetes. Der falsche Demetrius selbst macht, infolge der Niederlage und deren Folgen, besonders nach der Flucht der Reste seines Heeres sowie Mniszeks, eine tiefe seelische Krise durch. Seine Pläne und Hoffnungen sind zunichte. Er befindet sich allem Anscheine nach wiederum in derselben verzweifelten und ausweglosen Lage, von der aus er einst seine Karriere begann: allein, von allen verlassen, nur mit seiner bereits schwankend werdenden Überzeugung von seiner kaiserlichen Abstammung ausgerüstet. Und in diesem wahrhaftig kritischsten Augenblick seines Lebens flammt diese Überzeugung, allen äußeren Umständen zum Trotz, plötzlich mit neuer und noch größerer Kraft abermals in seiner Seele auf. Sein ganzes Wesen wird mit einem Male wiederum von einer höheren Macht ergriffen, und das läßt ihn sich in einer Lage, die jeden anderen Menschen zerschmettert hätte, wie F. Barbour treffend bemerkt, innerlich aus der Asche erheben, so wie der legendäre Vogel Phoenix, und er findet die Kräfte in sich, das von ihm begonnene Unternehmen mit verdoppelter Energie, aber nun, wie wir sehen werden, mit ganz andern Mitteln, fortzusetzen.

Was war mit dem falschen Demetrius, okkult betrachtet, geschehen? Unter dem Einfluß der sein ganzes Wesen erfassenden seelischen Krise, angesichts der Zerstörung aller seiner ehrgeizigen Hoffnungen, konnte er für eine Zeitlang sich aus den okkulten Fesseln befreien, in die er geraten war, als er zum Katholizismus überging und sein Schicksal und Gewissen den Jesuiten anvertraute. Zugleich hatte die tiefe Verzweiflung, die ihn nach der Niederlage von Dobrynitsch ergriffen hatte, die Verbindung seiner Hüllen so stark gelockert, daß die höhere Individualität des wahren Demetrius sich ihm nicht nur wiederum nähern konnte, um ihre Inspirationen in seinen Astralleib zu senden, wie das früher geschehen war, sondern sie konnte sich nun auch bis zu einem gewissen Grad *in ihn inkorporieren*, das heißt ihr Wirken bis zum Ätherleib des falschen Demetrius ausdehnen.

Von der Möglichkeit eines solchen Prozesses spricht Rudolf Steiner eingehend in einem Vortrag vom 18. Juni 1924,[47] wo er von seiner Freundschaft mit Zisterzienser-Professoren in seiner Jugend erzählt, welche Theologie-

Dozenten an der Wiener Universität waren und welche er mehrfach in dem Kreise traf, der sich regelmäßig bei der österreichischen Dichterin Marie Eugenie delle Grazie traf. Im Laufe der Jahre konnte Rudolf Steiner, der persönlich mit diesen Zisterzienser-Theologen verkehrte und ihre Bücher und Artikel las, die folgende übersinnliche Beobachtung machen: Von Zeit zu Zeit inkorporierte sich in diesen gelehrten Patres die eine oder andere Individualität der zu jener Zeit in der geistigen Welt weilenden großen Lehrer von Chartres, die im 11.–12. Jahrhundert in Frankreich gewirkt hatten. Er selbst äußerte sich darüber auf die folgende Weise: «Denn im Zisterzienser-Orden begegnete man mancher Persönlichkeit, die nicht eine Wiederverkörperung eines Schülers von Chartres war, die aber Augenblicke im Leben hatte, wo sie in begeisterter Weise für Stunden, für Tage durchsetzt war von einer solchen Individualität aus der Schule von Chartres. Inkorporationen also, nicht Inkarnation lag da vor. Und Wunderbares ist da geschrieben worden, wovon man fragen muß: *Wer* ist der Schriftsteller? Der Schriftsteller ist nicht der Pater, der damals im Zisterzienser-Orden war, in dem blaßgelben Kleid mit der schwarzen Stola und schwarzen Binde; sondern der Schriftsteller ist in diesem Falle jene Persönlichkeit, die für Stunden oder für Tage oder Wochen in der Seele eines solchen Zisterzienser-Ordensbruders Platz gegriffen hatte. Davon hat dann noch manches nachgewirkt in solchen Aufsätzen oder Schriften, die wenig in der Literatur bekanntgeworden sind.»

Etwas Ähnliches ereignete sich auch, als der 18jährige Valentin Andreae, ein Zeitgenosse von Demetrius, um 1604 seine Rosenkreuzer-Werke schrieb. Andreae «gab», nach den Worten Rudolf Steiners, «seine Hand einer geistigen Wesenheit»,[48] «die nicht damals auf Erden inkarniert war»,[49] um zunächst die «Chymische Hochzeit des Christian Rosenkreutz» zu schreiben und später auch die zwei weiteren oben erwähnten Rosenkreuzer-Werke. Zudem ging ein solcher zeitweiliger Inkorporationsprozeß einer höheren Wesenheit zu Beginn des 17. Jahrhunderts unvergleichlich viel leichter vor sich als am Ende des 19. Jahrhunderts, denn der physische Leib der Menschen war in jener Zeit noch nicht so verhärtet wie am Ende des vergangenen Jahrhunderts. Im Falle des falschen Demetrius kam noch die genannte tiefe seelische Krise dazu sowie die sehr viel plastischere slawische Leiblichkeit – verglichen mit der westlichen. Aus diesem Grunde dauerte auch die Inkorporation der höheren Individualität in seiner Seele nicht nur «Tage oder Wochen», sondern fast eineinhalb Jahre.

Und so kam, trotz seiner äußeren Lage, nicht nur die innere Überzeugung vom Erfolg seines Unternehmens mit doppelter Kraft zurück, sondern es änderte sich auch sein ganzes Verhalten, seine ganze seelische Einstellung grundlegend, da nun nicht nur eine höhere Inspiration, sondern die *Inkorporation* einer höheren Wesenheit in seiner Seele stattfand.

Er verwandelte sich plötzlich aus einem aggressiven, kriegerischen und grausamen Usurpator in einen guten, milden und gnädigen Herrscher, der den Thron seiner Vorfahren nicht durch Gewalt und Grausamkeit, sondern durch Großmut, Gnade und moralisches Vorbild zurückgewinnen will. Seine Worte, daß er gelobt habe, hinfort «kein Blut mehr zu vergießen»[50] und sein Wunsch, «zu belohnen und nicht zu tyrannisieren»,[51] charakterisiert wohl am besten diesen neuen Seelenzustand.

Wenn sich in der vorhergehenden Epoche der Inspiration die Überzeugung von seiner kaiserlichen Abstammung in seinen Reden auf wundersame Weise auf andere übertrug, so rief die mächtige geistige Ausstrahlung, die charismatische Aura, die den falschen Demetrius von nun an gleichsam umhüllte, die bedeutendste Folge der Inkorporation der übersinnlichen Wesenheit, wahre Wunder in seiner Umgebung hervor. So entsteht der Eindruck, blickt man auf sein nächstes Schicksal, als ob sich jetzt ein Teil jener Kräfte, die der Buddha im Jahre 1604 auf den Mars mitnahm, mittels der Individualität des wahren Demetrius in die Seele seines irdischen Trägers ergösse. Und damit taucht hier auch die Frage auf: Ist das wohl eine Folge davon, daß diese Individualität nicht nur übersinnlich an dem Konzil des Christian Rosenkreutz am Ende des 16. Jahrhunderts teilnahm, sondern auch an dem Konzil von 1604, auf dem der Buddha auf den Mars gesandt wurde?

Jedenfalls erobert sich Demetrius, der so plötzlich das Schwert gegen Milde und Vergebung vertauscht hat, wo immer er nun auch auftaucht, sogleich die Herzen und Seelen aller, die in die Sphäre der geistigen Ausstrahlung seiner neuen charismatischen Aura geraten. Ohne einen Schuß (es gab nur ganz wenige Ausnahmen) öffnen sich – wie durch Zauberhand – die Tore einer Stadt nach der anderen, einer Festung nach der anderen, bis hin zu Moskau selbst. Ohne zunächst irgendeine besonders «gute Tat» begangen zu haben, wird er überall als der russische Zar, als Befreier und wahrer Nachfolger auf den Moskauer Thron angesehen und gefeiert. Der alte Traum des russischen Volkes von dem «guten Zaren» hat plötzlich in der Person des *verwandelten* Demetrius Fleisch und Blut angenommen. Selbstverständlich spielt auch der allgemeine Haß des Volkes auf Godunow eine Rolle, besonders nach den Grausamkeiten, die er an den Menschen beging, die verdächtigt wurden, mit dem Usurpator sympathisiert oder ihm gar geholfen zu haben. Aber es ist einfach unmöglich, den plötzlichen Triumph von Demetrius durch solche und ähnliche rein äußere Umstände zu erklären.

Von nun an erscheint sein ganzes weiteres Leben als ein unaufhörlicher Kampf zwischen den Bestrebungen der sich in ihm verkörpernden höheren geistigen Wesenheit und den schlechten Neigungen und Leidenschaften seiner niederen Natur einerseits und andererseits als ein Kampf zwischen seinem allmählichen Bewußtwerden der eigenen neuen Aufgabe und den Bemühungen Roms und besonders der Jesuiten, das einst von ihnen ergriffene menschliche Instrument mit allen Mitteln in ihrer Gewalt zu behalten.

Man kann sicher annehmen, daß gerade die Jesuiten, die den falschen Demetrius begleiteten, den radikalen Wandel, der mit ihrem «geistigen Sohn» vor sich ging, als erste wahrnahmen. Jedoch bis zu dem Zeitpunkt, da der Prätendent den Moskauer Thron bestieg, versuchten sie allem Anscheine nach nur nach Kräften, ihrem Schützling zu helfen, seine und damit zugleich ihre Ziele zu erreichen. Der richtige Kampf entbrannte erst nach dessen Krönung im Juli 1605.

In diesem Kapitel ist es nicht notwendig, sich mit der kurzen Regierung des falschen Demetrius zu befassen. Diese war, wie bereits in den vorigen Kapiteln gezeigt wurde, ziemlich widersprüchlich und zeigt deutlich den doppelten Kampf, den der junge Zar, äußerlich und innerlich, unaufhörlich führen mußte. Und so durchdringt sich sowohl in der Persönlichkeit des Zaren selbst wie auch in allen seinen Reformen das Positive und das Negative hoffnungslos unentwirrbar: hohe seelische Aufschwünge, edle Impulse und zugleich grenzenloser Stolz, Prunkliebe, plötzlich aufflammende Grausamkeit und sinnlose Verschwendungssucht; Ansätze zu progressiven Reformen und gleichzeitig blinde Nachahmung des «polnischen» Vorbildes; Großmut und Kampfeslust, Aufrichtigkeit und Verlogenheit, hochherziges Handeln und unverhüllte moralische Mängel. Und trotzdem, das ihn umstrahlende Leuchten eines höheren Charisma machte nicht nur das ganze Volk ihm geneigt, was immer er auch tat und wie immer er sich auch gab, sondern auch die meisten Menschen seiner näheren Umgebung.

Vor allem aber wurde sich der junge Zar, trotz aller Widerstände, ganz allmählich seiner neuen Aufgabe bewußt und suchte sich – halb bewußt – einerseits von dem äußeren Einfluß der Polen und andererseits dem inneren Einfluß der Jesuiten zu befreien. Ersteres gelang Demetrius verhältnismäßig leicht. Als er den Moskauer Thron bestiegen hatte, lehnte er es zunächst ab, fast alle Sigismund gegebenen Versprechen einzulösen, um sodann die Tatsache zu nutzen, daß der polnische König seinen Herrschertitel nicht anerkennen wollte, und dessen Gesandte öffentlich zu beleidigen, indem er Sigismund vor dem ganzen russischen Hofe als jemanden bezeichnete, der «ihm übel wollte».[52] Bedeutend schwieriger war es, sich von Mniszek zu lösen, denn da er noch immer hoffte, Marina zu gewinnen, mußte der junge Zar schließlich verschiedenen Forderungen nachgeben und seine im Heiratsvertrag festgeschriebenen Versprechungen wenigstens teilweise erfüllen. Am schwierigsten aber war es, sich aus der geistigen Abhängigkeit von den Jesuiten zu befreien, die sich ohne Unterlaß, mit Hilfe geistlicher Gespräche, häufiger Beichten, von Briefen und Geschenken des Papstes und des Oberhauptes des Jesuitenordens, des Spaniers

Acquaviva, bemühten, den Zaren in ihrer geistigen Einflußsphäre zu halten.

Trotzdem mußten sie bald bemerken, daß ihr Mündel ihnen unaufhaltsam entglitt. Als das in Rom bekannt wurde, wurde sogleich der Neffe des polnischen Nuntius, Alexander Rangoni, zur Hilfe nach Moskau geschickt, um die Kontrolle zu verstärken und die innere Abhängigkeit des widerspenstigen Zaren vom Heiligen Stuhl nach Möglichkeit zu verstärken. Das Erscheinen Rangonis am Moskauer Hof änderte jedoch, trotz seines mehr als prunkvollen Empfangs, nichts an der allgemeinen Lage der Dinge.

Was aber zweifellos die Jesuiten mehr als alles besorgt machte und sie schließlich in Schrecken versetzte, das war das von ihnen deutlich empfundene, sich verstärkende Wirken einer *höheren geistigen Macht* durch den falschen Demetrius, vor der sie machtlos waren.

Um diese Furcht und den unversöhnlichen Haß der Jesuiten vor dieser Macht zu verstehen, wäre hier eine Charakteristik ihrer geheimen Absichten und okkulten Ziele zu betrachten, so wie sie die moderne Geisteswissenschaft darstellt. Das geschah jedoch schon eingehend in dem Buch «Die geistigen Quellen Osteuropas...»[53]. Deshalb soll diese Frage zum allgemeinen Verständnis nur kurz behandelt werden.

Aus den auf Seite 11 angeführten Worten Rudolf Steiners folgt, daß der Jesuitenorden, esoterisch betrachtet, von bestimmten Kreisen der katholischen Kirche gegründet und unterhalten und dann offiziell von Papst Paul III. bestätigt wurde, um gegen das Christus-Prinzip zu kämpfen, «das Christus-Bild aus dem Christus-Jesus-Bild auszutreiben». Und das bedeutet nichts anderes, als ein bewußter Kampf gegen das, was als Geist aus dem Kosmos auf den Menschen Jesus von Nazareth bei der Taufe im Jordan herabkam, worauf in der Taufszene selbst mit der Imagination der auf den Jesus herabkommenden Taube hingewiesen wird.

Im Evangelium wird von einem solchen Kampf wider den Geist als von der einzigen Sünde gesprochen, die dem Menschen weder auf der Erde noch in der geistigen Welt vergeben wird.* Konkret kommt diese schlimmste Sünde in dem Bestreben zum Ausdruck, *keine neue geistige Offenbarung in der Menschheit* zuzulassen, die nicht unmittelbar zu jenen okkultpolitischen Zielen und Machtansprüchen führt und sie fördert, welche sich der «Heilige Stuhl» setzte und deren blinde Vollstrecker die Jesuiten sein sollten. Diese strebten unbeirrbar nur nach der geistig-politischen Unterwerfung der ganzen Menschheit unter die irdische Macht des römischen Papstes im Sinne der dritten Versuchung des Christus Jesus in der Wüste,

---

* Math., 12, 31–32

als der Widersacher Ihm alle Reiche und alle irdische Macht zu Füßen legte im Tausch gegen Seinen Verzicht auf Sein eigenes kosmisch-göttliches Wesen, das heißt auf die Anerkennung allein Seines eigenen menschlichen Jesus-Prinzips, das dann die ganze Welt als geistiger «Tyrann» beherrschen würde, als neuer «Herr der Erde», als höchster Herr der Menschheit, dessen Reich und Macht nur «aus dieser Welt» stammen würden. Die irdische Herrschaft des römischen Papstes mit allen Mitteln in der Menschheit zu fördern und zu festigen, war von Anfang an die hauptsächliche und im wesentlichen einzige Aufgabe des Jesuitenordens, wie das eingehend in den sogenannten «geistlichen Exerzitien» seines Begründers, Ignatius von Loyola (1491?–1556)[54], dargestellt wird. Denn, mit den Worten Rudolf Steiners, «durch die angedeuteten Imaginationen*... [ist] der Wille so stark geworden, daß selbst die gegenteiligen Einsprüche des Geistes durch diesen Willen, der durch die beschriebenen Exerzitien erreicht ist, besiegt werden können».[55]

Mit dem echten Scharfsinn des genialen Schriftstellers stellte F. M. Dostojewskij diese geheimen Ziele der Jesuiten in seiner bekannten Novelle «Der Großinquisitor» dar, wo mit ungewöhnlicher Anschaulichkeit und künstlerischer Kraft die hervorstechende Eigenart dieses Ordens gezeigt wird: sein Haß auf jegliches Erscheinen des lebendigen Geistes unter den Menschen und zugleich seine sinnlose Angst vor ihm. Daher kommt auch die unversöhnliche Feindschaft dieses Ordens gegenüber allen spirituellen Strömungen, die ihre Kraft und ihre Erkenntnisse aus den Quellen des lebendigen Geistes schöpfen. Letzteres trifft ganz besonders auf das wahre Rosenkreuzertum zu, das mit den Worten Rudolf Steiners, «einzig und allein auf das Christus-Element sieht und sorgfältig unterscheidet, was darüber hinausgehen könnte; [das]... sich [nur] daran hält, daß der Christus den Geist gesandt hat, damit der Christus auf dem Umwege durch den Geist seinen Einzug in die Herzen und Gemüter der Menschen halten kann».[56] «Deshalb», fährt Rudolf Steiner fort, «gibt es wohl kaum einen größeren Gegensatz in der Kulturentwickelung der letzten Jahrhunderte als den zwischen dem Jesuitismus und dem Rosenkreuzertum.»

Die offene Feindschaft der erstgenannten Strömung gegenüber der zweiten zeigte sich bereits, als die ersten Rosenkreuzerwerke erschienen. So wird auf dem Titelblatt des 1614 in Kassel von dem Rosenkreuzer Wilhelm Wessell herausgegebenen ersten Traktats Valentin Andreaes unter dem Titel «Fama Fraternitatis, deß Löblichen Ordens des Rosenkreutzes» auch auf die «kurze Responsion von dem Herrn Haselmeyer...» hingewiesen,

---

* Es sind hier die Übungen des Ignatius von Loyola gemeint, wo Jesus innerlich als irdischer Herrscher vorgestellt wird, der die ganze Welt regiert.

«welcher deßwegen von den Jesuitern ist gefänglich eingezogen / und auf eine Galeeren geschmiedet...»[57].

Ebenso unversöhnlich feindselig ist der Jesuitismus allem gegenüber, was aus der echten «Gralsströmung» kommt, sei das in mehr seelischer Form, wie sie im russischen Volk lebt oder in mehr geistiger, wie sie – unterbewußt – die große Epoche des deutschen Idealismus am Übergang vom 18. zum 19. Jahrhundert erfüllte und in bestimmtem Sinne bei Goethe kulminierte. «Goethes Geistesart erschreckt sie» – sagte Rudolf Steiner in diesem Zusammenhang zu L. Polzer-Hoditz.[57a] Daher auch ihr Haß auf die Strömung des Goetheanismus, die auf Goethe zurückgeht und direkt zur modernen Geisteswissenschaft oder Anthroposophie hinführt. «Daher», so bezeugt Rudolf Steiner, «die ewige Feindschaft, welche der Jesuitismus geschworen hat und immer mehr schwören wird dem Goetheanismus.»[58]

Im 20. Jahrhundert richtet sich dieser unversöhnliche Kampf vor allem gegen die Anthroposophie, die eine Weiterentwicklung und moderne Metamorphose sowohl der Rosenkreuzermysterien als auch der Gralsmysterien ist,[59] eine Metamorphose, die auf der Grundlage einer lebendigen und konkreten *Geist*erkenntnis im Sinne wahrer christlicher Esoterik entwickelt wurde. Deshalb hat der Kampf gegen die Anthroposophie im 20. Jahrhundert nicht nur einen abstrakt politischen oder ideologischen, sondern auch einen völlig «konkreten» Charakter. Der Brand des ersten Goetheanum und die plötzliche Erkrankung Rudolf Steiners am 1. Januar 1924, dem letzten Tag der Weihnachtstagung (er sprach mehrmals in diesem Zusammenhang von einer Vergiftung), sind solche Menetekel auf dem geistigen Entwicklungswege der Menschheit.[60] Wir können diese nur verstehen, wenn wir die Worte beachten, die der schwerkranke Rudolf Steiner in seinem letzten Gespräch am 3. März 1925, weniger als einen Monat vor seinem Tode, L. Polzer-Hoditz gegenüber äußerte: «Tragen Sie aber stets in Ihrem Bewußtsein: Die Jesuiten haben die Religiosität, die Frömmigkeit den Menschen genommen, sind ganz identisch mit der römischen Staatsgewalt. [In Italien, in Rom, ist der Vatikan ein unabhängiger Staat mit dem Papst als politischem Oberhaupt.] Der Kampf [gegen den Geist], das heißt die Sünde gegen den Geist, ist ihr Herrschaftsgewaltmittel, die einzige Sünde, von der die Schrift sagt, daß sie nicht vergeben wird. Und doch kann der Geist nicht ganz ausgerottet werden, aber nur wenige werden ihn hinübertragen in die Zukunft... Der Kampf gegen den Geist lag immer und liegt weiter im Hintergrund allen äußeren Geschehens.»[61]

Nach dieser kurzen Betrachtung der okkulten Grundlagen des Jesuitismus wollen wir zu dem falschen Demetrius zurückkehren. Unsicher, schwankend, widersprüchlich erscheint dem historischen Blick seine Beziehung zu den Jesuiten während seiner kurzen Regierungszeit. Unaufhörliche Einladungen von Jesuiten an die kaiserliche Tafel, lange Gespräche mit diesen allein, immer wieder neue Beteuerungen der Treue, der unglaublich feierliche Empfang für den persönlichen Gesandten des Papstes, Alexander Rangoni, der sogar eine Militärparade einschloß, die wiederholten Briefe, die der falsche Demetrius an Papst Paul V. schrieb, der gerade erst den päpstlichen Thron bestiegen hatte, und sogar ein Geheimschreiben, das diesem durch den Jesuiten Lawicki übermittelt wurde, dem der falsche Demetrius auftrug, es dem Papst persönlich zu übergeben, und schließlich seine dringende Bitte an den Jesuiten Sawicki (seinen ersten Beichtvater, der zusammen mit Marina Mniszek nach Moskau gekommen war), ihn nicht zu verlassen, sondern unbedingt in der Hauptstadt zu bleiben und – auf die Bitte des Paters – die sofortige Erlaubnis, den Zaren jederzeit, Tag und Nacht, am Hofe aufsuchen zu dürfen (siehe Seite 32), alle diese und viele andere Tatsachen schließen völlig aus, daß die in ihnen sich deutlich äußernde positive Beziehung des falschen Demetrius zu den Jesuiten, dem römischen Papst und dem lateinischen Glauben nur eine taktische oder bewußte Täuschung gewesen sein könnte. Denn mit den Jesuiten standen ihm sehr erfahrene und scharfsinnige Menschen gegenüber, die einen eisernen Willen, okkulte Schulung und eine tiefe Kenntnis der menschlichen Psyche besaßen. Wie sollten sie nicht Täuschung und Heuchelei von wahrhaftiger Ergebenheit gegenüber ihrem Glauben bei dem Jüngling unterscheiden, der kaum 23 Jahre alt war und der sich nach dem Zeugnis faktisch aller zuverlässigen Quellen, ungeachtet seines Verstandes und seiner glänzenden Fähigkeiten, in vieler Hinsicht durch eine fast kindliche Naivität auszeichnete.

Und trotzdem konnten die Jesuiten keineswegs ruhig und noch weniger zufrieden sein. Denn während eines ganzen Jahres waren sie ihrem eigentlichen Ziel, der Bekehrung des russischen Volkes zum lateinischen Glauben, keinen Schritt nähergekommen. Der falsche Demetrius unternahm tatsächlich nichts in dieser Richtung, obwohl er seine volle Bereitschaft, dieses sein wichtigstes Versprechen zu erfüllen, immer wieder zum Ausdruck brachte. Etwas wie eine höhere Macht in seiner Seele verhinderte das. Mehr noch, in dem letzten Brief an den Papst, den Lawicki überbrachte, wie auch in der diesem aufgetragenen mündlichen Botschaft war diese wichtigste Frage, ungeachtet aller von seiten des Zaren vorgebrachten Beteuerungen seiner unveränderten Ergebenheit und seiner Treue gegenüber dem Papst und dem lateinischen Glauben, allem Anscheine nach mit keinem Wort erwähnt.[62]

So übernahm der falsche Demetrius, in dem Maße, wie er sich seiner neuen Aufgabe bewußt wurde, immer öfter den Versuch, sich vom Einfluß der Jesuiten zu befreien. Dieses Bemühen trat besonders dann deutlich hervor, wenn sich der junge Zar von einer größeren Anzahl von Russen umgeben, unter Menschen befand. Es entsteht der Eindruck, als habe gerade dann die durch ihn wirkende höhere Individualität, die so tief mit dem russischen Volksgeist verbunden war, die Möglichkeit gehabt, besonders kraftvoll auf ihn einzuwirken. Wenn dagegen der falsche Demetrius allein mit den Jesuiten zusammen war, dann gewann ihr okkulter Einfluß wieder die Oberhand. Wir wollen hier einige Beispiele dieser, für eine äußere historische Betrachtung so undurchschaubaren Zwiespältigkeit im Verhalten des Demetrius anführen, eine Zwiespältigkeit, die jedoch seinen wahren inneren Kampf zeigt.

Am 19. Februar 1606 äußerte der falsche Demetrius während des feierlichen Empfanges des offiziellen päpstlichen Gesandten, Alexander Rangoni, am Hofe in Gegenwart der russischen Höflinge und der höheren orthodoxen Geistlichkeit seinen «tiefempfundenen Dank» gegenüber dem Papst und darüber, daß «der Segen des Papstes ihm besonders ehrenvoll sei».[63] «Er sei», so fuhr er fort, «keineswegs nutzlos, ... sondern heilsam und nützlich für ihn selbst, für sein Reich und seine christlichen Ziele, da ja der höchste Priester ihn austeilte, der Spender der göttlichen Gnade», dem gegenüber er «eine nie endende kindliche Liebe und Verehrung» empfinde. Nichtsdestoweniger gebrauchte der falsche Demetrius, trotz all dieser hochtönenden Worte, während des ganzen Empfangs nicht einmal den offiziellen Titel des Papstes, sondern nannte ihn nur ganz bescheiden den «höchsten Priester der Römischen Kirche».

Trotzdem schickte er noch am Abend desselben Tages zunächst seinen Sekretär Butschinskij und danach den Jesuiten Czyrzowski zu Rangoni, um ihn abermals seiner «Verehrung für Paul V. und den Heiligen Stuhl» zu versichern und um sich dafür zu entschuldigen, daß er in seiner Rede nicht den offiziellen Titel des Papstes gebraucht habe, was, wie er sagte, geschehen sei, da er das religiöse Empfinden seiner russischen Untertanen nicht habe kränken wollen. Bei der Betrachtung dieser Episode entsteht der Eindruck, als ob der falsche Demetrius gegen seinen Willen und seine Absichten zunächst etwas für ihn selbst völlig Unerwartetes tat, um dann plötzlich, sich der alten Bindungen erinnernd, sich zu besinnen und zu versuchen, das, was er getan hatte, wieder zu berichtigen.

Noch deutlicher zeigt sich diese «Widersprüchlichkeit» bei einer anderen Episode, die sich etwa drei Monate später ereignete. Da antwortete der falsche Demetrius bei einem offiziellen Empfang von Gesandten Sigismunds auf deren Forderung hin, die letzterem noch in Polen gegebenen Versprechen zu erfüllen, was die katholische Geistlichkeit betraf, einfach: «Die lateinische Kirche und die Jesuiten will ich nicht».[63a] Aber drei Tage später, am 15. Mai 1606, rief der Zar den Jesuiten Sawicki zu sich und sagte etwas ganz Gegenteiliges zu ihm, und zwar: «Er wünsche ganz besonders, daß ein Jesuitenkolleg in seiner Hauptstadt gegründet werden solle; er brauche überall Schulen, und nur die Jesuiten halte er für fähig, solche Einrichtungen zu leiten!»[64]

Trotzdem mußten die oben angeführten öffentlichen Äußerungen des jungen Zaren für den Vatikan und besonders für die ihn umgebenden Jesuiten im höchsten Maße beachtenswert sein und als ernste Symptome einer wachsenden Unabhängigkeit des jungen Zaren gedeutet werden.

Innerlich erinnert die Lage des falschen Demetrius an einen im Spinnennetz verfangenen Falter, der, nachdem er plötzlich neue Kräfte von irgendwoher erlangt hat, abermals beginnt, sich zu wehren und allmählich einen ihn fesselnden Faden nach dem anderen zu zerreißen. Aber sogar das erschreckte die den falschen Demetrius und jeden seiner Schritte überwachenden Jesuiten nicht besonders. Dagegen wurde auch für sie die ihnen fremde, feindliche Macht, die sie hinter dem Zaren stehend wahrnahmen, sehr viel deutlicher sichtbar. Sie begannen langsam zu verstehen, daß das Volk nicht dem gewöhnlichen und ihnen im wesentlichen wohl bekannten Demetrius folgte, der mit seiner Unausgewogenheit und mit seinen moralischen und politischen Fehlern in kürzester Frist alle nur abstoßen konnte, daß es nicht *diesen* liebte, sondern die *durch ihn* sich äußernde und für die Jesuiten ganz unerklärliche, darum aber ihnen um so verhaßtere, höhere, charismatische Macht, die den falschen Demetrius ganz allmählich, aber um so sicherer, ihrem Einfluß entzog und ihm die inneren Kräfte verlieh, sich aus ihrer Umklammerung zu befreien. Und sie beschlossen, als sie erkannten, welche Gefahr diese Lage der Dinge für ihren großen Plan barg, sich abermals des Mittels zu bedienen, das sie bis zu dem Zeitpunkt zurückgehalten hatten, um mit seiner Hilfe den falschen Demetrius auch weiterhin zu beherrschen, und das war Marina, die ihnen dereinst schon geholfen hatte, den damals ganz unbekannten Prätendenten in ihre Gewalt zu bekommen.

So werden nun stärkste Mittel in die Wege geleitet. Zunächst schreibt Papst Paul V. selbst dem mächtigen, für seine Beteiligung an der Organisation der Union bekannten Kardinal Maseewski,[65] «daß dieser [seinen Verwandten] Mniszek bereden möge, seinen Einfluß auf Demetrius zu nutzen und dessen Neigung zum Katholizismus zu unterstützen». «Dann», fügt der Papst in seinem Brief hinzu, «werden die Moskowiter mit der Zeit in den Schoß der römischen Kirche geführt werden, denn dieses Volk zeichnet sich, wie man hört, durch eine außergewöhnliche Anhänglichkeit an seine Herrscher aus.»[66] Sodann schreibt er in demselben Geiste an Mniszek und teilt ihm mit, «daß er sich vor allem auf seine Frömmigkeit verlasse und seines Rates und seiner Hilfe bedürfe», und dann «äußert er die Hoffnung, daß das Moskauer Volk sich leicht zum Katholizismus bekehren werde, da es von Natur aus demütig sei und bis jetzt nicht von Herätikern verseucht».

Weiter sendet er durch den Kardinal Valentin dem Nuntius Rangoni in Krakau einen strengen Auftrag desselben Inhalts. Und schließlich ist er sogar mit dem einverstanden, was er bis dahin auf das kategorischste abgelehnt hatte: Er anerkennt den Kaisertitel von Demetrius, den dieser sich selbst zugelegt hatte, und er befiehlt dem polnischen Nuntius durch Kardinal Borghese, den Wunsch des russischen Zaren zu erfüllen. Daraufhin empfängt dieser den folgenden Titel von Rangoni: «Serenissimo et invictissimo Monarchae Demetrio Joanis, Caesari ac Magno Duci totius Russiae, atque universorum Tartariae regnorum aliorumque plurimorum dominiorum, Monarchiae Moscoviticae subjectorum, Domino et Regi.»

Das ist nun aber noch nicht genug, und Paul V. stimmt zu, wahrscheinlich einem Rat der Jesuiten folgend, die die Lage der Dinge besser überschauen, Zuflucht zu dem wichtigsten Mittel zu nehmen, den falschen Demetrius im Netz Roms zu halten: seiner Heirat mit Marina: «Wir haben dich mit unserem Segen betaut wie eine neue Rebe, die in den Weinberg Gottes gepflanzt wurde: Mögest du, Tochter, von Gott gesegnet, mögest du gesegnete Söhne haben, auf die wir hoffen, wie sie sich unsere heilige Mutter Kirche wünscht, wie sie die elterliche Frömmigkeit verspricht, das heißt eifrigste Verbreiter des Glaubens Christi.» Den weiteren Briefinhalt referiert der Historiker S. Solowjeff folgendermaßen: «Dann ermahnt der Papst Marina, ihre künftigen Kinder mit Strenge und Frömmigkeit zu erziehen, von Kindheit an den Gedanken in ihnen zu nähren, daß sie die Verantwortung haben, die wahre, das heißt lateinische Religion zu verbreiten. Und zum Schluß empfiehlt Papst Paul V. Andrej Lawicki und den gesamten Jesuitenorden, der der ganzen Welt nützlich ist, dem Wohlwollen der russischen Zarin.»[68]

In demselben Geiste schreibt er sodann nochmals an den Vater Marinas und schließlich dem falschen Demetrius selbst: «Wir zweifeln nicht, daß du, so wie du dir Söhne von dieser ausgezeichneten Frau wünschest, die in einem gottesfürchtigen katholischen Hause geboren und erzogen wurde, daß du auch das Volk der Moskowiter in den Schoß der römischen Kirche führen willst, denn die Völker müssen ihre Herren und Führer nachahmen. Vertraue darauf, daß du von Gott ausersehen bist, diese Rettungstat zu vollenden, wobei dir deine überaus edle Ehe eine große Hilfe sein wird.»

Von dieser Zeit an trieb der Papst, nach den Worten des Historikers Solowjeff, die Eheschließung des Usurpators mit Marina derart voran, daß er sogar den Pater Sawicki (einen Jesuiten) ermächtigte, beide heimlich, ohne Zeit zu verlieren, in der großen Fastenzeit (vor Ostern) zu vermählen, was nicht nur in den Augen der Orthodoxen, sondern auch der römischen Kirche als eine große Sünde gilt. Das war jedoch absolut undurchführbar, nicht wegen der besonderen Frömmigkeit des Bräutigams oder der Braut, sondern weil es ganz unmöglich war, den Zaren heimlich mit der künftigen

Zarin zu vermählen, die dann als seine gesetzliche Gemahlin vor dem ganzen Volke neben ihm auf dem russischen Thron sitzen sollte.

Trotz alledem verstärkte sich die Aktivität Roms noch mehr. Auf die persönliche Anweisung des Papstes hin wird der Jesuit Sawicki, noch in Polen Demetrius' erster Beichtvater, wie wir wissen, eilends zum neuen Beichtvater Marinas ernannt, um sie persönlich mit dem ganzen Hochzeitsgefolge nach Moskau zu begleiten. Unmittelbar vor dem Einzug in die russische Hauptstadt sucht dann der Jesuitenpater Marina nochmals auf und instruiert sie abermals darüber, was sie nun zum Heil der allein seligmachenden Kirche zu tun habe. «Sawicki sprach mit ihr recht lang darüber, wie wichtig es sei, daß sie in der Stadt, die dem Schisma verfallen sei, an ihrem Glauben festhalte und daß Demetrius seine Pflicht gegenüber dem [wahren] Glauben erfülle, den er gewählt habe. Er sprach zu [ihr] von den getrennten Schafen, die [nun] in den Schoß der katholischen Kirche zurückkehren könnten und forderte sie dringend auf, sich für das Gedeihen der Kirche einzusetzen und sich der Gemeinschaft Jesu nützlich zu erweisen.» Die Reaktion Marinas auf diese Rede war ganz eindeutig, sie war «mit allen Zeichen guten Willens mit allem einverstanden»[69].

Mit der Ankunft Marinas in Moskau begann der letzte Akt des menschlichen Dramas des falschen Demetrius und gleichzeitig die Kulmination der ganzen Intrige, die im Laufe der Jahre konsequent und beharrlich durch die Politik und die Machinationen Krakaus und Roms um ihn gesponnen worden war.

Über die Bedeutung der Entscheidung, vor die sich der falsche Demetrius nun gestellt sah, wurde bereits im vorigen Kapitel gesprochen. Hier kann jedoch noch die Frage gestellt werden: Warum lehnte Papst Paul V. die dringende Bitte von Demetrius, ihm die öffentliche Vermählung mit Marina nach orthodoxem Ritus zu gestatten, entschieden ab? Verstand er nicht – so mag der eine oder andere Leser fragen –, daß er, wenn er dem falschen Demetrius diese verweigerte, die ganze Intrige, an deren Erfolg er doch so interessiert war, zum unvermeidlichen Mißerfolg verurteilte?

Die Antwort muß man vor allem in der damaligen Verhärtung der katholischen Kirche in der eigenen Dogmatik suchen. Aus diesem Grunde konnte solche Fragen, die so grundsätzliche Verstöße gegen die Grundthesen des katholischen Dogmas und Rituals betrafen, auch der Papst nicht allein entscheiden (das Dogma von der Unfehlbarkeit des Papstes gab es ja noch nicht!). Einige Quellen behaupten, daß der Papst selbst dazu neigte, den Wunsch des geheimen Katholiken-Zaren zu erfüllen, eine solche Entscheidung lag jedoch jenseits seiner Vollmacht und mußte der Kongregation des heiligen Kardinals-Offiziums zur Begutachtung vorgelegt werden. Die Sitzung, diese Frage betreffend, fand am 2. März 1606 im Vatikan unter dem Vorsitz des Papstes statt. Da keine Diskussion erfolgte, schritt die Versammlung sofort zur Abstimmung, deren Ergebnis, mit Ausnahme einer Stimme, negativ war.*[70] Bereits zwei Tage nach der Sitzung teilte der Staatssekretär des Vatikan, Kardinal Borghese, dem Nuntius Rangoni in Krakau, an den sich der falsche Demetrius zuerst mit seiner Bitte gewandt hatte, den negativen Bescheid des Vatikans mit und informierte ihn darüber, daß «der apostolische Stuhl [solches] in derartigen Fällen nicht gestattet und daß es kein Beispiel gibt, daß er jemals solches gestattet habe». Dabei wurde der falsche Demetrius darauf hingewiesen, daß auch dem derzeit regierenden polnischen König, als er zur Thronbesteigung nach Schweden ging, vom Vatikan keine Genehmigung erteilt wurde, «sich nach den lutherischen Gewohnheiten zu richten»[71].

Die Leitung der katholischen Kirche zeigte in dieser Frage nicht nur eine eiserne Beharrlichkeit, sondern auch eine eigene Konsequenz. Denn als nach dem Tod von Demetrius die Moskauer Bojaren im Jahre 1610, da sie nicht wußten, auf welche Weise sonst sie Hunger und Bürgerkrieg vermeiden könnten, zunächst dem noch ganz jungen polnischen Prinzen Wladislaw und danach dem polnischen König Sigismund die russische Königskrone anboten, wobei sie in beiden Fällen eine Krönung nach orthodoxem Ritus als Hauptbedingung stellten, antworteten der Papst und das Kardinalskollegium abermals auf die diesbezügliche Frage mit einem kategorischen Nein und bezeichneten solche Bedingungen als «abscheulich». Nicht umsonst hatte die päpstliche Kurie schon früher (Ende 1609) erklärt, daß Wladislaw «lieber die Herrschaft über Rußland verlieren [solle], ja selbst das eigene Königreich, als daß sie solche Bedingungen anzunehmen bereit sei»[72]. Es hatte deshalb Abt Orso so unrecht nicht, wenn er später dem Nuntius Rangoni gegenüber äußerte, daß der Verlust der beiden polnischen Prätendenten sowohl auf den russischen wie auch den schwedischen Thron «durch [ihre] Treue zum Heiligen Stuhl» erfolgt sei.[73]

Es ist aber doch zu fragen: Wenn auch der Papst und seine nähere Umgebung im fernen Rom selbstverständlich keine Kenntnisse von dem russischen Volk noch ein Verständnis seines Charakters und der Grundlagen und Normen seines inneren Lebens hatten, und wenn sie dazuhin durch ihre fanatische Treue zu der toten Dogmatik, verbunden mit einer dauernden Überbewertung ihrer Macht und ihrer tatsächlichen Möglichkeiten[74] ganz blind waren, wie konnten das jedoch die Jesuiten zulassen, die Demetrius von Anfang an begleitet hatten und bestens um die katastrophalen Folgen einer solchen Entscheidung des Vatikans für ihre Pläne wußten?

---

* Ob diese einzige «Ja»-Stimme die des Papstes oder des Repräsentanten des Jesuitenordens war, wird nicht berichtet.

Weiter oben (4. Kapitel) wurde darauf hingewiesen, daß ein mehr äußerer Grund für die Ablehnung auch der Jesuiten, den falschen Demetrius in
dieser Angelegenheit zu unterstützen, in der Schwierigkeit bestand, öffentlich – sie waren ja alle Polen – in Gegenwart Tausender polnischer Katholiken und zweier offizieller Gesandter Sigismunds sich der Entscheidung des
Papstes und des heiligen Offiziums zu widersetzen, bildete doch die bedingungslose Unterordnung unter den Papst, selbst im Falle völlig mangelnder
Übereinstimmung mit ihm, einen Grundpfeiler der Satzung des Jesuitenordens. Und trotz alledem war auch dieser Grund ein äußerlicher. Da-
hinter verbargen sich andere, tiefere.

Am nächsten kam diesen wohl, wenn auch von einer ganz anderen
Position aus, Eduard Winter, der bekannte Historiker des Papsttums, in
seiner mehrbändigen Darstellung «Rußland und das Papsttum». Dort
schreibt er, bei der Behandlung der entschiedenen Ablehnung von seiten
des Vatikans, die Genehmigung zur Krönung des polnischen Prinzen Wladislaw zum russischen Zaren nach orthodoxem Ritus zu erteilen: «Der
Heilige Stuhl [ging so vor], *von den Jesuiten beraten*, [denn er] fürchtete
sichtlich, daß der junge Wladyslaw *einer orthodoxen russischen Umgebung
erliegen könnte*. Der päpstlichen Kurie ging es vor allem um die Unterordnung Rußlands, die durch ein Eingehen auf die gestellten Bedingungen
[wie die oben zitierten] zu wenig gesichert schien.»[75]

Wenn aber die Furcht und Unsicherheit des heiligen Offiziums sowie der
vatikanischen Jesuiten schon in bezug auf den *polnischen* Prinzen so groß
waren, so mußten sie ähnliches noch mehr in bezug auf den *russischen*
Zaren fürchten, ganz besonders nach dessen oben beschriebenen Versuchen, sich von der Vormundschaft Roms zu befreien. Deshalb wußten auch
die Jesuiten am Vatikan nur zu gut, daß der falsche Demetrius, wenn man
ihm als dem rechtmäßigen russischen Zaren gestattete, während seiner
Trauung das Abendmahl vor allem Volke nach orthodoxem Ritus zu nehmen, was im Grunde genommen gleichbedeutend war mit einer Rückkehr
zum orthodoxen Glauben, Gefahr lief, seiner russischen Umgebung zu
erliegen, und das hieß, sich allmählich von jeder Abhängigkeit vom Heiligen Stuhl zu befreien.

Was aber die Moskauer Jesuiten betrifft, die die reale Situation am
besten kannten, so war ihre Lage ganz besonders kompliziert. Denn für sie
war die Vermählung mit Marina nur ein letztes, äußerstes Mittel, den
russischen Zaren in ihrer Gewalt zu halten. Anderseits standen sie, wenn
sie sich mit ihr einverstanden erklärten, gegen ihren Willen notwendigerweise vor zwei gleich riskanten Alternativen.

Wenn sie den falschen Demetrius im entscheidenden Moment nicht
unterstützten – auch um den Preis des Verstoßes gegen den päpstlichen
Befehl –, verurteilten sie ihn in den Augen des russischen Volkes zur Rolle

des Häretiker-Lateiners, der sich öffentlich, vor aller Augen, vom Glauben seiner Väter lossagte und damit auch von seinem Recht auf ihren Thron, und sie zwangen den Zaren damit, einen solch verderblichen Schritt zu tun, dessen verhängnisvolle Folgen sogar sie nicht voraussagen konnten.

Wenn sie dagegen den falschen Demetrius unterstützen und gestatten würden, das päpstliche Verbot öffentlich zu übertreten, dann mußten sie nicht in erster Linie die Übertretung selbst, sondern etwas viel Schlimmeres fürchten. Denn wenn sie dem falschen Demetrius gestatteten, sich nach orthodoxem Ritus zu vermählen, so bestand die Gefahr, daß es ihm gelingen würde, sich dank dieser Tatsache gänzlich aus ihrem Netz zu befreien und in Zukunft nur noch der Stimme und Inspiration jener höheren Macht zu folgen, die seine Seele – das fühlten sie zweifellos – in wachsendem Maße erfüllte und ihn damit unweigerlich aus ihrer Einflußsphäre hinausführte. Das aber fürchteten sie mehr als alles andere auf der Welt. Es war von den zwei Alternativen: dem wahrscheinlichen Untergang ihres Schützlings zugleich mit dem Scheitern der ganzen Intrige – oder auch nur der Möglichkeit, daß auf dem Moskauer Thron ein Herrscher erschien, der von einem höheren Wesen aus der geistigen Welt geführt wurde, das heißt der aus konkreten geistigen Impulsen, aus den Kräften des lebendigen Geistes wirkte – dies letztere für sie das Allerschlimmste. Und so zogen sie aus unbeirrbarem Instinkt, der in Jahren okkulter Übungen erarbeitet war, in ihrer Machtlosigkeit vor dem lebendigen Geist der Möglichkeit seines Sieges – den Untergang seines irdischen Trägers vor. Damit errangen sie, ohne daß ihre äußeren Pläne verwirklicht wurden, in ihrem Kampf mit dem Geist trotzdem einen weiteren illusorischen «Sieg».

Wie bereits dargestellt, führte die Ablehnung des falschen Demetrius, bei seiner Trauung in der Uspenski-Kathedrale des Moskauer Kremls vor allem Volke das Abendmahl nach orthodoxem Ritus zu nehmen, schon nach wenigen Tagen zu seinem physischen Untergang. Die heftige Leidenschaft für Marina, die unter dem Einfluß der Jesuiten nichts von der «schismatischen Häresie» hören wollte* wie auch die bis zuletzt nicht überwundene innere Abhängigkeit vom Papst und den Jesuiten, veranlaßten Demetrius zu diesem verhängnisvollen Schritt. Zwischen die zwei einander bekämpfenden Mächte gestellt: einerseits den Geist-Impuls und den aus ihm erfließenden Inspirationen über seine höhere Mission in bezug

---

* Mit großer Mühe und nur für die kurze Zeit der Trauung in der Kathedrale konnte Demetrius Marina dazu überreden, anstelle des polnischen Kleides, das im Volke als anstößig angesehen wurde, ein russisches zu tragen. Und schon beim Hochzeitsmahl saß die kaiserliche Gemahlin in polnischem Gewande auf dem Thron, mit der russischen Krone auf dem Haupte, was für den russischen Teil der an dem Mahl teilnehmenden Gäste besonders kränkend war.[76]

auf das Volk und das Land, und auf der anderen Seite die unbändige sinnliche Leidenschaft sowie die stetig auf ihn ausgeübten okkulten Einwirkungen, die von den Jesuiten ausgingen, fand das irdische, menschliche Ich des 23jährigen Demetrius nicht die Kraft in sich, die einzig richtige Wahl zu treffen.

Die Folge war, daß die höhere Stimme in ihm verstummte, die geistigen Inspirationen aufhörten, denn die hohe Individualität, die sich in ihm inkorporiert hatte, verließ zu dem Zeitpunkt seine Hüllen, da es keine Möglichkeit mehr gab, ihre Aufgabe im russischen Volk durch ihn zu erfüllen. Und mit ihr verlor der falsche Demetrius sogleich auch, wie eine untergehende Sonne, das charismatische Leuchten seiner Persönlichkeit. Wenn vorher das ganze Volk, einschließlich seiner nächsten Umgebung, ihn als «guten Zaren» achtete und liebte, ungeachtet gewisser Mängel und niederer Äußerungen seiner Natur, so sah es nun in ihm allein den Häretiker und Usurpator, der den Thron durch Täuschung errungen hatte, um Rußland im Geheimen an den polnischen König und den römischen Papst zu verraten, ein Gerücht, das wie ein Lauffeuer in wenigen Tagen ganz Moskau erfüllte und zunächst zu allgemeinen Straßenunruhen führte, bald aber zu einem offenen Volksaufstand, den die Verschwörergruppe der Bojaren mit Schujskij an der Spitze nutzte, die schon lange den Sturz des falschen Demetrius wünschte.

Die öffentlich vollzogene, geistige Lossagung des falschen Demetrius von seinem Volk und seiner höheren Aufgabe führte außer zu dem Fortgehen (der Exkorporation) der hohen Individualität auch zum Abbruch aller seiner Beziehungen zu seinem Volkserzengel, der durch diese auf ihn gewirkt hatte. Nun war er wieder zu einem ruhelos schweifenden Menschen ohne Heim und Heimat geworden wie am Anfang seines Lebensweges.

Wieweit er selbst, wenigstens teilweise, sich der radikalen Verwandlung, die mit ihm vor sich ging, in dem Dunst des sich fünf Tage und Nächte hinziehenden Festmahles bewußt wurde, ist schwer zu sagen. Einige Zeugen berichten, daß «der Usurpator während der Hochzeitsfeierlichkeiten düster und niedergeschlagen wirkte».[77] Zur selben Zeit sagte die bekannte Alte Elena, die prophetisch-hellsichtige Begabung besaß und deshalb beim Volk hochgeachtet war, überall den Tod des Zaren noch während des Hohzeitsmahles voraus, was Demetrius sogleich berichtet wurde.[78]

Wie dem auch sei, das «Erwachen» aus dem süßen Traum erfolgte rasch und äußerte sich vor allem durch die Rückkehr des kühnen, aber grausamen und kampfeslustigen Herrschers, als der er einst Polen an der Spitze eines Söldnerheeres verlassen hatte, allein von einem Gedanken getrieben: sich um jeden Preis, und sei es durch Gewalt und Blut, den russischen Thron zu erobern, der ihm – wie er dachte – zu Recht gehörte.

Die bedeutendste Folge der grundlegenden Veränderung, die nun in seinem Schicksal stattfand, sah er aber noch immer nicht, und das war die Tatsache, daß sich das russische Volk von ihm abwandte: «Der falsche Demetrius hatte die Macht aus den Händen der aufständischen Moskowiter weniger als ein Jahr vor den genannten Ereignissen erhalten. Da wundert es nicht, daß er den Gedanken, daß die Bevölkerung der Stadt sich gegen ihn stellen könnte, nicht für möglich hielt.»[79] Aber hier täuschte er sich in verhängnisvoller Weise. Und als ihm sein Fehler deutlich wurde, da versuchte er im letzten Augenblick, zu Drohungen und Grausamkeiten Zuflucht zu nehmen: Alle Unbefugten, die in den Palast eindringen, werden getötet (siehe Seite 54); er droht allen mit Todesstrafe und Hinrichtung; sagt zu Mniszek, daß er befehlen wird, an einem Tag allen das Leben zu nehmen, die es wagen sollten, gegen ihn aufzutreten; befiehlt, den Diakon Ossipow, einen Menschen, der ein frommes Leben führte und der sein Usurpatorentum aufdecken wollte, zu töten und seinen Leichnam zum Fenster hinauszuwerfen[80] und so fort. Aber alle seine Versuche sind vergeblich, denn er hat schon keine reale Macht mehr. Er ist nur noch von einer kleinen Gruppe ihm treu ergebener Menschen umgeben, von denen ihn auch der größere Teil bald verläßt.

«Ich bin euch kein Boris»* – dieser Drohruf des falschen Demetrius, den er der unten stehenden vieltausendköpfigen Menge aus den Fenstern des Kremlpalastes entgegenschleudert, wobei er eine Hellebarde, die er einem seiner Wachen entrissen hat, über seinem Kopfe schwenkt,[81] ist ein Symbol des neuen, genauer gesagt alten, kampflustigen Demetrius, so wie er einst von Sambor zur Eroberung Rußlands ausgezogen war. Von außen antwortet ihm jedoch nur ein Ausbruch der Entrüstung, es sind Schüsse zu hören, und er muß vom Fenster zurücktreten. Jetzt wendet sich der Zar zur Flucht und überläßt sogar Marina der Willkür des Schicksals, ohne sich um ihre Rettung oder wenigstens ihren Schutz zu kümmern. Aber alle seine Versuche sich zu retten sind vergeblich. Das Volk wendet sich von ihm ab, die Polen verraten ihn, und sogar die bis dahin ihm treu ergebenen Strelitzen weigern sich, ihn zu schützen, und ermöglichen es den Verschwörern, mit Schujskij an der Spitze, zu handeln.

Nur noch von Feinden und von den in den Palast eindringenden Verschwörern umgeben, sind die letzten Worte, die er auf der Erde hört: «Sekí, sekí! Schlagt ihn tot, schlagt ihn tot»,** dann beenden Schüsse und Schläge von allen Seiten sein Leben.

---

* Die Mehrheit der Historiker erklärt diese bedrohlichen Worte so, daß sich der falsche Demetrius nicht so leicht umbringen läßt wie Boris.

** Praktisch alle historischen Quellen sind sich einig, daß *diese* Worte gerufen wurden.

So bricht mit dreiundzwanzigeinhalb Jahren das Leben der wohl seltsamsten und rätselhaftesten Gestalt in der russischen Geschichte gewaltsam ab, einer Gestalt, die während ihres ganzen Lebens mit ihrem blitzartigen Aufstieg und ebenso raschen Fall die große Tragödie einer menschlichen Persönlichkeit zeigt, die sich von allem Anfang an in dem mächtigen Spannungsfeld der widerstreitenden Mächte des Guten und des Bösen befand und die zuletzt ein Opfer dieses erbarmungslosen Kampfes wurde.

Die große Tragödie einer menschlichen Persönlichkeit, die ihr Schicksal in den Mittelpunkt des Kampfes gegen den Geist stellte, der bis heute von dunklen Mächten hinter den Kulissen des irdischen Geschehens geführt wird, war wahrhaftig würdig, zum Gegenstand eines einmaligen dramatischen Werkes zu werden, das durch seine künstlerische Kraft und sein konkretes Eindringen in die geistigen Grundlagen der menschlichen Geschichte alles übertrifft, was bislang von den großen Geistern der Menschheit geschaffen wurde.

Ein *solches* Werk begann Friedrich Schiller am Ende seines Lebens, in vollem Bewußtsein, daß diese Schöpfung der Höhepunkt seines Schaffens werden und den Menschen ein Verständnis für die bis dahin sorgfältig vor ihnen verborgenen okkulten Grundlagen der neuesten Geschichte erschließen sollte. Und aus eben diesem Grunde wurde es auch für Fr. Schiller verhängnisvoll.

Ehe wir uns dem nächsten Kapitel dieser Arbeit zuwenden, der Betrachtung der Grundkonzeption von Schillers Drama «Demetrius», soweit das mit Hilfe des Fragmentes und der Skizzen des Dichters möglich ist, sind die Ereignisse nach dem Untergang des falschen Demetrius wenigstens noch kurz darzustellen. Es können hier selbstverständlich die Geschehnisse der sogenannten «Zeit der Wirren» (1605–1613) nicht eingehend behandelt werden; die Wahl Schujskijs zum Zaren; das Erscheinen des zweiten falschen Demetrius, zu dem Marina floh, um sich sogleich auf den Rat der Jesuiten hin mit ihm zu vermählen; der Aufstand Bolotnikows und die Unruhen im ganzen Lande; die Besetzung Moskaus durch den neuen Usurpator und die Bitte um Hilfe an Schweden; die Intervention Polens mit Sigismund an der Spitze; der Sturz Schujskijs und die Besetzung Moskaus durch die Polen; neue Volksaufstände, deren grausame Niederschlagung durch die Polen in Moskau; der Brand der Hauptstadt, bei dem Tausende umkamen; schließlich die Organisation einer allgemeinen Landwehr durch Minin und Požarskij, was das Ende der «Zeit der Wirren» herbeiführte; und zum Abschluß die Thronbesteigung einer neuen russischen kaiserlichen Dynastie in der Person des jungen Michael Romanow.

Die Folgen freilich des blutigen Bürgerkriegs und der dauernden Invasionen, die sieben Jahre lang das Land zerrissen, wurden nur langsam überwunden. Die Situation war schwer. Schweden behielt den Unterlauf der Newa mit den angrenzenden Gebieten und schnitt damit Rußland den natürlichen Zugang zur Ostsee ab. Polen beanspruchte Smolensk und fast alle Grenzstädte und Grenzgebiete. Viele Städte und Dörfer waren zerstört. Auch die Hauptstadt wurde niedergebrannt und geplündert.[82]

Ebensowenig hielten sich die ursprünglichen Teilnehmer an der Intrige bei den beschriebenen Ereignissen abseits. König Sigismund und seine Umgebung, die ohne Unterschied einen nach dem anderen alle auftauchenden falschen Demetriusse unterstützten, beschlossen schließlich kurzerhand, das vom Bürgerkrieg zerrissene unglückliche Land einfach zu erobern. Nachdem sie dann in Moskau eingezogen waren, hielten sie es fast zwei Jahre.

Nicht weniger aktiv nahm auch der Heilige Stuhl mit den ihm ergebenen «Soldaten Christi», den Mitgliedern der «Regimini militantes ecclesiae», wie der Papst selbst damals den Jesuitenorden nannte, an den Ereignissen teil, Sigismund bei allem helfend und unterstützend. Genaueres kann der Leser über die Absichten und Taten in bezug auf Rußland zur «Zeit der Wirren» dem am Ende dieser Arbeit angefügten Auszug aus dem Buch «Rußland und das Papsttum» von Eduard Winter entnehmen, einem ausgezeichneten Kenner dieses Themas.

Für unsere Darstellung ist jedoch die Tatsache besonders interessant, daß nach dem tragischen Untergang des unglücklichen Zaren immer wieder neue Usurpatoren unter verschiedenen Namen buchstäblich von überall her auftauchten. Nach einigen Quellen mehr als ein Dutzend, nach anderen bis sechsunddreißig.[83]

Aus geisteswissenschaftlicher Sicht kann man diesen Prozeß folgendermaßen verstehen. Die durch den falschen Demetrius wirkende hohe Individualität durchdrang mit ihrer mächtigen geistigen Ausstrahlung in der der Erde benachbarten geistigen Welt eine bestimmte geistige Sphäre, die, die Hüllen des falschen Demetrius erfüllend, von dessen näherer Umgebung und dem übrigen Volk als eine ihn überleuchtende charismatische Aura wahrgenommen wurde, wie wir oben sahen. Nachdem die hohe Individualität den falschen Demetrius verlassen hatte, da er sich von seiner Aufgabe losgesagt hatte, erhob sie sich in höhere Bereiche der geistigen Welt und verließ damit auch diejenige übersinnliche, der Erde benachbarte Sphäre, in der sie bis dahin weilte und wirkte. Diese Sphäre durfte jedoch nach einem Gesetz der geistigen Welt nicht leer bleiben. Und da die Bedingungen dafür, daß höhere Mächte sie einnehmen konnten, zerstört waren, erfüllte sie sich rasch – ähnlich wie eine verlassene und zerstörte Kirche – mit dämonischen Wesenheiten. Diese aber versuchten vor allem – da diese Sphäre mit dem falschen Demetrius verbunden war – in seine Hüllen einzudringen, dahin, wo vorher die höhere Individualität gewirkt hatte.

Und wenn das tragische Ende des falschen Demetrius nicht schon neun Tage nach der Vermählung mit Marina erfolgt wäre, so wäre er wohl sehr bald von einem dämonischen Geist oder von Geistern besessen worden.

All das geschah nicht oder doch nur in ganz unbedeutendem Maße. Die dämonischen Mächte konnten jedoch in die unteren Schichten der astralischen Aura des falschen Demetrius eindringen. Da aber viele Menschen besonders in Osteuropa, infolge der Tatsache, daß sie von der materialistischen Zivilisation weniger berührt waren, über atavistische hellsichtige Fähigkeiten verfügten, so äußerte sich das in allen möglichen seltsamen und unheilvollen Erscheinungen, die viele um seinen von der Seele verlassenen Leib beobachteten und später um die allgemeine Grabstätte für Bettler und Obdachlose am Rande Moskaus, wo dieser begraben worden war. Infolgedessen brach in der Stadt sehr bald Panik aus, und es entstand das Gerücht, daß der ehemalige Zar ein schwarzer Magier und Zauberer gewesen sei. Da erteilten die Bojaren den Befehl, daß der Leichnam des falschen Demetrius auszugraben, vor den Toren der Stadt zu verbrennen und die Asche in eine Kanone zu legen sei, die sie schließlich nach der Seite von Polen, woher er einst gekommen war, verschoß.[84]

Selbstverständlich dürfen wir die Erscheinungen der dämonischen Wesen in der Umgebung des Leichnams des ehemaligen Zaren nicht mit den nachtodlichen Schicksalen der Seele des falschen Demetrius verwechseln, die, als sie nach dem Tode in die geistige Welt einging, nichts mehr mit ihnen gemein hatte. Hier genügt es, an das Ende des «Faust» zu erinnern. Auf der Erde dagegen geschah etwas ganz anderes. Als das magnetische Zentrum, das diese dämonischen Wesen zusammenband, durch das Verbrennen des Leibes zerstört wurde, konnten sie nun aus dem oben erwähnten «geistigen Raum» heraus, der früher von der höheren Individualität eingenommen worden war, frei wirken, sozusagen überall. Deshalb begannen plötzlich Menschen, die von diesen dämonischen Wesenheiten besessen waren, an den verschiedensten Orten in Rußland aufzutreten, was letzten Endes zu einer echten Katastrophe für das Land wurde, denn jeder einzelne hielt sich entweder für den vom Tode erretteten falschen Demetrius oder für einen der «Söhne» oder «Enkel» Iwans des Schrecklichen und trachtete auf dieser Grundlage, sich die Krone mit Gewalt zu holen.

Am stärksten fühlte das wohl Xenia Godunowa, als sie tränenüberströmt, im schwarzen Nonnengewand hinter den sterblichen Hüllen ihres Vaters einherging, die auf den Befehl von Schujskij in das Troize-Sergijewskij-Kloster bei Moskau verlegt wurden, und laut klagte: «Ach, weh mir armen Waise, der Übeltäter, der sich Dimitrij nannte, der Betrüger, er vernichtete meine Lieben, den Vater, die Mutter, den Bruder, er liegt selbst im Grab, aber noch als Toter zerreißt er das russische Reich. Richte ihn Gott!»[86]

Zerrissen hat es natürlich nicht der falsche Demetrius selbst, sondern das taten die geistigen Folgen der nicht erfüllten hohen Mission, von der er sich unter dem Einfluß der Feinde des Geistes in einem entscheidenden Moment seines Lebens abwandte.

6. Der «Demetrius» von Fr. Schiller und die ihm zugrunde liegende geistig-historische Realität: der Kampf gegen den Geist

«Das wollte Schiller in seinem «Demetrius» schildern,
das Hineintragen des falschen Bildes [des Jesus]
durch die Polen, das heißt durch die römische Kirche.»

Rudolf Steiner zu Ludwig Polzer-Hoditz am 3. März 1924

In dem Gespräch Rudolf Steiners mit Ludwig Polzer-Hoditz, das im zweiten Kapitel dieses Buches angeführt wurde, wird der «Demetrius», das unvollendete oder, genauer gesagt, Fragment gebliebene letzte Drama Friedrich Schillers, erwähnt. Wörtlich sagte Rudolf Steiner: «Das wollte Schiller in seinem 'Demetrius' schildern, das Hineintragen des falschen Bildes [des Jesus] durch die Polen, das heißt durch die römische Kirche. Und darum war die Verzweiflung Goethes so groß, als er Schiller verlor und daß der Demetrius nicht vollendet werden konnte.»

Ehe wir den Versuch unternehmen, den tieferen Sinn dieser zunächst recht rätselhaft scheinenden Worte zu erfassen, wollen wir uns dem Drama Schillers zuwenden und die ihm zugrunde liegende geistig-historische Realität betrachten. Dabei ist zu beachten, daß das Werk nicht als vollendetes Ganzes auf uns gekommen ist, sondern nur in der Form zahlreicher Notizen und einzelner Szenen, aus deren Charakter folgt, daß Schiller, der ununterbrochen an dem Sujet weiterarbeitete, immer wieder aufs neue nicht nur einzelne Episoden desselben veränderte, sondern auch den eigentlichen Gang der dramatischen Handlung und sogar die Gestaltung der Hauptpersonen. Und das deutet auf das Vorhandensein großer Schwierigkeiten, wenn man versuchen will, sich vorzustellen, zu welchem Endergebnis Schiller wohl gekommen wäre, wenn das Schicksal es ihm gestattet hätte, das begonnene Werk zu vollenden.

Von allem Anfang an fällt auf, daß Schiller unerschütterlich davon überzeugt war, daß es sich bei der Person von Demetrius *nicht* um den wahren 1591 in Uglitsch ermordeten Sohn Iwans des Schrecklichen handelt. Deshalb nannte er ihn auch in vielen Entwürfen einfach den «falschen Demetrius».[1] Diese Überzeugung ist um so erstaunlicher, als mehrere historische Quellen, deren er sich für das Schreiben des Dramas bediente, gerade das Gegenteil bezeugen.[2] Trotz alledem wies ihn aber sein historisches Einfühlungsvermögen (ja vielleicht eine wirkliche Inspiration) in die einzig richtige Richtung für seine weiteren Forschungen. Und er identifizierte, faktisch von Anfang seiner Arbeit an dem Thema an, Demetrius mit

Grigorij Otrepjew (Grischka Utrepjew), ohne auf die Frage näher einzugehen, woher dieser den Namen «Otrepjew» hatte (das heißt, ob er ein
wirklicher oder ein angenommener Sohn eines «Utrepjew» war). Auf
jeden Fall wird Demetrius in den Entwürfen zur ersten Szene in Sambor bis
zu seiner Identifikation als russischer Zarewitsch «Grigorij» genannt und
noch häufiger (etwas verächtlich) «Grischka».[3]

Heute, wo die Mehrheit der Historiker wieder auf diese Version zurück-
kommt, würde es eine beachtliche Unterschätzung des schöpferischen
Genies und der historischen Intuition des großen Dichters bedeuten, wenn
man ihm die sichere Wahl gerade einer solchen Interpretation des Sujets
nur als einen literarischen Handgriff anrechnen würde, um dem ganzen
Geschehen einen dramatischen Charakter zu verleihen, was jedoch unvermeidlich das ganze Werk zu einer «fable convenue» machen würde. Deshalb wird man dem Genius des Dichters eher gerecht, wenn man sich
klarmacht, daß das Drama «Demetrius», jedenfalls in den Hauptzügen,
den historischen und okkulten Ereignissen besonders in der Art, wie sie in
dieser Arbeit aufgefaßt und verstanden werden, voll entspricht.

In diesem Falle erlangt aber das Drama Schillers einen ganz neuen Sinn und
eine neue Bedeutung, die es, wie wir noch sehen werden, für jene okkulten
Kreise tatsächlich gefährlich macht, in denen bis heute das stärkste Bestreben lebt, diejenigen geistigen Impulse nicht in der Neuzeit aufkommen zu
lassen, ohne deren Aufnahme sich die Menschheit jedoch nicht weiter
entwickeln kann.

Es ist interessant, daß auch Rudolf Steiner überall dort, wo er den Gehalt
von Schillers letztem Drama direkt ansprach, die Schillersche Interpretation der Persönlichkeit von Demetrius nicht im geringsten, etwa indirekt, in
Zweifel zog. Das bezeugen zwei frühe Berliner Vorträge über Schiller im
Jahre 1905 und ganz besonders ein später Vortrag vom 18. Juli 1924[5], wo
Rudolf Steiner, Schiller folgend, ebenso vom «falschen Demetrius»
spricht. Und schließlich stimmen diese Äußerungen auch mit den Worten
überein, die am Anfang dieses Kapitels über das «falsche Bild [des Jesus]»
zitiert wurden, das nach dem Plan der hinter dem falschen Demetrius
stehenden Jesuiten durch ihn von Westen her oder «durch die Polen», mit
denen ja der falsche Demetrius kam, in Rußland verbreitet werden sollte,
und in einem tieferen Sinne «durch die katholische Kirche», in welche
dieser, sich von der Orthodoxie lossagend, unmittelbar vor Beginn seines
Kriegszugs gegen Rußland eintrat.

Schiller befaßte sich erstmals in den Jahren 1802–1803 mit seinem Sujet,
und im Jahre 1804 begann er mit der genaueren Ausarbeitung. Am 10.
März 1804 notierte er in seinem «Kalender»: «Mich zum Demetrius entschlossen.»[6] So begann die Arbeit an dem Thema ungefähr 200 Jahre,

nachdem der falsche Demetrius auf der historischen Bühne erschienen war. Was aber die erste Beschäftigung Schillers mit dem Sujet anbelangt, so ist hier die Tatsache von Bedeutung, daß schon bei der allerersten Annäherung an es die Szene der «Bluthochzeit» von Demetrius und Marina eine zentrale Stelle in dem ganzen Drama einnehmen und es selbst ursprünglich «Die Bluthochzeit zu Moskau» heißen sollte.[7] Es war der innere Blick Schillers von der ersten Bekanntschaft mit dem Sujet an auf dasjenige Ereignis gerichtet, das, wie wir sahen, entscheidend für das weitere Schicksal des falschen Demetrius als russischer Zar war.

Unter den vielen Vorbereitungsstudien und einzelnen Notizen Schillers zum «Demetrius»-Drama, die in der elfbändigen Weimarer Ausgabe seiner Werke (der sogenannten Nationalausgabe) am vollständigsten veröffentlicht wurden, sind zunächst die folgenden wichtigsten Elemente der Fabel hervorzuheben. So «erscheint Demetrius», nach den frühesten Notizen, «zuerst in einem unschuldigen, schönen Zustand als der liebenswürdigste und herrlichste Jüngling, der die Gnade Gottes hat und der Menschen»[8]. Und am Rand des Blattes notiert Schiller: «Er erscheint zuerst im Stand der glücklichen Unschuld, denn das ist eben das tragische, daß ihn die *Umstände* zuletzt in Schuld und Verbrechen stürzen.»

Ein erstes derartiges «Verbrechen» begeht Demetrius bereits in Sambor im Hause Mniszeks. Bei einem Streit mit dem Verlobten Marinas (nach einer älteren Version mit dem Starost) erschlägt er diesen aus Jähzorn und kommt infolgedessen ins Gefängnis, wo er die Todesstrafe gewärtigen muß. «Demetrius im Kerker glaubt seine Rolle ausgespielt zu haben.»[9] Und gerade in dem Augenblick, wo er erwarten muß, daß das Todesurteil vollstreckt werden wird –

«Schon kniet' ich nieder an dem Block des Todes,
Entblößte meinen Hals dem Schwert...»[10]   (182–183), –

entdecken die Vollstrecker des Urteils ein wertvolles Kreuz an seinem Hals, und bald erkennt man ihn vor ihm selbst und vor anderen «durch der Zeugnisse Gewalt» als Nachfolger auf den russischen Thron an. Und nun, als Folge dieser zweifachen Erschütterung, zunächst durch die Todesgefahr und dann durch die plötzliche Befreiung aus derselben, vollzieht sich mit ihm das erste «Wunder»: Wie er auf die bei ihm gefundenen Gegenstände (das Kreuz und einen Psalter) blickt, wird er sich *zum ersten Mal* bewußt, daß er der «Zarewitsch Dimitrij» ist, und er erinnert sich plötzlich an alles, was mit ihm bis zu diesem Zeitpunkt geschehen ist. Es ist, wie wenn ein Vorhang vor seiner Seele hinweggezogen würde, und er erlebt eine Art Rückschau auf sein ganzes vergangenes Leben, ähnlich der, welche die Seele des Verstorbenen in den ersten Tagen nach dem Tode schaut:

«Und jetzt fiels auch wie Schuppen mir vom Auge!
Erinnrungen belebten sich auf einmal
Im fernsten Hintergrund vergangner Zeit; ...»
(230–232).

Viele Erinnerungen an seine früheste Kindheit und aus späterer Zeit ziehen an seiner Seele vorbei:

«Dieß alles traf jetzt blitzschnell meinen Geist,
Und vor mir stands mit leuchtender Gewißheit,
Ich sei des Czaren todtgeglaubter Sohn.
Es lösten sich mit diesem einzgen Wort
Die Räthsel meines dunkeln Wesens.»
(249–258).

Aber nicht die äußeren Zeichen und Beweise, nach denen er erkannt wurde, sind ihm wichtig, sondern die plötzlich in ihm selbst aufkommende unerschütterliche Gewißheit von seiner kaiserlichen Herkunft, die er selbst nicht erklären kann, von der er aber sagt:

«In tiefster Brust an meines Herzens Schlägen
Fühlt ich ...»
(255–256)

Und in den Prosaskizzen zu dieser Stelle steht: «Sein [Iwans] Blut fühl ich in meinen Adern sieden, es kündigte mein Herz mit kühnen Schlägen die ungezweifelte Geburt mir an. Und nicht bloß an äußern Zeichen die über betrüglich sind in meinem tiefsten Innern *fühl ich mich seines Geistes* seines Bluts, und ehr will ichs tropfen weiß versprützen, als meinen Ursprung verläugnen.»[11]

An anderer Stelle seiner Studien beschreibt Schiller diese Verwandlung des Demetrius auf die folgende Weise: «Endlich erwacht Demetrius aus einem langen Erstaunen und es ist als ob eine Binde von seinen Augen fiele. Alles Dunkle in seinem Leben erhält ihm auf einmal Licht und Bedeutung. Die frühsten Eindrücke kommen zurück ...» Danach aber heißt es: «Und mit bewundernswürdiger Leichtigkeit findet er sich in diesen außerordentlichen Glückswechsel –, er ist so schnell und so ganz Fürst, als ob er es immer gewesen.»[11a] Weiter wird bei den Szenenangaben vermerkt: «Demetrius verändert nach geschehener Erkennung seine Kleider und ist *eine ganz andere Person* geworden, wenn er wieder auftritt.»[12]

Liest man alle diese Skizzen, entsteht unwillkürlich der Eindruck, als ob Schiller hier schon ganz nahe an die Aufdeckung des zentralen Geheimnisses von Demetrius' Persönlichkeit gekommen sei, von dem im vorigen Kapitel eingehend gesprochen wurde.

So haben wir in dieser Szene die erste Krise in Demetrius' Leben. Die Unausgeglichenheit und der Jähzorn seines Charakters bringen ihm, da er einen Mord begangen hat, eine gerechte Strafe ein: Er wird verurteilt und soll sterben. Aber in dem Augenblick der tiefsten seelischen Krise und bei der Anspannung aller Seelenkräfte im Angesicht des Todes wird er sich erstmals eines neuen Wissens und Gedächtnisses, einer neuen Quelle höherer Inspirationen bewußt, einer ihn von nun an führenden «göttlichen Stimme»: «Demetrius befindet sich allein im Gefängniß und erwartet den Tod ... Das Tiefste im Menschen wird in solchen Augenblicken sichtbar; bei ihm ist es der Ehrgeiz, das ungeheure Streben ins Mögliche durch eine *gewiße Götterstimme* gerechtfertigt»,[13] – bemerkt Schiller in diesem Zusammenhang. Mehr noch, im Angesicht des unabwendbaren Todes, in der tiefen seelischen Krise versteht er erstmals, daß diese geheimnisvolle «Götterstimme» jene höhere Macht ist, die ihn schon früher führte. Aber das, was früher «dunkel» und unklar war, wird nun hell und tritt voll in sein Bewußtsein:

«Das hatten die Gestirne nicht gemeint,
mir die Götterstimme nicht
Die aus der Heimat dunkelmächtig mich geführt,
Daß ich im Ausland elend sollte fallen.»[13a]

Und an anderer Stelle drückt das Schiller so aus: «*Ein Hohes* blickt aus allen seinen Zügen obgleich er sans aveu ist und nur von der Gnade des Woiwoden lebt.»[14] Daher kommt auch die äußerlich nicht erklärbare Zwiespältigkeit der Gestalt des falschen Demetrius, die Schiller intensiv spürt, wenn er schreibt: «Auch das zwitterartige seiner Person, daß er ein Mönch erzogen und doch von ritterlicher Natur ist, daß er selbst an den Gelehrten von der einen Seite, von der anderen an den Avanturier anstreift, kurz das baroke, räthselhafte, wunderbare seines Wesens muss fühlbar gemacht werden.»[14a] So wird uns langsam verständlich, was tatsächlich der Grund dafür ist, daß plötzlich in der Seele des falschen Demetrius ganz neue Erinnerungen auftauchen; sie gehen von jenem höheren Wesen aus, das nunmehr durch ihn wirken wird und das er schon früher als eine «Götterstimme» in seiner Seele fühlte.

Aber nicht nur Demetrius selbst wird sich von diesem Augenblick an der ihn führenden und ihn inspirierenden höheren Wesenheit bewußt, auch denjenigen, die ihn zum willfährigen Werkzeug in ihrer großen politischen

Intrige machen wollen, entgeht sein neuer Zustand nicht. So sagt Marina zu ihrem Helfer Odowalsky:

«Mag er ...
Der Götterstimme folgen, die ihn treibt.
Er glaub' an sich, so glaubt ihm auch die Welt,
Laß ihn die glückliche Dunkelheit bewahren,
Die eine Mutter großer Taten ist –
Wir aber müssen hell sein, – müssen handeln ...»
(639–644)

Hier weist Schiller auf den zweiten, parallelen Handlungsablauf hin. Schon als der falsche Demetrius in Sambor auftauchte, entspann sich um ihn eine unheilverkündende Intrige, an deren Spitze die Mniszeks stehen: Vater und Tochter und deren Komplice und Vertrauter Odowalsky. In seinen Motiven spannt Schiller jedoch den Rahmen der Intrige bis weit in die Vergangenheit. Er weist darauf hin, daß außer diesen auch Boris' Feinde an der Vorbereitung und dem geheimnisvollen Erscheinen von Demetrius beteiligt waren. «Jemand muß schlechterdings seyn, der diesen betrug absichtlich schmiedet, und die Absicht muß klar und begreiflich seyn. Ists ein Feind des Boris? Ists ein Ehrgeiziger, der einen Weg dadurch zu machen denkt?»[15] – bemerkt Schiller in seinen Notizen, und er fährt noch entschiedener fort: «Die Idee, ihn als Dmitri Iwanowiz [das heißt als Sohn Iwans des Schrecklichen] aufzustellen kommt von einem rachsüchtigen und intriguanten Geistlichen, welchen Boris schwer beleidigt.»[16] Diese Vermutung Schillers, verbunden mit der Tatsache, daß er Demetrius für Grigorij Otrepjew hält, entspricht genau der Lage, in der sich die Oppositionspartei der Bojaren Romanow in bezug auf Boris Godunow und den angenommenen Sohn Otrepjews befanden, um so mehr, als viele der Verschwörer nach der Zerschlagung der Verschwörung ins Kloster geschickt worden waren und nur der Älteste von ihnen, Fjodor Romanow, später Metropolit (als Plilaret) und sogar Patriarch wurde (siehe Seite 37). Zudem hatten, neben Schujskij, auch die Romanows auf Grund ihrer Abstammung ein Anrecht auf den russischen Thron. Deshalb bemerkt auch Schiller in Übereinstimmung mit der historischen Wahrheit: «Der Geistliche ist ein Feind des Boris und ein Anhänger der von diesem verfolgten Parthey.»[17]

So findet Schiller zwei Hauptquellen der Intrige um den falschen Demetrius: russische Bojaren, Feinde Godunows und eine Gruppe Polen um Mniszek und seine Tochter. «Der Betrüger ist in den Händen der Russen und Polen, die ihn als ihr Werkzeug gebrauchen», schreibt Schiller.[18] Und weiter erinnert er sofort an eine dritte Quelle in denselben Notizen: «Die Catholiken, besonders die Jesuiten, müssen auch geschäftig seyn, ja vielleicht kann die Hauptintrigue von ihnen ausgehen.»[19] (Auf diese letzte Quelle wird am Ende des Kapitels näher eingegangen werden.) Und diese drei Hauptquellen der Intrige, zu denen Schiller letzten Endes kommt, entsprechen genau dem, was hundert Jahre später der russische Historiker S. Solowjeff auf Grund seiner eigenen Forschungen über diese Intrige schrieb (siehe Seite 21f).

In Schillers Drama wird zunächst besonders die polnische Intrige entwickelt. Sie wird in der ersten Szene, die im polnischen Sejm spielt, eingehend behandelt. Dort tritt allein der Repräsentant des Gewissens des polnischen Adels, der Kanzler Sapieha, kategorisch gegen das Kriegsabenteuer des falschen Demetrius auf. In Gegenwart des polnischen Königs, dem wie auch den Senatoren er vorwirft, daß sie, wenn sie Krieg mit Rußland wünschen, nur ein Spielball in den Händen des schlauen Wojewoden aus Sandomir (Mniszek) seien, sagt er:

«Daß ihr ein Spielwerk seid des listgen Woiwoda
Von Sendomir, der diesen Czar aufstellte,
Daß ungemessner Ehrgeitz in Gedanken
Das güterreiche Moskau schon verschlingt?»
(416–419)

Und dann weist Sapieha auf die geheimen Triebfedern der Intrige:

«Und soll die edle Republik sich blind
In die Gefahren eines Krieges stürzen,
Um den Woiwoden groß, um seine Tochter
Zur Czarin und zur Königin zu machen?»
(423–426)

Schließlich folgt der Höhepunkt:

«Bestochen hat er alles und erkauft,
Den Reichstag, weiß ich wohl, will er beherrschen, . . .
[er hat]
Den Reichstag, und ganz Krakau überschwemmt
Mit seinen Lehensleuten . . .»
(427–428, 433–434)

In der Gestalt von Sapieha vereinigte Schiller zwei reale Gestalten der polnischen Geschichte: den Kanzler Leo Sapieha, der zwar im Jahre 1600 in Moskau einen zwanzigjährigen Frieden mit Rußland schloß und der sich trotzdem danach aktiv an der Vorbereitung der Intrige um den jungen

Prätendenten beteiligte (siehe Seite 70) und den königlichen Hetman Jan Samojski, der sich von allem Anfang an wiederholt und kategorisch gegen das Kriegsabenteuer des falschen Demetrius im polnischen Sejm aussprach und der seiner unerschütterlichen Ansicht, daß letzterer ein Usurpator sei, bis zum Schluß treu blieb. So schrieb Samojski in seinen Instruktionen an den polnischen Botschafter gegen den einseitigen Bruch des Friedensvertrages mit Rußland durch Polen: «Die Echtheit des Herrn Demetrius ist nicht glaubwürdig bestätigt; und sogar wenn es so wäre, dann ist es doch erstaunlich, daß man beschlossen hat, ihm privat, an dem Sejm vorbei, zu helfen: Früher ist so etwas niemals vorgekommen, das ist ein schlechtes Beispiel in der Republik; wir wissen, daß der König einen Waffenstillstand mit dem Moskauer Herrn schloß und ihn mit einem Eid besiegelte, und wenn der Eid eines jeden Menschen unverbrüchlich ist, um so unverbrüchlicher muß der königliche Eid sein, denn der König leistete ihn nicht nur für sich, sondern auch für uns.»[20] Über die Persönlichkeit des falschen Demetrius sagte Samojski im Sejm: «Was Demetrius selbst betrifft, so habe ich mich nicht überzeugen können, daß seine Erzählung wahrhaftig ist. Das ähnelt einer Komödie von Plautus oder Terentius: Jemanden zu töten befehlen, und besonders einen solch wichtigen Menschen [gemeint ist der Zarewitsch Dimitrij in Uglitsch] und dann nicht sich vergewissern, ist derjenige getötet worden, der es sein sollte! Das wäre doch eine große Dummheit, wenn man befohlen hätte, eine Ziege oder einen Hammel zu töten und wenn der andere untergeschoben würde und der, der tötete, es nicht gesehen hätte.» Samojski behielt diese abschätzige Meinung von dem falschen Demetrius trotz aller Versuche desselben, während seines Aufenthaltes in Polen den einflußreichen Senator auf seine Seite zu ziehen, bei «und er ließ die sklavisch-unterwürfigen Briefe von Demetrius unbeanwortet», sandte aber «Mniszek ein hochmütiges Schreiben, voller Vorwürfe, und warnte ihn vor den Gefahren, in die er die Republik stürze.»[21]

Diese kompromißlose Einstellung Samojskis gegenüber der Intrige überträgt Schiller auf Sapieha. Und so spricht dieser, sogar in Gegenwart des polnischen Königs im Sejm:

> «Was denkt ihr? Was beschließt ihr? Stehn wir nicht
> In tiefem Frieden mit dem Czar in Moskau?
> Ich selbst als euer königlicher Bote
> Errichtete den zwanzigjährigen Bund
> Ich habe meine rechte Hand erhoben
> Zum feierlichen Eidschwur auf dem Kreml.
> Und redlich hat der Czar uns Wort gehalten.
> Was ist beschworne Treu? Was sind Verträge
> Wenn ein solenner Reichstag sie zerbrechen darf?» (388–396)

Hier erinnert Saphieha an seinen Aufenthalt in Moskau als offizieller Bote des polnischen Königs, wo er in dessen Auftrag den Friedensvertrag mit Rußland abgeschlossen hatte. Und so fährt er fort:

> «Solang ich Leben habe, soll kein Schluß
> Durchgehen der wider Recht ist und Vernunft.
> Ich hab mit Moskau Frieden abgeschloßen,
> Und ich bin der Mann dafür, daß man ihn halte.»
> (441–444)

Und als die Gemüter sich noch leidenschaftlicher erhitzen, legt er, allein gegen alle, sein Leben riskierend, sein Veto gegen den Beschluß des Sejm ein, den Frieden zu brechen und in Rußland einzufallen, und stellt sich damit direkt gegen den falschen Demetrius:

> «Laßt alles einig seyn – ich sage *nein*.
> Ich sage Veto, ich zerreisse den Reichstag.»
> (457–458)

Dieser unerschütterlichen und furchtlosen Entschlossenheit Sapiehas (des historischen Samojski) zum Frieden steht der ganze Sejm entgegen, der in geringerem oder stärkerem Maße mit der Intrige Mniszeks sympathisiert und wohl zum größten Teil von ihm bestochen ist. Auf dieser Seite herrscht das Bestreben, den gewinnbringenden Krieg so schnell als möglich zu beginnen. Für diese Partei bedeutet der wortbrüchige Verstoß gegen den Friedensvertrag nichts. So äußert einer der Hauptbeteiligten an der Intrige, Odowalsky:

> «Was kümmert eur Vertrag uns! Damals haben
> Wir so gewollt und heute wollen wir anders.»
> (405–406)

Als ein willfähriges Instrument, nach Schiller, erweist sich auch der falsche Demetrius selbst, der mit allen Mitteln, Odowalsky folgend, versucht, die Polen zum Krieg mit Rußland zu verleiten und Sapieha nicht triumphieren zu lassen:

> «Und ihr Landboten
> Zäumt eure schnellen Roße, sitzet auf,
> Euch öfnen sich des Glückes goldne Thore,
> Mit euch will ich den Raub des Feindes theilen.
> Moskau ist reich an Gütern, unermeßlich

An Gold und edeln Steinen ist der Schatz
Des Czars, ich kann die Freunde königlich
Belohnen und ich wills. Wenn ich als Czar
Einziehe auf dem Kremel, dann, ich schwörs,
Soll sich der ärmste unter euch, der mir
Dahin gefolgt, in Samt und Zobel kleiden,
Mit reichen Perlen sein Geschirr bedecken,
Und Silber sei das schlechteste Metall
Um seiner Pferde Hufe zu beschlagen.
(Es entsteht eine große Bewegung unter den Landboten.)
(357–370)

Im Entwurf Schillers zu dieser Szene bemerkt Odowalsky noch, nach der
Rede des Usurpators: «Schon lang dürstet unsre Tapferkeit nach Thaten.
Laßt uns über den Rußen herfallen...» Und Demetrius: «Verspricht ihnen
eine Provinz, um welche lange gestritten worden [zwischen Polen und
Rußland]». Woraufhin im Sejm dreimal der Ruf erklingt: «Krieg, Krieg mit
Rußland!»[22]

Besonders die oben zitierten Worte des falschen Demetrius über die
riesigen Reichtümer des Kreml und die großen Belohnungen, die alle
Teilnehmer an dem Kriegszug im Falle des Erfolgs erwarten, sind für die
Mehrzahl der Anwesenden entscheidend. «Viele Landboten», dann «Eine
Menge von Stimmen», schließlich einfach «Viele» rufen dreimal laut im
Saal «Krieg, Krieg mit Moskau!» (379, 382, 446), und das bedeutet: Bruch
des mit Moskau geschlossenen Friedens. Das alles aber geschieht im Jahre
1604!

Um nun die Kriegslust in seiner Umgebung noch mehr zu steigern, macht
der falsche Demetrius vor nichts mehr halt. Jetzt verspricht er, sich an den
polnischen König selbst wendend, Marina nach seiner Thronbesteigung in
Moskau alle nördlichen Fürstentümer zu schenken:

«Zur Morgengabe schenk ich meiner Braut
Die Fürstenthümer Pleskow und Großneugart
Mit allen Städten, Dörfern und Bewohnern,
Mit allen Hoheitsrechten und Gewalten
Zum freien Eigenthum auf ewge Zeit.»
(549–553)

Nicht weniger soll auch ihr Vater, die zweite Hauptgestalt der Intrige,
besonders für seine Kriegsunterstützung erhalten:

«Dem edlen Woiwod zahl ich zum Ersatz
Für seine Rüstung eine Million
Dukaten polnischen Gepräge.»
(556–558)

Auch das Verhältnis des polnischen Königs zu der Intrige hat Schiller ziemlich nah zur historischen Realität dargestellt. Innerlich ist Sigismund ganz und gar auf der Seite der Urheber der Intrige, aber, da er sich fürchtet, offen gegen die starke Partei Samojskis (bei Schiller Sapiehas) aufzutreten und, wenn er den Friedensvertrag bricht, persönlich den Krieg gegen Rußland anzuführen, nimmt er zu einer anderen Taktik Zuflucht. Sich, dem Anscheine nach, «abseits» haltend, weist er trotzdem unzweideutig Demetrius auf jene «mächtigen Freunde» hin, von denen dieser unzweifelhaft die notwendige Hilfe und Unterstützung für sein Unternehmen erhalten kann.

«Der Reichstag ist zerrißen.
Ich darf den Frieden mit den Czar nicht brechen.
Doch ihr habt mächtge Freunde. Will mein Adel
Auf eigene Gefahr des Krieges Glücksspiel wagen,
Will der Kosak
Er ist ein freier Mann, ich kanns nicht wehren.»
(498–503)

Und weiter erweist der König im Laufe der Szene dem falschen Demetrius die höchsten Zeichen seiner persönlichen Achtung und behandelt ihn mit größter Aufmerksamkeit, wodurch er ihn vor allen als den wahren Nachfolger auf den russischen Thron anerkennt.

Es ist zudem aus der polnischen Geschichte bekannt, daß Sigismund am 13. März 1604 Jan Samojski aufforderte, den Feldzug des falschen Demetrius nach Rußland anzuführen, was der Hetman kategorisch ablehnte,[23] wobei er erklärte, daß das Kriegsabenteuer der Retsch Pospolita nur Schaden bringen könne. Und erst nach dieser Ablehnung war Sigismund gezwungen, aufzugeben, obwohl er *insgeheim* den falschen Demetrius auch weiterhin unterstützte. Schiller bemerkt in diesem Zusammenhang, «Für ihn [Sigismund] wirken ... die Feindschaft gegen Boris, die Neigung zum Kriege und die Hoffnung großer Vorteile, der Wunsch Rußland zu theilen und zu schwächen ...»[24]

Was nun den falschen Demetrius selbst betrifft, so ist er sich, während er in dieser ersten Szene als williges Werkzeug der feingesponnenen Intrige auftritt, zunächst, nach dem Plan Schillers, der zweifelhaften Rolle, die er zu spielen gezwungen ist, gar nicht bewußt. Das wird in der folgenden Szene ganz deutlich, wo Marina und Odowalsky ein Gespräch führen, die außer Mniszek zwei Hauptdrahtzieher der Ereignisse sind.

Zunächst fordert Marina Odowalsky in ihrer ersten Rede auf, die Intrige weiterhin so zu organisieren, daß der falsche Demetrius, während er sein Ziel verfolgt und dabei aufrichtig glaubt, daß ihm alles «aus Himmelshöhn» (649) zufallen werde, in Wirklichkeit arglos den Zielen der Verschwörer dienen möge, dank der «klugen Kunst» derselben (648), und von diesen Zielen wird dann in der dritten Szene im Gespräch Marinas mit ihrem Vater gesprochen. Diese Ziele bestehen vor allem darin, daß Marina den russischen Thron besteigen und auf diese Weise faktisch unbegrenzte Macht erlangen soll. Da in dem Gespräch des Vaters mit der Tochter ihr Bräutigam nicht ein einziges Mal erwähnt wird, ist es nicht ausgeschlossen, daß er in ihren Plänen nur ein Mittel zum Erreichen des gesteckten Zieles ist, ein williges Werkzeug, das später gegebenenfalls sogar, wenn es nicht mehr gebraucht wird, physisch beseitigt werden kann. (Nicht umsonst glaubt Marina von allem Anfang an nicht an seine kaiserliche Herkunft und sagt ihm das folglich auch, als das Ziel erreicht zu sein scheint, direkt ins Gesicht[25].)

Weiter dankt Marina Odowalsky für die Hilfe, die er ihr in ihrer Angelegenheit auf dem Reichstag erwiesen hat: «Du hast mir die Landboten gewonnen, du hast den ganzen Reichstag in meine Gewalt gebracht»,[25a] und dann befiehlt sie ihm, dem falschen Demetrius überall hin zu folgen, ihn keine Minute allein zu lassen und ihr von seinen geheimsten Gedanken zu berichten:

> «Du führst den Czarowitsch
> Bewach ihn gut, weich nie von seiner Seite.
> Von jedem Schritt giebst du mir Rechenschaft,
> Wer zu ihm naht,
> Ja sein geheimstes Denken lass mich wißen . . .
> Laß ihn nicht aus den Augen.
> Sei sein Beschützer und sein Hüter auch.
> Mach ihn zum Sieger, doch so
> Daß er uns immer brauche. Du verstehst mich.»
> (684–692)

Im Prosaentwurf fügt Schiller zu diesem Dialog Marinas noch hinzu: «Er zerbreche nie die Feßeln die wir ihm anlegen.»[25b]

Und so ist der hinterlistige Plan geschmiedet: Sein noch immer blindes, nichtsahnendes Werkzeug soll der falsche Demetrius sein, ihn im geheimen ausführen aber soll Odowalsky. Dabei scheint es wesentlich, daß Schiller in dieser Szene die Frage, wer der Hauptdrahtzieher der Intrige ist, selbst noch nicht entschieden hat. Einerseits äußert Marina deutlich Initiative, andererseits aber legt Schiller dem Odowalsky seltsame Worte in den Mund, die auf geheimnisvolle Weise auf das Gegenteil hindeuten. Letzterer sagt: «Mein bist du doch, wenn du mein Werk nur bist» (661).

An dieser Stelle taucht die Frage auf, welche Mächte Odowalsky in dem Drama repräsentiert – zweifellos eine Schlüsselfigur der Intrige? Wir werden uns jedoch später mit ihm beschäftigen. Jetzt ist zunächst die Gestalt der Marina genauer zu betrachten.

Eindeutig und recht übereinstimmend mit der historischen Wahrheit charakterisiert Schiller sie als eine «kalte Furie», erfüllt von «unruhigem Intrigengeist» und «rastloser Ehrsucht.»[26] Er bemerkt: «Ihre Mittel sind Gesprächigkeit, Dienstfertigkeit, Koketterie, Popularität, Geschenke, Schmeichelei, Pfaffen.»[27] In etwas späteren Notizen stattet er sie mit noch anderen Zügen aus, sie ist, seiner Ansicht nach «eine hellsehende politische Intrigantin, und entwickelt dabei ihre grenzenlose Herrschbegierde.»[28] Ähnlich berechnend ist ihr Verhältnis zu ihrem Bräutigam: «Ihr Wohlgefallen an dem jungen Dmitri gründet sich mit auf ihren herrschsüchtigen Charakter.»[29] Und weiter: «Marina dißimuliert mit ihm und legts drauf an, ihn zu beherrschen.»[30]

Für Schiller ist es ganz klar, daß gerade diese sinnliche Leidenschaft für Marina den falschen Demetrius zu einem blinden Werkzeug der sich um ihn entwickelnden Intrige macht: «Fremde Leidenschaften sinds, die den Demetrius zur Unternehmung antreiben, er selbst ist weniger geschäftig. Es ist ihm anfangs mehr um den Besitz der schönen Marina zu thun, aber diese macht zur Bedingung, daß er erst sein Erbreich erobere.»[31] Am wichtigsten aber ist wohl Schillers Überzeugung, daß eben diese Verbindung mit Marina unabwendbar zur endgültigen Katastrophe für den falschen Demetrius führt: «Marina ist die Bewegerin der ganzen Unternehmung, die den ersten Impuls hineinbringt und die auch die Catastrophe herbeiführt... Sie treibt ihn zum Handeln und verschafft ihm auch die Mittel dazu... Sie ist der erste Gegenstand seiner Wünsche und sie führt den Untergang über ihn herbei.»[32] Aus allem in den vorhergehenden Kapiteln Gesagten ist es nicht schwierig zu sehen, wie nahe Schiller an die tatsächliche Lage der Dinge herangekommen ist.

Faßt man diesen ersten ungewöhnlichen Aufstieg des falschen Demetrius – in der Darstellung Schillers – zusammen, dann kann man sich nur wundern, wie dessen Konzept, obwohl ihm nur ein sehr begrenztes Quellenmaterial zur Verfügung stand, im großen und ganzen sowohl der historischen, wie auch ganz besonders der *geistig-historischen* Realität nahekam. Denn gerade die letztere, wahrscheinlicher aber das Streben des Schillerschen

Genius, in sie einzudringen, ruft die «Widersprüche» hervor – so erscheint es dem äußeren, exoterischen Blick –, die man in seinen Plänen, Entwürfen und Notizen zu dem Drama finden kann, die sich jedoch bei geisteswissenschaftlicher Betrachtung in konkrete Stufen verwandeln, über die sich der Dichter allmählich den okkulten Grundlagen des Lebens, des Schicksals und der Persönlichkeit seines Haupthelden nähert. Die einzige bedeutendere Abweichung der Schillerschen Konzeption von der okkult-historischen Realität, in die er einzudringen sucht, ist eine gewisse Verwirrung in der zeitlichen Abfolge. Die Fakten, die er intuitiv erfaßte, sind richtig; ihre zeitliche Anordnung und Folgerichtigkeit ist in recht hohem Grade dem Gesetz und der inneren Logik des künstlerischen Schaffens unterworfen. Doch diese rein künstlerische Seite gleicht zweifellos die gelegentliche Abweichung in dem Drama von der realen historischen Zeit aus.

So spricht Schiller zum Beispiel auch von einer ersten Krise, die die Seele des falschen Demetrius (des Grigorij Otrepjew) durchmachte, als er im Kerker des Wojewoden von Sendomir den Tod erwartete. Etwas Ähnliches erlebte auch der wirkliche, jedoch damals ganz unbekannte Grigorij Otrepjew, dem es nur dadurch gelang, der unvermeidlichen, ihm drohenden Todesstrafe zu entgehen, daß er sofort Mönch wurde, als die Verschwörung der Bojaren Romanow aufgedeckt wurde, in deren Hause er diente. Infolge dieser ersten Krise beginnt die hohe Individualität des in Uglitsch ermordeten echten Demetrius, die ihn schon seit etwa seinem vierzehnten Lebensjahr inspirierte, dank der durch die innere Krise hervorgerufenen Veränderung in seinem Seelenleben, sehr viel stärker in ihm zu wirken. Nun wandert der falsche Demetrius, von der – nach Schiller – «Götterstimme» der ihn inspirierenden höheren Wesenheit geführt, von Kloster zu Kloster und flieht schließlich über die Grenze.

So wird die zunächst nur schwach in ihm lebende Überzeugung von seiner kaiserlichen Herkunft nach der ersten Krise unerschütterlich. Mehr noch, diese Überzeugung beginnt sich auf eine gewisse magische und für den falschen Demetrius selbst unbegreifliche Art auch auf seine Umgebung zu übertragen. Für Schiller ist das unbestritten, obwohl es, äußerlich betrachtet, allem Anscheine nach der Tatsache widerspricht, daß er ein Usurpator ist, wovon Schiller ebenso überzeugt ist. Er schreibt dazu: «Und hauptsächlich, Demetrius muß an sich selbst glauben.»[33] «Dieser [der in Uglitsch ermordete Zarewitsch] muß es *entschiedenerweise nicht seyn*, aber *er muß sich selbst dafür halten*, es muß der Welt glaublich, ja *der Mutter selbst* [der Zarin Marfa] – eine Zeitlang denkbar gemacht werden können –, er sey es.»[34] Und schließlich: «Er ist selbst die Düpe des Betrugs und hat einen begeisterten Glauben an sich selbst, *der sich allen mitteilt.*»[35]

In den geistigen Tiefen der Persönlichkeit des falschen Demetrius, und das heißt, im Wirken eines höheren Wesens durch ihn, ist die Lösung auch

114

aller übrigen scheinbaren Widersprüche zu suchen, die in den Entwürfen Schillers zu dem Drama zu finden sind. In einem tieferen Sinne sind das ja auch gar keine Widersprüche, sondern die Äußerungen einer realen und sich mehr und mehr verstärkenden Ahnung des genialen Dichters, der überdies an der Schwelle einer echten Einweihung steht[36], von der wahren Lage der Dinge. Denn indem er gleichzeitig die ganze Zwiespältigkeit und äußere Widersprüchlichkeit in der Persönlichkeit und dem Verhalten des falschen Demetrius empfindet und in seinen Notizen fixiert, kommt er dem eigentlichen Geheimnis immer näher, dem Geheimnis vom Wirken eines höheren Wesens durch den falschen Demetrius. Und so sagt auch der Erzbischof von Gnesen in der Reichstagsszene nicht zufällig: «Er lebt ja, dieser Prinz! Er leb' in Euch, Behauptet ihr...» (123–124). Der Erzbischof sagt nicht: «Ihr [seid] dieser Prinz», sondern «Er leb' in Euch...». Wie nah kommt doch diese ungewöhnliche Formulierung der okkulten Wahrheit.

Aber wir wollen das Konzept Schillers weiter verfolgen. Zunächst erscheint Demetrius «in einem unschuldigen, schönen Zustand als der liebenswürdigste und herrliche Jüngling»[37] (siehe Seite 103); «... sein Geist geht hoch, aber seine Wünsche sind bescheiden»[38]. So erscheint er, als der ihn inspirierende Geist (die «Götterstimme») ihn zu dem Hof des Magnaten von Sendomir führt. Die eigene Natur des falschen Demetrius ist jedoch noch weit entfernt von einer solchen Vollkommenheit. Deshalb bemerkt auch Schiller in demselben Notizbuch: «Grischka der Exmönch, Ruße und Abentheurer.»[39] (Das Wort «Abentheurer», ja sogar «Avanturist» gebraucht Schiller sehr oft im Zusammenhang mit dem falschen Demetrius, ebenso wie das Wort «Betrüger».)[39a] Er ist besinnungslos in Marina verliebt: «Grischka hat eine Scene mit Marina wo er seine Gefühle leidenschaftlich exaltiert an den Tag legt.»[40] Und so wird er in die Intrige hineingezogen, die Mniszek und Odowalsky um ihn spinnen. Er wird allmählich ihr Werkzeug. Das hat zur Folge, daß sich der höhere Einfluß zurückzieht und die niedere Natur in dem falschen Demetrius rasch wieder aufwacht: zügellose Leidenschaften [er erschlägt den Bräutigam Marinas] und eine alles verzehrende Kampfeslust, die in der Reichstagsszene in Erscheinung tritt, wo er mit allen ihm zur Verfügung stehenden Mitteln versucht, die Polen zum Krieg gegen Rußland zu überreden, und das heißt zum Bruch des Friedensvertrags (siehe Seite 107 und 109f.). «Er möchte gern im Kriege sich zeigen, er strebt fort» – bemerkt Schiller.[41]

Auf ähnliche Weise löst sich auch der zweite scheinbare Widerspruch auf. Auf die Frage, wie lange der falsche Demetrius das vor der Urteilsvollstreckung bei ihm gefundene wertvolle Kreuz schon besitze, erfolgt die Antwort. «Er erinnere sich keiner Zeit, wo er es nicht besessen. Es sei so alt als sein Bewußtseyn.»[42] Diese Bemerkung stimmt natürlich nicht mit der Überzeugung Schillers überein, daß der Zarewitsch ein Usurpator ist, denn der Usurpator konnte das Kreuz erst nach der Ermordung des wahren Zarewitsch erhalten (das heißt nicht vor seinem achten Lebensjahr). Der Widerspruch löst sich indessen sofort auf, wenn man beachtet, daß die höhere Individualität des ermordeten Demetrius, für den es tatsächlich auf der Erde so war, denn er trug das Kreuz von seiner Taufe an, nicht nur seine Überzeugung an seine kaiserliche Abkunft dem anderen Demetrius übertrug, sondern zugleich damit auch gleichsam einen Teil *seines* Gedächtnisses, das nun, im Augenblick der inneren Krise, die durch die Todeserwartung hervorgerufen worden war, bis zu einem gewissen Grade in sein Bewußtsein übergeht.

Hier ist noch zu ergänzen, daß Schiller anfänglich, wahrscheinlich aus ungenauen historischen Quellen schöpfend, irrtümlich in seinen frühen Notizen schrieb, daß der wahre Demetrius in seinem sechsten (und nicht, wie es wirklich geschah, in seinem achten) Lebensjahr ermordet wurde: «Der Prinz war damals in seinem sechsten Jahr»[43], schreibt er, sich auf den Historiker Müller beziehend, um dann auf das Erscheinen des anderen Demetrius (des Grigorij Otrepjew) in Sambor hinzuweisen, fünfzehn Jahre später (im Februar 1604), das heißt mit einundzwanzig Jahren.* In *späteren* Entwürfen legt jedoch Schiller dem Erzbischof von Gnesen, sich wahrscheinlich auf genauere Quellen stützend, andere Worte in den Mund: «Wie beweißt ihr daß dieser Prinz Demetrius nicht wirklich umgekommen, da man doch zwölf Jahre davon überzeugt war.»[45] Wenn also der falsche Demetrius, nach Schiller, mit zwanzig bis einundzwanzig Jahren in Sambor auftrat, so war er acht bis neun Jahre alt zur Zeit des Mordes, was der historischen Wahrheit völlig entspricht.

Es ist jedoch auch nicht ausgeschlossen, daß der geniale Dichter intuitiv fühlte, daß der Mord an dem Nachfolger geschehen mußte, *bevor* dieser *sieben* Jahre alt geworden war, da das Schicksal der Seele in den höheren Welten vor und nach diesem Einschnitt wesentlich verschieden ist.**

Schließlich ist Schillers Bemühen um die überzeugendste Version der Herkunft des falschen Demetrius (Grigorij Otrepjew) sehr interessant, denn auch diese kommt in einzelnen Elementen der historischen Wahrheit sehr nahe. «Dmitri ist wirklich der Spielkamerad des jungen Czars [in Uglitsch] gewesen, und er war bei seiner Ermordung [wie bekannt, spielte der Zarewitsch zur Zeit des Mordes mit vier anderen Knaben im Hofe]. Der Aufseher, dessen Knab er war, floh mit ihm nach der Ermordung, oder

---

* Dieser Fehler wiederholt sich später noch einmal in demselben Heft.[44]
** Rudolf Steiner wies aber in seinen geisteswissenschaftlichen Forschungen auch darauf hin, daß dieser Einschnitt in besonderen Fällen sich bis zum 9./10. Jahr verschieben kann (siehe Kapitel 5).

auch, der Mörder des Iwanowiz selbst, nachdem er die Kleinode [das Kreuz] des letztern geraubt, machte sich auf den Weg mit diesem Knaben.»[46] Später, als er erkannte, daß ihn statt einer Belohnung für seine Tat der Tod erwartete, «verfiel er aus Rachsucht auf diese Idee [Grigorij als den Zarewitsch auszugeben] und führte sie aus mit Hilfe eines Geistlichen ... Der Geistliche ist ein Feind des Boris und ein Anhänger der von diesem verfolgten Parthey* ... Jener Geistliche nun concipierte den Plan mit dem Pseudo Demetrius und nachdem er deßfalls mit jenem Begleiter des Knaben die nöthigen Maaßregeln genommen handelt er in Einstimmigkeit mit diesem Plane.»

Auf jeden Fall entspricht, wenn wir die Frage nach dem Mörder des Zarewitsch selbst beiseite lassen, der Anteil der zwei Persönlichkeiten am Schicksal des zweiten Demetrius: «des Aufsehers» und «des Geistlichen», vollkommen seinen Beziehungen zu seinem Adoptivvater Bogdan Otrepjew** und seinem Gönner aus dem Hause Romanow. Außerdem notierte Schiller in demselben Heft: «Die Zeit *vor* seiner Erkennung als Czarowiz ist zweifach

1. diejenige, wo man noch keinen Plan mit ihm hatte (seine ganz frühe Knabenzeit) und
2. diejenige, wo man ihn schon, doch ohne daß ers bewußt wußte zu der Czaars Rolle bestimmt hatte, und ihn daher in bezug auf diesen Plan behandelte.»[48]

So haben wir auch hier den Hinweis auf zwei Epochen seiner Knabenzeit: zunächst die Zeit in Uglitsch, bis zum Mord am Zarewitsch, sodann die Epoche seines Lebens bei den Otrepjews und den Romanows. Mehr noch, fährt Schiller fort. «Einstweilen werden bedeutende Winke hingeworfen, die dem jungen Dmitri eine höhere Idee von ihm selber geben sollen (einmal erinnert er sich sogar, daß man ihm ganz ausdrücklich gesagt er sei der Zarowiz***), zugleich wird unter der Hand in die Welt verbreitet, daß der Demetrius auch wohl nicht umgekommen.»[49]

Nun wollen wir uns wieder dem weiteren Schicksal des falschen Demetrius zuwenden. Aus Sambor geht er, nach Schiller, als völlig willfähriges Instrument der Mniszeks hervor, voller ungewöhnlicher Kriegslust, so wie diese und die ihn begleitenden Polen und Kosaken. Das unterstreicht Schiller in

---

* Man muß wohl annehmen, daß hier von der Partei der Romanows die Rede ist. «Haß des Boris gegen die Romanows»[47], bemerkt Schiller am Rande desselben Heftes etwas später.
** Wie bereits erwähnt, besaß das Geschlecht der Otrepjews Güter in Uglitsch selbst (siehe Seite 36).
*** Das geschah, als er schon in Moskau im Hause Romanow diente.

allen seinen Notizen. «Krieg, Krieg mit Moskau!» dieser dreifache Ruf, der im polnischen Reichstag ertönt und der gänzlich von dem falschen Demetrius unterstützt und bis zu einem hohen Grade sogar hervorgerufen wird, ist gleichsam hinfort das Leitmotiv. «Zudrang zu dem Unternehmen [dem Krieg] ist größer als nötig, alles alles will mit.»[50]

Allerdings flammen beim Überqueren der russischen Grenze ganz andere Gefühle für einen Augenblick in dem falschen Demetrius auf, ist er doch nicht einfach ein Eroberer, er bricht einen vier Jahre früher geschlossenen Friedensvertrag zwischen Rußland und Polen. Doch diese geheime Reue und den Zweifel, gleichsam von der mit ihm verbundenen höheren Individualität inspiriert, der Gedanke, daß er «als Feind muß und Verderber kommen, mit fremden Waffen in [sein] Mutterland»[51], errät sogleich der ihn wie sein Schatten begleitende Odowalsky. Einem Mephisto ähnlich versucht er, da er nichts Gutes ahnt, den Gedankengang des Prätendenten mit der spöttischen Bemerkung zu unterbrechen: «Sieh unser Czar ist ganz nachdenkend geworden»[51a], Worte, die bei dem falschen Demetrius tiefe Reue auslösen:

> «Auf diesen schönen Au'n wohnt noch der Friede,
> Und mit des Krieges furchtbarem Geräth
> Erschein ich jetzt, sie feindlich zu verheeren!»

In der Prosavariante klingen sie noch so: «Noch kann ich umkehren! Kein Schwerdt ist noch aus der Scheide! Kein Blut geflossen! Der Friede wohnt noch in diesen Fluren, die ich mit Waffen jetzt überdecken will.»[52]

Und wiederum wischt Odowalsky seine Zweifel fort: «Desgleichen Herr bedenkt man hinterdrein.»[52a]

In einem anderen Entwurf zu dieser Szene hilft ein weiterer ständiger Begleiter des Demetrius Odowalsky, der Kosakenführer Korela[53]. Nach dieser Variante äußert er: «Sieh unser Czarowitsch ist ganz nachdenkend geworden», und nicht Odowalsky, der erst nach diesen Worten aktiv in das Gespräch eingreift. In dem «Studienheft» bemerkt Schiller im Zusammenhang mit dieser Szene: «Demetrius wankt ob er den Krieg beginnen soll und entschließt sich.»[54] So siegt bei ihm unter dem Einfluß von Odowalsky und Korela schließlich der kriegerische Geist. Von nun an ist er ein echter Eroberer. Und so charakterisiert ihn auch Schiller in seinen Skizzen: «Im Besitz eines Platzes als Eroberer»[55]; «Als Eroberer vordringend ... und schon als Herr handelnd»[56] und so fort.

Auch in der Geschichte finden wir in der Umgebung von Demetrius zwei wie Schatten ihm unbeirrbar folgende Spitzel, die schließlich als einzige ihn sogar nach der Niederlage von Dobrynitsch nicht verlassen, als faktisch alle den Prätendenten seinem Schicksal überlassen, sowohl die Kosaken wie die

118

Polen und sogar Mniszek. Diese zwei sind die ihm zur Überwachung beigegebenen Jesuiten Lawicki und Czyrzowski. René Fülöp-Miller beschreibt sie mit erstaunlich ähnlichen Worten, wie das in dieser Schillerschen Szene geschieht. «Mit Demetrius hielten auch die Jesuiten ihren neuerlichen Einzug nach Rußland. Auf dem Marsch über die endlosen Steppen ritten die Patres Czyrzowski und Lawicki neben dem Zarewitsch, berieten mit ihm die strategischen Pläne und feuerten die Truppen zu unentwegtem Vordringen an.»[57]

Aber da wendet sich das Schicksal des Kriegszugs. Es folgt die Niederlage bei Dobrynitsch (Schiller verbindet es geographisch irrtümlich mit (Nowgorod) Sewersk)[58] und die darauf folgende zweite, noch tiefere Krise des falschen Demetrius. Nach dieser Schlacht kann er sich «wirklich für unrettbar verloren halten»[59], wie Schiller bemerkt. Da er alles verloren hat, will er in der ersten Verzweiflung seinem Leben durch Selbstmord ein Ende setzen, doch zwei seiner Begleiter, von denen der eine von Marina gesandt worden war und in deren Händen nun das Schicksal der ganzen Intrige ruht, halten ihn aufrecht: «Demetrius, da er keine Rettung sieht, will sich töten, Korela und Odowalsky haben Mühe ihn zu verhindern. Sein Unfall raubt ihm das Vertrauen in seine Sache.» Und Schiller fährt fort: «Seine Lage muß verzweiflungsvoll seyn, und *seine Seele in die höchste Spannung versetzen.*»

Und in dieser gänzlich ausweglos und hoffnungslos erscheinenden Lage, inmitten einer großen inneren Krise, als die Seele in die höchste Spannung versetzt ist, fallen die Ketten der Intrige, die ihn bis dahin gefesselt hatten, von ihm ab, und die höhere Wesenheit verbindet sich mit ihm. Daraufhin geht eine grundlegende Verwandlung mit ihm vor. Aus dem kriegerischen Eroberer wird ein Spender von Barmherzigkeit, Gnade und Frieden für seine ganze Umgebung. «Aus diesem extremen Zustand der höchsten Hoffnungslosigkeit geht er in einen glücklichen über»[60], bemerkt Schiller.

Äußerlich wird die entscheidende Wende nach Schiller durch den plötzlichen Übertritt des Godunowschen Woiwoden Soltykow auf seine Seite herbeigeführt, des ersten Bojaren, der an seine kaiserliche Herkunft glaubt.[60a] (Historisch gab es mehrere solcher «Bojaren-Überläufer»: Scheremetjew, Basmanow und andere.) Hier ist jedoch nicht der Übertritt als solcher das Entscheidende, sondern der neue und ungewöhnliche Einfluß, den Demetrius von nun an auf alle ausübt, selbst solche Menschen, die nur einen ganz vorübergehenden Kontakt mit ihm haben.

Wie von einer höheren Aura der Güte und Barmherzigkeit umgeben, erscheint er jetzt dem Volk, das ihm überall als seinem Zaren und Retter entgegenkommt. Der falsche Demetrius kann anfangs selbst nicht ganz den plötzlichen Wandel, der mit ihm vorgegangen ist, und die entscheidende Wende in seinem Schicksal verstehen. «Dieser ist selbst erstaunt über sein

Glück, da die große kaiserliche Armee, die ihn hätte vernichten müssen, nichts wider ihn ausgerichtet. Eine Stadt unterwirft sich ihm nach der andern, er rückt fort als Sieger. [Er] schickt aber ein Manifest voraus nach Moskau ... Alles weicht dem Glück des Demetrius.»[61] Von nun an ist er «ein Gott der Gnade für alle», schreibt Schiller weiter und fährt fort: «Alles hofft und begrüßt die neu aufgehende Sonne des Reichs, er kommt wie das Kind des Hauses, kurz er ist ein Abgott für alle, er schwimmt im Glück, und glücklich sind alle seine Unterthanen.»[62] «Hinreißendes Glück des Demetrius, davor ihm selbst schwindelt. Alle Herzen fallen ihm zu.»

Jetzt erobert er nur durch sein Erscheinen, ohne einen Tropfen Blut zu vergießen, eine Stadt nach der anderen, ein Territorium nach dem anderen. Und er ist in kürzester Zeit in der Nähe von Moskau, in Tula. «Ganz Moskau eilt durch Abgeordnete, den Sieger zu versöhnen. – Man bringt ihm die Schlüssel vieler Städte, man bringt ihm die czarische Kleidung, das Glück trägt ihn auf hohen Wogen zum Thron. Er ist liebenswürdig und mild und gewinnt durch Gnade alle Herzen.»[63]

Wie anders ist dieser «Demetrius» als der, der einst im Reichstag die Polen zum Kampf aufrief ... Und auch sein eigener Glaube an seine neue Aufgabe ist nun unbegrenzt: «Demetrius hält sich für den Czar und dadurch wird ers. – Die Rußen glauben an ihn und so wird er zu dem Throne getragen.»[64]

Besonders entschieden weist Schiller auf das friedenstiftende Wirken, das jetzt von dem falschen Demetrius auf seine ganze Umgebung ausstrahlt, in dem sogenannten «Szenar» hin. In ihm wird das diesen umwehende Charisma des höheren Wesens noch deutlicher beschrieben: «Demetrius ist gütig wie die Sonne und wer ihm naht erfährt Beweise davon; keine Rachsucht, keine Raubsucht, kein Übermuth.»[65] (Diese Züge sind freilich weit von jeglicher historischer Realität entfernt. Denn von dem anmaßenden Stolz des falschen Demetrius wie auch seiner Liebe zu allen teuren Dingen und zum Reichtum berichten recht viele Quellen, auch die Frage, ob er, wenn auch nur indirekt, am Mord von Godunows Sohn und Gemahlin Anteil hatte, bleibt offen.) Schiller weiter: «Und wie er den Untergang des Boris erfährt, zeigt er eine edle Rührung. Er starb eines Königs werth, aber mir nimt er den Ruhm der Großmuth.»[66] Auch das entspricht kaum der historischen Realität, Schiller ist jedoch hier etwas anderes viel wichtiger. Er möchte mit allen ihm zur Verfügung stehenden künstlerischen und dramatischen Mitteln dem Zuschauer *eine größere Glaubwürdigkeit* vermitteln, ihm die Tiefe und Bedeutung der Verwandlung zeigen, die mit dem falschen Demetrius vor sich ging. Der Zuschauer wird ja noch dessen drohende und rachsüchtige Worte im Reichstag erinnern[67], wo er Boris einen «frechen Räuber seines Erbes» nannte und, sich an die polnischen Wojewoden wendend, sie aufrief: «Mit euch will ich den

120

Raub des Feindes theilen» (360). Zu guter Letzt stellt Schiller, um den Edelmut und die Güte des verwandelten Demetrius gegenüber den ihn umgebenden Kosaken und Polen hervorzuheben, diese als besonders grob und wild dar: «Die Personen, die ihn umgeben sind barsch und rauh und behandeln die Rußen mit Verachtung; er aber ist voll Huld und Gnade.»[68] Und, gleichsam als Zusammenfassung dieser Szene notiert er: «In dieser Scene zu Tula steht er auf dem Gipfel des Glücks und der Gunst, alles erscheint die erfreulichste Wendung zu nehmen. Er verspricht Rußland einen gütigen Beherrscher.»[69]

Nun aber, wo das Glück und der Erfolg des falschen Demetrius ihren Höhepunkt erreicht haben, ändert Schiller dessen Schicksalslinie einschneidend, indem er ihn seelisch und dann auch physisch in einen finsteren Abgrund stürzen läßt, und er verleiht damit der ganzen Fabel ungewöhnliche Kraft und Tragik. Denn im Augenblick des höchsten Triumphes tritt plötzlich eine geheimnisvolle Gestalt vor den Prätendenten, der in späteren Entwürfen «X»[70] genannt wird, und in früheren «fabricator doli»[71] oder «Religionseiferer»[72]. Von diesem geheimnisvollen Besucher erfährt der falsche Demetrius in dem Augenblick der Erfüllung all seiner Hoffnungen und Wünsche plötzlich, daß er *nicht* der Nachfolger auf den russischen Thron ist, daß der wahre Zarewitsch wirklich in Uglitsch ermordet wurde und kein anderer als dessen Mörder vor ihm steht.

Die Rechnung des letzteren ist, nach Schiller, ganz klar: der falsche Demetrius steht kurz vor der Erreichung seines Ziels, er hat den Zarenthron fast erlangt, und nun erscheint aus dem geheimen Zentrum, wo die Intrige erdacht und von wo aus sie in die Wege geleitet wurde, ein Mensch, der, indem er dem falschen Demetrius sein schreckliches Geheimnis enthüllt, ihn auf diese Weise von sich und seinen Führern (mit der Drohung der Entlarvung) abhängig macht und so die Möglichkeit schafft, ihn als sein Werkzeug zu gebrauchen. «Ich habe dich dazu erschaffen» – sagt der Unbekannte – «du bists durch mich und du sollst es auch ferner bleiben [Zar].»[73] Danach «fordert» er «Dank und Lohn» von dem falschen Demetrius für seine Mühen.

Aber der künftige Zar reagiert auf diese Rede auf plötzliche und für den Entlarver ganz unvorhergesehene Weise: Wie er diesen schrecklichen Bericht hört, tötet der falsche Demetrius, von einem Anfall «höchster Wuth und Verzweiflung»[74] ergriffen, den Unbekannten auf der Stelle. – Und nun muß sich die ganze Intrige notwendigerweise auflösen.

Für Schiller ist aber in dieser Szene das Wichtigste nicht nur oder nicht allein das äußere Geschehen, sondern vor allem der radikale Wandel, der abermals in dem falschen Demetrius vor sich geht: «Während ˈXˈ erzählt, geht die ungeheure Veränderung im Demetrius vor, sein Stillschweigen ist furchtbar und von einem schreckhaften Ausdruck begleitet.» In diesem Augenblick bricht wahrhaftig die ganze Welt für ihn zusammen, aber selbst das ist nicht das Schrecklichste. Das alles zersetzende Gift des Zweifels an sich selbst, das nun in seine Seele eindringt und sie ganz erfüllt, zusammen mit dem alles verschlingenden Gefühl, daß er hinfort nicht der «betrogene Betrüger», wie das der Erzbischof von Gnesen[75] schon vor dem polnischen Reichstag formulierte, *sondern einfach ein Betrüger* ist, der den fremden Thron unrechtmäßig usurpiert – dieses Schuldbewußtsein und das ihn hinfort mit allen Höllenqualen peinigende unreine Gewissen, führen dazu, daß das höhere Wesen, das bis dahin in seiner Seele lebte, sie verläßt.

«Das Selbst, das ihm zuteil geworden ist, ist nicht mehr da», stellt Rudolf Steiner in dem Zusammenhang fest.[75a] Und gerade dieses wollten, in einem tieferen Sinne, seine Gegner erreichen. Denn für sie ging es nicht nur darum, eine ihnen in allem willfährige Marionette auf den russischen Thron zu setzen, sondern – und das war für sie unvergleichlich viel wichtiger – sie wollten und konnten *nicht* zulassen, daß in Moskau ein Herrscher erschien, «gütig wie die Sonne», den Thron besteigend «als die neu aufgehende Sonne des Reichs», «ein Abgott für alle», «der liebenswürdig und mild alle Herzen durch Gnade gewinnt» und der die Liebe und die Unterstützung des ganzen Volkes genießt, das heißt ein Herrscher, der nicht nur für sie gänzlich unzugänglich ist, sondern der auch von oben inspiriert wird.

Besonders die von Schiller immer wieder betonte «Sonnenhaftigkeit» des höheren, durch den falschen Demetrius wirkenden Wesens[75b] muß vor allem die Organisatoren der Intrige schrecken, wie etwas, das ihre Pläne nicht nur stört, sondern sie faktisch vernichtet, denn dieser Einfluß würde den künftigen Zaren völlig ihren Händen entreißen und zwang sie deshalb, Zuflucht zu einem äußersten und zweifellos in höchstem Grade riskanten Mittel zu nehmen. (Hier ist ein solches äußerstes Mittel, Demetrius das Geheimnis seiner wahren Herkunft zu enthüllen.)

Und so ist das Resultat dieser hochdramatischen Szene ein doppeltes. Der Mord an dem «Fabricator doli» durch den falschen Demetrius vernichtet augenblicklich die ganze Intrige, aber sein äußerer Sieg erweist sich zugleich auch als innere Niederlage. Die geistige Individualität, die bis dahin durch ihn gewirkt hat, zieht sich zurück, und der von ihr geräumte Platz in der Seele des falschen Demetrius wird sofort von einem dämonischen Geist eingenommen: «Schon ist er der alte nicht mehr, *ein tyrannischer Geist ist in ihn gefahren*, aber er erscheint jetzt auch furchtbarer und mehr als Herrscher. Sein böses Gewißen zeigt sich gleich darinn, daß er mehr exigiert, daß er despotischer handelt. Der finstre Argwohn läßt sich schon auf ihn nieder, er zweifelt an den andern, weil er nicht mehr an sich selbst glaubt.»[76]

Sogar den Mord an dem geheimnisvollen Unbekannten durch den falschen Demetrius beurteilt Schiller auf zweifache Weise; einerseits positiv: «Der Mörder des wahren Demetrius... erhält also hier seinen Lohn.»[77] Andererseits ist dieser Mord, der in einem Anfall von «Wuth und Verzweiflung» begangen wurde, selbst schon ein erstes Anzeichen dafür, daß an die Stelle der höheren Individualität in seiner Seele ein «tyrannischer Geist» getreten ist. Die Erzählung des Unbekannten – schreibt Schiller – «bringt eine schnelle, unglückselige Veränderung im Charakter des Betrogenen hervor. Der Entdecker wird das erste Opfer derselben. Von jetzt an ist Demetrius Tyrann, Betrüger, Schelm»[78]. Er sagt zu sich selbst: «Mord und Blut muß mich auf meinem Platz [dem Thron] erhalten.»[79]

Diese «furchtbare Veränderung [die] mit ihm vorgeht»[80], bemerkt seine Umgebung sofort und als erstes, natürlich, das Volk. Schiller schreibt: «Urtheile der Zurückbleibenden über diese plötzliche Veränderung. Wie? sagen sie, hat der Czarische Purpur so schnell sein Gemüt verwandelt? Ist es das neue Gewand, das diesen neuen Sinn brachte? Der Geist des Basilides [des Schrecklichen] scheint in ihn gefahren.»[81] Diese letzte Bemerkung Schillers weist auf eine äußerst *luziferische* Natur des dämonischen Wesens, das nun die Seele des falschen Demetrius beherrscht.[82]

Von diesem Augenblick an ändert sich der Bericht und das Verhältnis des Autors zu seinem Helden vollständig. Schiller nennt ihn in seinen Notizen immer häufiger einen «Abentheurer» und «Betrüger».[83] Schon die Szene seines triumphalen Einzugs in Moskau (was nach dem Szenar Schillers der Krönung entspricht) soll von den ersten Anzeichen seines künftigen Despotismus verdunkelt werden: «Eingeleitet wird sie schicklich durch eine Gewaltthätigkeit an der Familie des Boris, durch ausgeschickte Kundschafter des Demetrius, kurz durch Einmischung des Düstern und des Schrecklichen in die öffentliche Freude. Mistrauen und Unglück umschweben das Ganze.»[84]

Um den Unterschied zwischen dem falschen Demetrius, wie er anfänglich im Drama in Erscheinung tritt, und dem tyrannischen Herrscher, der er später wurde, an dieser Stelle noch mehr zu verdeutlichen, beabsichtigt Schiller das Folgende zur Darstellung zu bringen: «Demetrius wird soweit von seinem ersten Anfang verschlagen, daß dieser am Ende der Handlung ferne hinter ihm liegt – darum ist nöthig, daß sich ein lebhaftes und anmuthiges Bild davon in die Seele drücke, welches sich nachher auf eine rührende Art in der Erinnerung auffrischt, wenn ein so ganz anderer Mensch aus ihm geworden... An diese süßen schmelzenden Erinnerungen knüpft sich, hart und schneidend, die furchtbare Gegenwart, die Gewalt ohne Liebe, die schwindlichte Höhe ohne Ruhe, kurz seine volle Czarsmacht an und die Grausamkeit pakt schnell wieder seine gequälte Seele. – Er ist grausam gegen alle, welche sich einen Zweifel an seiner Person merken laßen.»[85]

Dann soll im Drama die kurze Zeit seiner Herrschaft folgen, die sich Schiller folgendermaßen vorstellt:

«Demetrius *ist* Czar und gefällt den Rußen nicht.

Er kann die Pohlen und Kosaken nicht in Ordnung halten, die ihm durch ihre Frechheit in der Meinung des Volkes schaden...

Er liebt die Axinia [Boris' Tochter] und möchte gern sein polnisches Engagement vergessen und brechen.

Er vernachläßigt die alte Zarin...

Er setzt ein Mißtrauen in alle, weil er sich selbst im Herzen einen Betrüger findet.

Daher ein ombrageuser höchst empfindlicher Stolz und launischer Despotismus.

Er hat keinen Freund, keine treue Seele.

Das furchtbare Element [der tyrannische Geist, S. P.] trägt ihn nun selbst, er beherrscht es nicht, er wird von der Gewalt fremder Leidenschaften geführt, und ist jetzt gleichsam nur ein Mittel und eine Nebensache.

Mehrere Actus der höchsten Gewalt kommen vor, die sehr ins despotische fallen ‹Herrscher und Sklaven›.»[86]

Mit einem Wort: «Demetrius wird ein Tyrann»[87], aber ein solcher, der sich in wachsendem Maße als ein Instrument «fremder Leidenschaften» erweist, von nun an ist er nur mehr ein «Mittel».

Eine ebensolche Gestalt, die den falschen Demetrius aufs neue in ein willfähriges Werkzeug für fremde Ziele verwandelt, ist auch Odowalsky (mit seinem Helfer Korela), der nun, um seinen Sieg endgültig zu festigen, Marina von Sambor herbeiruft und damit zur Verwirklichung des letzten und wichtigsten Teils seines Planes schreitet. Dazu bemerkt Schiller: «Odowalsky ist aber attent auf alles was vorgeht und nimmt die Vortheile der Marina wahr. Er weiß zu machen, daß der Czar in der Gewalt der Pohlen bleibt, daß er diese nöthig braucht, daß er sich nur durch sie erhält. Er entfernt soviel möglich alle Rußen aus seiner Nähe, er beleidigt die Rußen in des Czars Nahmen, er bekommt den Kremel in seine Hände.»[88]

Nun ist alles für die Ankunft Marinas in Moskau und die Vollendung der Intrige vorbereitet: «Wenn Marina ankommt, so ist Demetrius mehr als je in der Abhängigkeit von den Polen. – Er kann sich auf die Rußen ganz und gar nicht verlassen, vielmehr hat er alle Ursache, ihnen zu mistrauen. Er kann sich von den Polen nicht losmachen, die den Kremel, seine Person, die Waffen, die Schätze in ihrer Gewalt halten: – Großes Gefolg der Marina verstärkt die schon mächtige Parthey der Pohlen.»[89]

Hier nun tritt, nach Schiller, das Drama in seine Endphase ein: «Der Einzug in Moskau und die unheilbringende Ankunft der Marina»[90], bemerkt er in seinen Skizzen. Und so setzt sehr bald nach ihrer Trauung das blutige Finale ein. Der falsche Demetrius geht zugrunde durch die Verschwörung Schujskijs, Marina rettet sich durch die Flucht, und das ganze Drama endet mit dem Monolog des zweiten falschen Demetrius, oder, um Schillers Worte zu gebrauchen des «zweiten Betrügers», «eines Cosaken von verwegenem Muth»[91], aus dessen Worten die Rußland bevorstehenden schrecklichen Prüfungen der «Zeit der Wirren» hervorgehen, wo das «Alte von neuem beginnt».

Besonders in den letzten und am wenigsten ausgearbeiteten Teilen des Dramas geschieht die oben erwähnte Vermischung der Zeiten, die die Genauigkeit der Intuition Schillers jedoch nur hervorhebt. Betrachtet man dann dessen Szenarium von dem geisteswissenschaftlichen Standpunkt, der im vorigen Kapitel dargelegt wurde, muß man feststellen, daß das Ereignis, das okkult-historisch in dem Augenblick der Vermählung von Demetrius und Marina vor sich ging, im Szenarium in dem Augenblick eintritt, wo der «religiöse Eiferer» dem Zaren enthüllt, daß er ein Usurpator ist. Aber in beiden Fällen haben wir das gleiche Resultat: das Sich-Zurückziehen der vorher mit dem Zaren verbundenen höheren geistigen Individualität von diesem und seine darauffolgende Verwandlung in einen Despoten und Tyrannen, dessen Seele dämonische Mächte beherrschen, die dann, wie wir sahen, auch noch nach seinem Tode wirken.

So gibt uns Schiller in seinen Entwürfen – wenn wir deren Gehalt auf den realen historischen Boden übertragen – die Möglichkeit, durch das Prisma seines Schöpfergeistes das Leben des falschen Demetrius zu sehen, wie es geworden wäre, wenn er nicht neun Tage nach der Hochzeit mit Marina umgekommen wäre, sondern ein oder zwei Jahre mit ihr regiert hätte und sich damit die Tragik des Erdenlebens und Schicksals des jungen Zaren noch verstärkt hätte.

Das alles betrifft jedoch mehr oder weniger die äußere Seite des dramatischen Geschehens. Schiller aber strebte bei der Suche des inneren Gehaltes vor allem danach, die tieferen geistig-seelischen Kräfte *hinter* den äußeren Ereignissen zu erkennen und aufzuzeigen. In den letzten Jahren seines Lebens, an der Schwelle zur Einweihung stehend, kam er, von seiner Intuition geleitet, ganz besonders im «Demetrius» den tieferen Geheimnissen sowohl der menschlichen Natur wie auch des gesamten Menschheitswerdens sehr nahe. Er selbst spielt auf diese «verborgene» Seite seines «Demetrius» in einem Brief an Körner vom 25. April 1805 an: «Wenn ich Dir auch gleich meinen Gegenstand nennte, so würdest Du Dir doch keine Idee von meinem Stücke machen können, weil *alles auf die Art ankommt, wie ich den Stoff nehme* und nicht wie er wirklich ist.»[92]

Tiefste Geheimnisse der Menschennatur sollten in dem Drama dadurch sichtbar werden, daß in Erscheinung trat, wie das menschliche Ich während seiner Entwicklung mit seinem Urbild, dem höheren Selbst in Verbindung treten kann oder in Verbindung tritt, dem Geistselbst, das durch die in dem falschen Demetrius wirkende höhere geistige Individualität repräsentiert wird* oder wie dieses irdische Ich ein Opfer der ständig dem Menschen auflauernden und ihn in Versuchung führenden dämonischen Wesen wird. Diese Zwiespältigkeit des sich entwickelnden Menschen-Ich in seiner Lage zwischen Gut und Böse sollte in dem Drama mit noch nie dagewesener Kraft gezeigt werden. Damit hätten sich in mächtigen künstlerischen Bildern vor den Augen der Zuschauer tiefe Geheimnisse der menschlichen Persönlichkeit entfaltet, die sich auf der Erde zwischen höherer Inspiration und dämonischer Versuchung in Freiheit selbst finden soll. In der Apokalypse wird diese Entwicklungsstufe im Bilde des zweischneidigen Schwertes dargestellt.[93]

«Es ist das Problem der menschlichen Persönlichkeit», sagte Rudolf Steiner über den «Demetrius» von Schiller «mit einer Grandiosität erfaßt wie von keinem zweiten Dramatiker der Welt.»[94] So charakterisierte er den eigentlichen Sinn des «Demetrius»-Dramas in den beiden öffentlichen Vorträgen von 1905, dem Schillerjahr.[95]

Einen ganz anderen Aspekt des Dramas betrachtet Rudolf Steiner im Vortrag vom 18. Juli 1924 und in dem Gespräch mit L. Polzer-Hoditz. Hier tritt ein noch umfassenderer okkult-historischer, unausgesprochener Sinn des letzten Schillerschen Werkes in den Vordergrund. In diesem späten Vortrage wird der in den frühen Vorträgen behandelte Aspekt des «Demetrius» gleichsam auf den zweiten Platz verwiesen und nur mit zwei Sätzen charakterisiert: «Ein merkwürdiges Schicksalsproblem, das *vom falschen Demetrius, der an die Stelle eines andern getreten ist.* Alle Schicksalskonflikte, die da eintreten, wie *aus den verborgensten Ursachen* heraus, mit allen menschlichen Emotionen, mußten in dieses Drama hineinkommen, wenn es fertig würde.»[95a] Wie hier unzweideutig Demetrius ein «falscher» genannt wird, verbunden mit dem Hinweis auf das Wirken «verborgenster Ursachen» in seinem Schicksal, das erinnert sehr an die Worte, mit denen wir dieses Kapitel einleiteten und die Rudolf Steiner sieben Monate später zu L. Polzer-Hoditz über das Schillersche Drama äußerte, wo abermals das Wort «falsch» eine zentrale Stelle einnimmt: «Das wollte Schiller in seinem ‹Demetrius› schildern, das Hineintragen des *falschen* Bildes [des Jesus] durch die Polen, das heißt durch die römische Kirche».

---

* Rudolf Steiner spricht davon, wie die Seele des Verstorbenen sich in der der Erde benachbarten geistigen Welt anfangs mit der Substanz des Geistselbst umhüllt, durch dessen Kräfte sie besonders in der ersten Zeit nach dem Tode wirken kann (siehe dazu zum Beispiel in GA 168, Vortrag vom 19. 12. 1916).

Das Rätselhafte dieser Worte kann noch durch zwei weitere Äußerungen Rudolf Steiners in demselben Vortrag aus dem Jahre 1924 verstärkt werden: «Und seit bekannt geworden war, daß Schiller so etwas im Sinne hatte wie ‹Die Malteser›, seit der Zeit vermehrte sich die Gegnerschaft in Deutschland gegen ihn außerordentlich. Man fürchtete sich vor ihm. Man fürchtete, daß er allerlei an okkulten Geheimnissen in seinen Dramen verraten könne.» Diese Furcht vor Schiller in okkulten Kreisen, von denen weiter unten gesprochen werden wird, wuchs noch, als bekannt wurde, daß er begonnen hatte, den «Demetrius» zu schreiben. «Es wird bekannt» – fährt Rudolf Steiner fort – «und *noch größere Furcht* haben die Menschen davor, daß nun Dinge zum Vorschein kommen könnten, an denen viele ein Interesse hatten, daß sie eine Weile noch der Menschheit verborgen bleiben.»

Hier tauchen sogleich die Fragen auf: Was sind das für Dinge? Und wer ist es, der daran ein Interesse hat, daß die Geheimnisse noch verborgen bleiben? Zieht man zur Antwort auf die erste Frage heran, was Rudolf Steiner Polzer-Hoditz gegenüber äußerte, ergibt sich «das Hineintragen des falschen Bildes [des Jesus]». Und aus den vorhergehenden Worten in demselben Gespräch ergibt sich die Antwort auf die zweite Frage: Das sind jene westlichen okkulten Kreise, die den Jesus als «falsche Imagination», als «Herrn der Erde... als Tyrann erscheinen» lassen wollen. Und zu diesen okkulten Kreisen gehören, wie schon im zweiten Kapitel dargelegt, in erster Linie die Jesuiten. Denn sie gerade tragen das falsche Bild Jesu als Tyrann und Herr der Erde in die Welt (siehe Seite 11).

Aber der Jesus, der als «Herr der Welt» in Erscheinung tritt, das ist nicht derjenige, von dem das Neue Testament spricht. So sagt Rudolf Steiner von den Jesuiten: «Den Jesuiten kommt es... darauf an, Anhänger zu sein eines gewissen [übersinnlichen] Wesens, das ich aber heute noch nicht bezeichnen will, das sie aber ihren Anführer Jesus nennen, dem sie zugehören.»[96] Und dann fährt er fort: «Sie [die Jesuiten] folgen *einer anderen* Wesenheit, als zum Heile der Menschheit Anthroposophie jetzt folgen muß.»[96a]

Den Impuls dieses dämonischen Wesens, das unrechtmäßigerweise Jesus genannt wird und deshalb sein «falsches Bild» ist, tragen die Jesuiten in die Welt, und sie versuchten es in der konkreten Geschichte mit dem falschen Demetrius durch Polen nach Rußland zu tragen.

Spuren dieser Richtung der geistigen Suche Schillers kann man an vielen Stellen seiner Notizen zum Drama finden. So heißt es an einer Stelle: «Wenn sie [Lodoiska] weg gegangen [vom Gefängnis], hat er eine Scene mit dem Jesuiten, der ihn katholisch machen will.»[97] Und etwas später: «Ein Jesuit könnte mit eingeführt werden.»[98] Weiter: «Jesuiten sind vielgewaltig.»[99] Und schließlich der wichtigste Hinweis: «Die Catholiken, besonders die Jesuiten, müßen auch geschäftig seyn, *ja vielleicht kann die Haupt-*

intrigue von ihnen ausgehen.»[100] Diese Vermutung ist gewiß nicht nur durch die Lektüre historischer Quellen in Schillers Kopf entstanden.* Begann er doch schon viele Jahre vor dem «Demetrius» den Roman «Der Geisterseher» zu schreiben (1786–89), dessen Inhalt darin besteht, daß «ein europäischer Prinz in ein ganzes Netz... von lauter klug eingefädelten betrügerischen Machinationen... gerät, durch welche von jesuitischer Seite versucht wird, den Prinzen für die katholische Kirche zu gewinnen.»[101] So kann man aus dem Inhalt des Romans auf jahrelanges Interesse und beachtliche Kenntnisse Schillers in diesem Bereich schließen.

In den Fragmenten, Entwürfen und Notizen zum «Demetrius» ist aber außer den vier Bemerkungen, zu denen man als fünfte noch den Hinweis Schillers hinzufügen könnte, daß der «Fabricator doli» ein «Religionseiferer» war, weiter nichts enthalten. Wenn man jedoch beachtet, daß die Worte Rudolf Steiners gegenüber L. Polzer-Hoditz über den «Demetrius» nicht so sehr das betrafen, was nach dem Tod des Dichters in den Entwürfen zu dem Drama erhalten blieb, sondern vornehmlich das, was als Plan *in seiner Seele lebte* und nur durch seinen vorzeitigen Tod (von dem unten eingehender gesprochen werden wird) nicht auf das Papier gebracht werden konnte, dann entsteht ein ganz anderes Bild. Denn in diesem Falle waren nur wenige geringfügige Änderungen in den von Schiller hinterlassenen Entwürfen vorzunehmen, daß das, was Rudolf Steiner in dem Gespräch mit Polzer-Hoditz im Auge hatte, sogleich verständlich wird.

Stellen wir uns vor, daß in den Entwürfen des Dichters unter den Namen Odowalsky und Korela, wobei wir von ersterem nicht wissen, lenkt Marina ihn oder er sie, sich in Wirklichkeit die zwei Jesuiten Lawicki und Czyrzowski verbergen, auf die oben bereits bei der Betrachtung der Szene an der russischen Grenze hingewiesen wurde (siehe Seite 118f.). Der erste war in der wirklichen Geschichte zunächst der Beichtvater Marinas und dann Demetrius', und beide wurden mit diesem vom Haupt des Jesuitenordens in Polen, Striveri, nach Rußland geschickt, um ihn ständig zu überwachen und in die gewünschte Richtung zu lenken. Angenommen Odowalsky – Lawicki lenkt Marina und sie – nach Schiller – ihren Vater, das Haupt der Intrige (siehe die Worte Sapiehas über ihn in der Reichstagsszene, Seite 107), dann erhält die Notiz Schillers, daß «vielleicht die Hauptintrige von ihnen [den Jesuiten] ausgeht» ein ganz anderes Gewicht. Und wenn man weiter annimmt, «daß der ‹Fabricator doli›, der ‹Religionseiferer› mit ihnen auf irgendeine Weise zusammenhing», dann bekommt die ganze Intrige ein anderes Ausmaß und einen ganz neuen okkulten Gehalt.[101a] (Historisch gesehen könnte ein solcher «Religionseiferer» zum Beispiel

---

* An dieser Stelle der Notizen bezieht er sich auf den Historiker Müller.

durchaus der Jesuit Sawicki gewesen sein, der einen Hauptanteil an der Bekehrung des falschen Demetrius zum Katholizismus hatte, der dessen erster Beichtvater in Polen war und später mit Marina nach Moskau gesandt wurde, um der Beichtvater von beiden zu werden.) Wenn man nun noch den Hinweis Schillers hinzunimmt, daß Odowalsky, nachdem Demetrius das Geheimnis seiner wahren Herkunft erfahren hatte, diesen doch wieder seinem Einfluß unterwerfen, die Macht im Kreml ergreifen und den Einfluß der Polen (hier den katholisch-jesuitischen Einfluß) auf den jungen Zaren so verstärken konnte, daß sie ihn wieder in ihrer Gewalt hatten (siehe Seite 124) – dann gewinnt das Schillersche Szenarium den inneren Sinn und die Bedeutung, von denen Rudolf Steiner L. Polzer-Hoditz gegenüber sprach. Auch ist zu dem allem noch die fast mephistophelische Art hinzuzufügen, wie sich Odowalsky in der Szene an der russischen Grenze in die Gedanken des falschen Demetrius einmischt, als die durch den falschen Demetrius wirkende höhere Individualität diesen wachruft, nicht mit dem Schwert in der Hand in das friedliche Land einzufallen, denn nichts widersprach so sehr der eigenen Aufgabe, die sie auf irgendeine Weise dem irdischen Demetrius zu vermitteln suchte.

Und so kann man, alles bisher Gesagte zusammenfassend, zu dem Schluß kommen, daß Schiller früher oder später zu dem Ergebnis gekommen wäre (und innerlich vielleicht schon gekommen war), das ein Jahrhundert später der russische Historiker S. Solowjeff folgendermaßen formulierte: «Wie dem auch sei, würde man irgendeinen der polnischen Magnaten verdächtigen, den Usurpator untergeschoben zu haben, so würde der Verdacht selbstverständlich auf Leo Sapieha fallen [wir erinnern uns, daß der historische Sapieha nicht mit dem Schillerschen identisch ist, der die Position des Jan Zamojski vertritt, siehe Seite 107f.]; kann man aber annehmen, daß ein einzelner Privatmann eine solche Angelegenheit allein einfädeln könnte? Viel wahrscheinlicher ist es doch, daß die damals in Polen sehr mächtigen Jesuiten zu verdächtigen sind, für die das Erscheinen eines Usurpators als ein Werkzeug, um den Katholizismus im Moskauer Staat einzuführen, notwendig war; Sapieha aber kann man als einen Vertrauten der Jesuiten betrachten.» Davon, daß Schiller offensichtlich nicht weit von einer solchen Schlußfolgerung entfernt war, zeugen seine oben zitierten Notizen über die Jesuiten. Im Unterschied zu dem russischen Historiker jedoch, der nur die äußere Seite der Ereignisse verfolgte, befand sich Schiller an der Schwelle zur Erkenntnis auch ihres inneren, okkulten Sinnes.

Was aber war für die Jesuiten mit Hilfe des Moskauer Zaren zu erreichen? Ihren ihnen in allem willfährigen Schützling auf den Thron zu setzen, der das russische Volk zum römischen Glauben bekehren könnte, und in Osteuropa einen zweiten «Jesuitenstaat» zu errichten, ähnlich dem einige

Jahre später in Paraguay entstandenen (siehe Seite 57f.)? Gewiß, alles das war auch ihre Absicht. Aber die Tatsache, daß die Jesuiten Anteil an der Intrige hatten und der Einfluß, den sie auf den falschen Demetrius ausübten, um die Katholisierung Rußlands zu erreichen, das war zu Schillers Zeit kein Geheimnis mehr. Darüber konnte man damals in bereits veröffentlichten historischen Werken lesen, und Schiller bezieht sich auch in seinen Notizen auf einige derselben.

Als ein Beispiel hierfür seien die Erinnerungen des Schweden Peter Paterson angeführt, die noch zu Lebzeiten ihres Verfassers veröffentlicht wurden, der ein persönlicher Zeuge der Ereignisse in Rußland zu Beginn des 17. Jahrhunderts war.

Er schreibt: «Da ward er [der falsche Demetrius] den Teufeln gar überantwortet, denn sobald ihn die Jesuiter sahen, beschauten sie seinen Leib und Proportion wohl und dachten hierauf, daß Iwan Wassiljewitsch einen Sohn gehabt, so Demetrius geheißen und vor etlichen Jahren erschlagen worden und diesem Griska [Otrepjew] nicht unähnlich gesehen; die Jesuiter aber zeigten dem Wojewoden [Mniszek] an, was sie im Sinn hätten und was sie mit ihm [Grischka] anfangen wollten, und mit dessen Rat unterwiesen sie Griska.» Dann trugen sie ihm, nach Paterson, Hilfe in Form von «Gold, Geld, Pferden, Kriegsmunition» an, woraufhin Grischka ihnen versprach, nach seiner Inthronisation in Moskau «des Wojewoden von Sandomir Tochter [Maryna Mniszek] zum Gemahl [zu] nehmen, auch die griechische Religion ab[zu]schaffen und an deren Statt das Papsttum ein[zu]führen». Diese Darstellung endet mit den Worten: «Dies alles sagte ihnen Griska alsbald zu und gab ihnen Brief und Siegel hierüber.»[101b]

Das Geheimnis aber, dessen Aufdeckung durch Schiller im «Demetrius» die Jesuiten so fürchteten, bestand in etwas anderem (siehe Seite 127). Denn um ihre Ziele zu erreichen und sich den falschen Demetrius völlig zu unterwerfen, mußten sie das übersinnliche Wesen, das hinter dem jungen Zaren stand und durch ihn wirkte, besiegen (das heißt es veranlassen, sich wieder in die höheren Welten zurückzuziehen). Und um dieses Zieles willen waren sie zu allem bereit. Denn als sie sahen, daß Demetrius unter dessen Einfluß «gütig wie die Sonne» wurde, stimmten sie überein, zum äußersten Mittel zu greifen: ihm das Geheimnis mitzuteilen, daß er *nicht* von kaiserlicher Herkunft sei, um so, wiederum Macht über ihn gewinnend, das höhere Wesen zum Sich-Zurückziehen zu veranlassen.

Daß Schiller nahe daran war, das zentrale Geheimnis der rätselhaften Persönlichkeit des falschen Demetrius zu enthüllen, davon zeugt die folgende Äußerung Rudolf Steiners vom 25. Februar 1922, die sich auf die zwei letzten unvollendeten Dramen des Dichters, «Die Malteser» und «Demetrius» beziehen: «Es ist zweifellos, wenn Schiller das einmal aufgeführt hätte, wäre er vor die Frage gedrängt worden: Wie kann man wiederum dazu kommen, die Anschauung der geistigen Welt hereinzubringen in das menschliche Schaffen? Denn die Frage stand ja schon ganz lebendig vor ihm da.»[102] Und weiter im Vortrag vom 18. Juli 1924: «Er [Schiller] trug, wenigstens bis zu einem gewissen Grade, die Bedingungen zur Initiation in sich»[103], und war «ganz zweifellos dazu prädestiniert, Hochspirituelles aus sich heraus hervorzubringen.»

Und so befand sich Schiller, als er am «Demetrius» arbeitete, an der Grenze zweier Geheimnisse, deren Enthüllung, und noch dazu in machtvoller künstlerischer Form, die Jesuiten mehr als alles fürchteten. Erstens, konnte das Drama unter dem Aspekt der Entwicklung des individuellen Ich in seiner Beziehung zum Christus-Impuls das Bestreben der Jesuiten aufzeigen, sich der Kindheitskräfte im Menschen zu bemächtigen, das heißt jener Kräfte, die den ursprünglichen, vom Sündenfall unberührten Kräften des Jesus verwandt sind und die deshalb im Menschen *nur* dem Christus gehören dürfen und niemandem sonst. Rudolf Steiner äußerte in diesem Zusammenhang: «Die Christus-Kraft muß sich mit dem verbinden, was die besten Kräfte der kindlichen Natur im Menschen sind. Sie darf sich nicht an die Fähigkeiten anknüpfen, die der Mensch verdorben hat, an das, was aus der aus dem bloßen Intellekt geborenen Weisheit herstammt, sondern sie muß an das anknüpfen, was aus den alten Zeiten der kindlichen Natur geblieben ist [das heißt an das in ihr, was nicht vom Sündenfall berührt wurde]»,anders gesagt: «Jeder [Mensch] trägt in dieser Beziehung die kindliche Natur in sich, und diese wird, wenn sie rege ist, auch eine Empfänglichkeit haben für die Verbindung mit dem Christus-Prinzip»[104], zu dem das individuelle Ich dann eine bewußte Beziehung finden muß.

Dieser «kindlichen Natur», oder, was dasselbe ist, dieser ursprünglichen Jesus-Natur in jedem Menschen, die allein die Christus-Kräfte in ihm aufzunehmen vermag, so wie einstmals Jesus von Nazareth den Christus bei der Taufe im Jordan aufnahm, wollten und wollen die Jesuiten sich bemächtigen, um sie in den Dienst nicht des Christus, sondern jener dämonischen geistigen Wesenheit zu stellen, der sie dienen, sie «Jesus» nennend. Darin besteht das eigentliche okkulte Ziel des Jesuiten-Ordens in bezug auf die einzelne menschliche Persönlichkeit. – In dem von ihnen im Jahre 1610 in Paraguay begründeten Jesuitenstaat versuchten sie erstmals, dieses Experiment im großen Maßstab zu verwirklichen[105], indem sie dabei die noch ganz «kindliche» Entwicklungsstufe des individuellen Ich nutzten, auf der dort die Einheimischen standen.

Es ist möglich, daß sie einen ähnlichen Plan auch in Rußland mit Hilfe des falschen Demetrius zu realisieren suchten, da sie wußten, daß zu jener Zeit die breite Masse seiner Bevölkerung in bezug auf die Entwicklung des individuellen Ich-Bewußtseins gegenüber dem übrigen Europa recht weit zurückgeblieben war.*[106]

Es unterliegt keinem Zweifel, daß Schiller schon das Bewußtsein von diesen Absichten der Jesuiten in bezug auf das Heiligste in der menschlichen Persönlichkeit in sich trug, als er in seinen Entwürfen zum Drama notierte, daß der «Fabricator doli», der den falschen Demetrius auf seine künftige Rolle als willfähriges Werkzeug der Intrige auf dem russischen Thron vorbereitete, ein «Religionseiferer» war, das heißt im Kontext mit anderen Notizen sehr wahrscheinlich ein Jesuit.

Aber Schiller konnte infolge des so bald erfolgenden vorzeitigen Todes, über dessen Ursachen später in diesem Kapitel gesprochen werden wird, diese Linie der Fabel doch nicht zur notwendigen Klarheit entwickeln. Wenn ihm dieses aber, und sei es nur in Andeutungen, gelungen wäre, dann wäre der ganzen Welt in einer machtvollen dramatischen Form das Verbrechen vor Augen geführt worden, das die Jesuiten gegen die heiligsten Kräfte der menschlichen Persönlichkeit begingen, was in vieler Hinsicht das spätere Schicksal Kaspar Hausers vorwegnahm.[107b]

Und wer weiß, ob jene dunklen Mächte, wenn der «Demetrius» 1806–1807 vollendet, in den folgenden Jahren herausgegeben und auf mehreren europäischen Bühnen aufgeführt worden wäre, so wie Goethe das erhoffte, es nach einer solchen öffentlichen Entlarvung ihrer geheimsten Absichten gewagt hätten, im Jahre 1812 das schreckliche Verbrechen an dem gerade erst geborenen Sohn des Großherzogs Karl von Baden, der später den Namen Kaspar Hauser erhielt, und seiner Gemahlin Stephanie von Beauharnais, der Adoptivtochter Napoleons, zu begehen.[108]

Was aber das zweite Geheimnis der Jesuiten betrifft, so mußten die Mitglieder des Jesuitenordens dessen Enthüllung noch mehr fürchten, denn es hing mit dem eigentlichen Wesen ihrer inneren Bestrebungen zusammen. Von diesem zweiten Geheimnis des Jesuitismus wurde bereits im vorhergehenden Kapitel eingehend gesprochen: das ist der bewußte Kampf gegen den Geist, den die Jesuiten von allem Anfang an in wahrhaft historischem Maßstab führen. «Tragen Sie aber stets in Ihrem Bewußtsein», sagte Rudolf Steiner in diesem Zusammenhang zu Polzer-Hoditz: «Die Jesuiten haben die Religiosität, die Frömmigkeit den Menschen genommen, sind ganz identisch mit der römischen Staatsgewalt. Der

---

* Diese Tatsache erwähnt Papst Paul V. in seinem Brief an Mniszek, in dem er schreibt· «Das Moskauer Volk ist leicht zum Katholizismus zu bekehren, denn es ist von Natur sanftmütig und bis heute nicht von Häresie durchsetzt [in erster Linie vom ‹Protestantismus›, der eine direkte Folge des Erwachens des individuellen Ich-Bewußtseins in der Bewußtseinsseele in Europa war[197]], und es zeichnet sich durch eine ungewöhnliche Anhänglichkeit an seine Herrscher aus.»[107a]

Kampf [gegen den Geist] und das heißt die Sünde gegen den Geist, ist ihr Herrschafts-Gewaltmittel, die einzige Sünde, von der die Schrift sagt, daß sie nicht vergeben wird.»[109]

Konkret äußert sich dieser Kampf gegen den Geist in dem Bestreben der Jesuiten, mit allen Mitteln (bis zur physischen Vernichtung, wie das letzten Endes auch mit Kaspar Hauser geschah), keinerlei Einfluß auf die Menschheit aus der geistigen Welt zuzulassen, ganz besonders keine neuen geistigen Offenbarungen, wenn letzteres nicht vollständig von den okkulten Kreisen der römisch-katholischen Kirche kontrolliert wird und nicht von ihr als Mittel zum Erreichen *ihrer eigenen* Ziele gebraucht werden kann.*

Als ein hauptsächliches Werkzeug der römisch-katholischen Kirche, das sie hervorbrachte, um die Menschheit von jedem individuellen und freien Verkehr mit dem Geist, mit den übersinnlichen Welten, abzuschneiden, sollte der Jesuitismus dienen. So «entstand der Jesuitismus...» sagte Rudolf Steiner in dieser Beziehung, «sein inneres Prinzip besteht darin, alles das in der Menschheitsentwickelung zu tun, was den Menschen fernhalten kann von dem Zusammenhange mit dem Übersinnlichen»[110].

Auf dieses Geheimnis des Jesuitismus wies ein halbes Jahrhundert nach Schiller auch F. M. Dostojewskij in seiner bekannten «Erzählung vom Großinquisitor» hin, die in dem Roman «Die Brüder Karamasow» enthalten ist, deren Inhalt er unmittelbar mit den Absichten des Jesuitenordens in Zusammenhang bringt. Da sagt Iwan Karamasow, um Aljescha den Grundgedanken seiner «Erzählung» zu erklären: «Der Greis [der Großinquisitor] selbst bemerkt Ihm [dem Christus], daß Er auch gar kein Recht habe, dem, was er schon früher gesagt habe, etwas hinzuzufügen. Darin liegt vielleicht der Grundzug des römischen Katholizismus; wenigstens ist das meine Meinung. Sie sagen: ‹Du hast alles dem Papste übergeben; folglich gehört jetzt alles dem Papste; Du aber komme jetzt überhaupt nicht wieder, störe wenigstens nicht vor der Zeit!› In diesem Sinne reden sie nicht nur, sondern sie schreiben auch so, wenigstens die *Jesuiten*. Das habe ich selbst bei ihren Theologen gelesen. ’Hast Du das Recht, uns auch nur eines der Geheimnisse jener Welt aufzudecken, aus der Du gekommen bist?’ fragt Ihn mein Greis und antwortet Ihm selbst für Ihn: ’Nein, ein solches Recht hast Du nicht; Du darfst dem, was Du schon früher gesagt hast, nichts hinzufügen...»

Besonders die Worte: «*Hast Du das Recht, uns auch nur eines der Geheimnisse aus jener Welt aufzudecken, aus der Du gekommen bist?*» und

---

* In der Geschichte des Katholizismus gibt es recht viele Beispiele dafür: Katharina von Emmerich im 19. Jahrhundert, Padre Pio im 20. Jahrhundert, die sogenannte «Erscheinung von Fatima», von der im nächsten Kapitel gesprochen wird, und vieles mehr.

die Antwort: «*Nein, ein solches Recht hast Du nicht!*», offenbart den ganzen Abgrund des antichristlichen Impulses im Jesuitismus. Daher kommt auch sein tödlicher Haß und seine unversöhnliche Feindschaft gegen jede wahre Geistesoffenbarung, gegen jedes Eindringen in die Geheimnisse der geistigen Welt, aus der einstmals der Christus an der Zeitenwende auf die Erde herabkam. Das ist aber auch der tiefere Grund für seinen Kampf gegen die moderne *Geisteswissenschaft* oder Anthroposophie. «Und Sie haben... schon... gesehen», sagt Rudolf Steiner in einem seiner Vorträge, sich unmittelbar an die Anthroposophen wendend, «was da alles gerade von *katholisch-jesuitischer* Seite aufgefahren wird, um diese Geisteswissenschaft zu *vernichten*.»[111]

Der Jesuitismus möchte der Welt anstelle einer von dem Christus für die Menschheit herabgesandten neuen Offenbarung des Heiligen Geistes, den die Menschen durch ein *Bewußtwerden* der Kindheitskräfte, der Jesus-Kräfte in ihrer Seele aufnehmen sollen, als der einzige okkulte Orden der römisch-katholischen Kirche*, der Welt eine «falsche Jesus-Imagination», ein «falsches Bild des Jesus» als des «Herrn der Erde als eines *Tyrannen*» zeigen (siehe Seite 8 u. 11), dessen Reich ganz und gar «von dieser Welt» ist. (Dieses Thema, ein Reich auf der Erde zu schaffen, das «von dieser Welt» ist, wurde besonders am 20. Jahrhundert aktuell, im Zusammenhang mit dem Auftreten einer ganzen Reihe von «Tyrannen» wie Lenin, Stalin, Hitler, Mussolini, Franco und so fort.)

Dieses zweite und zweifellos wichtigste Geheimnis des Jesuitismus wollte Schiller vor allem der Welt in seinem «Demetrius» mitteilen. Denn wenn die Jesuiten in die Fabel eingeführt worden wären und, wie Schiller bereits in seinem Szenar bemerkte, «die eigentliche Intrige von ihnen ausgehen konnte», dann wäre in erschütternder, dramatisch-künstlerischer Form in dem Stück das Motiv ihres konsequenten und erbarmungslosen Kampfes gegen Demetrius, der «gütig wie die Sonne ist», ein «Gott der Gnade für alle», in den Vordergrund getreten; das heißt das Motiv ihres Kampfes gegen Demetrius als Träger eines höheren übersinnlichen Wesens aus der geistigen Welt, als Herrscher, der in wachsendem Maße fähig wurde, aus unmittelbaren Inspirationen des lebendigen Geistes in der Welt zu wirken.

Den solchermaßen vom Geist inspirierten und geführten Herrscher beschließen die Jesuiten nun in einen «Betrüger» zu verwandeln (denn vom Standpunkt der Jesuiten ist jeder ein «Betrüger», der mit der individuellen – außerkirchlichen – Offenbarung oder mit dem Wirken des Geistes ver-

---

* Im 20. Jahrhundert muß zu dieser Richtung auch der in demselben gegründete Orden «Opus dei» gerechnet werden.[111a]

bunden ist), als der sich der falsche Demetrius nach dem Gespräch mit dem
«Fabricator doli» und dessen Ermordung auch zu fühlen beginnt, so daß er
sich allmählich unter dem Druck dieses Bewußtseins in einen *Tyrannen*
verwandelt. «Schon ist er der alte nicht mehr, ein *tyrannischer Geist* ist in
ihn gefahren», bemerkt Schiller in seinen Skizzen.[112]

Und an anderer Stelle heißt es, nicht weniger deutlich: «Demetrius wird
ein Tyrann.»[113] Der «tyrannische Geist», der nun in ihn fährt, ist das von
Schiller erahnte dämonische Wesen, das *hinter* dem Jesuitismus steht, dem
letzterer dient, wobei er es fälschlicherweise «Jesus» nennt. Dieses «falsche
Bild des Jesus», der als «der Herr der Erde . . . als Herrscher, als Tyrann»
erscheint und der die Macht dieses übersinnlichen Wesens verkörpert,
tragen die Jesuiten vom Westen nach dem Osten, «durch Polen» nach
Rußland, um mit seiner Hilfe die wahre «große Jesus-Imagination» zu
verdunkeln, die in den Tiefen der Seelen des «Christus-Volkes» als Pfand
seiner künftigen bewußten Vereinigung mit dem Christus-Impuls in der 6.
Kulturepoche lebt.[114] Als Instrument, um dieses Ziel im 17. Jahrhundert zu
erreichen, sollte der falsche Demetrius dienen und als hauptsächliches
Gewaltmittel der Kampf gegen den in ihm wirkenden Geist aus den übersinnlichen Welten und im weiteren Sinne der Kampf gegen jegliche Äußerung des höheren Ich als dem mikrokosmischen Träger des Heiligen-Geist-
Impulses im individuellen Menschen[115], eine Sünde, die nach dem Zeugnis
der Heiligen Schrift, nicht vergeben werden kann.

Das ist auch der tiefere, okkulte Sinn der wenigen Worte, die Rudolf
Steiner über den «Demetrius» von Schiller zu L. Polzer-Hoditz sagte, mit
denen wir dieses Kapitel begannen: «Das wollte Schiller in seinem ‹Demetrius› schildern, das Hineintragen des falschen Bildes [des Jesus] durch die
Polen, das heißt durch die römische Kirche.»

Wenn wir nun beachten, daß Schiller diesen mächtigen okkulten Inhalt real
in seiner Seele trug und ihn in seinem letzten Drama «schildern wollte»
(wenn auch vielleicht nur in Andeutungen), diese okkulte Seite des Sujets
jedoch infolge seines vorzeitigen Todes nicht unmittelbar in seine hinterlassenen Entwürfe und Skizzen prägen konnte, dann können wir völlig verstehen, warum die Jesuiten, als sie erfuhren, daß Schiller an dem «Demetrius»-Drama arbeitete «eine noch größere Furcht» bekamen. Denn da sie
die künstlerischen Möglichkeiten des Schillerschen Genius kannten und
wußten, wie «tief [er] im spirituellen Dasein drinnenstand»[115a], mußten sie
in diesem Falle mit ganz besonderer Schärfe die Tiefe des unüberwindli-
chen Abgrunds empfinden, der das hauptsächliche Bemühen des großen
Dichters, «die Anschauung der geistigen Welt hereinzubringen in das
menschliche Schaffen»[116], von dem Bemühen des Jesuitismus trennte, «den
Menschen . . . [weit] von dem Zusammenhang mit dem Übersinnlichen

fernzuhalten».[117] Hier standen wahrhaftig beide Prinzipien auf Leben und Tod einander gegenüber. Dabei war bei diesem geistigen Gegensatz die Lage der Jesuiten in jener Zeit (1804–1805) noch dadurch kompliziert, daß sie nicht offen gegen Schiller vorgehen konnten, da der Orden seit 1773 durch Papst Clemens XIV. verboten war.

Wenn wir das alles ins Bewußtsein nehmen, dann können uns die Worte Rudolf Steiners im Vortrag vom 18. Juli 1924 nicht als unglaublich erscheinen, daß der Tod Schillers von einer bestimmten Seite durch eine gezielte okkulte Einwirkung bewußt schneller herbeigeführt worden ist: «Schiller wird über seinem ‹Demetrius› krank; er spricht auf seinem Krankenlager fortwährend fast den ganzen ‹Demetrius› im hochgradigen Fieber heraus. Es wirkt etwas in Schiller *wie eine fremde Macht*, die sich durch den Körper ausdrückt... [so daß] man kann nicht anders – trotz alledem, was nach dieser Richtung geschrieben worden ist –, als aus dem Krankheitsbilde die Vorstellung zu haben, da ist auf irgendeine, wenn auch ganz okkulte Weise *mitgeholfen worden* an dem schnellen Sterben Schillers! Und daß Menschen eine Ahnung haben konnten, daß da mitgeholfen worden ist, das geht daraus hervor, wie Goethe, der nichts machen konnte, aber manches ahnte, in den letzten Tagen gar nicht wagte, den unmittelbar persönlichen Anteil – auch nicht nach dem Tode – zu nehmen, den er an dem wirklichen Hingange Schillers seinem Herzen nach wahrhaftig genommen hat. Er getraute sich nicht herauszugehen mit dem, was er in sich trug.»[118]

Aus diesem Grunde konnte Goethe auch nach dem Tode Schillers, trotz seines intensiven Wunsches, nicht für seinen verstorbenen Freund dessen letztes Werk beenden, was «die herrlichste Totenfeier» für ihn gewesen wäre.[119] «Mein erster Gedanke war», erinnert sich Goethe in den «Annalen», «den *Demetrius zu vollenden*. Von dem Vorsatz an bis in die letzte Zeit hatten wir den Plan öfters durchgesprochen... Indem ihn ein Ereigniß vor dem andern anzog, hatte ich beiräthig und mitthätig eingewirkt: das Stück war mir so lebendig als ihm. Nun brannte ich vor Begierde, unsere Unterhaltung [über den ‹Demetrius›] dem Tode zum Trotz, fortzusetzen, seine Gedanken, Ansichten und Absichten bis ins Einzelne zu bewahren... Sein Verlust schien mir ersetzt, indem ich sein Daseyn fortsetzte... Genug, aller Enthusiasmus, den die Verzweiflung bei einem großen Verlust in uns aufregt, hatte mich ergriffen. Frei war ich von aller Arbeit, in wenigen Monaten hätte ich das Stück vollendet: Es auf allen Theatern zugleich gespielt zu sehen, wäre die herrlichste Todtenfeier gewesen, die er selbst sich und den Freunden bereitet hätte. Ich schien mir gesund, ich schien mir getröstet. Nun aber setzten sich der Ausführung mancherlei Hindernisse entgegen, mit einiger Besonnenheit und Klugheit vielleicht zu beseitigen, die ich aber durch leidenschaftlichen Sturm und Verworrenheit nur noch vermehrte; eigensinnig und übereilt gab ich den Vorsatz auf, und *ich darf noch jetzt nicht an den Zustand denken, in welchen ich mich versetzt fühlte.* Nun war mir Schiller eigentlich erst entrissen, sein Umgang erst versagt. *Meiner künstlerischen Einbildungskraft war verboten, sich mit dem Katafalk [dem ‹Demetrius›], zu beschäftigen, den ich ihm aufzurichten gedachte*... unleidlicher Schmerz ergriff mich, und da mich körperliche Leiden von jeglicher Gesellschaft trennten, so war ich in traurigster Einsamkeit befangen.»[120] Und tatsächlich endete dieser Versuch, so bemerkt Goethe selbst in seinen Erinnerungen, das unvollendete Werk des verstorbenen Freundes zu beenden, auch für ihn selbst mit einer physischen, wenn auch nicht tödlichen Erkrankung[120a], wie auch – für einige Zeit – mit einer völligen schöpferischen Kraftlosigkeit, die er selbst als «einen hohlen Zustand» seiner Seele charakterisierte: «Und darum war die Verzweiflung Goethes so groß, als er Schiller verlor und daß der ‹Demetrius› nicht vollendet werden konnte», sagte Rudolf Steiner in diesem Zusammenhang zu Polzer-Hoditz.

Und so konnte Goethe bis zu seinem eigenen physischen Leib – wenn auch in einem ganz schwachen Abbild – die Kraft des *okkulten Schlages* erleben, den Schiller erhielt, der ohnehin eine große geistige Empfänglichkeit und eine sehr schwache Gesundheit besaß, und der ihn schließlich zugrunde richtete.

Wie kaltblütig und zynisch dieser Schlag geführt wurde, davon zeugt, daß konsequent Gerüchte über seinen Tod, die sogar in Zeitungsartikeln* auftauchten und die die Öffentlichkeit auf den bevorstehenden Tod des großen Dichters vorbereiten sollten, noch während seines Lebens verbreitet wurden. So schrieb Schiller selbst am 5. Januar 1805, ohne seinen Kummer zu verbergen, an Iffland: «Ich lebe auch noch, lieber Freund, wiewohl ich lange geschwiegen, und die Zeitungen mich todt gemacht haben.»[121] Die Angelegenheit ging so weit, daß schließlich eine bekannte Zeitschrift in Stuttgart eine offizielle Widerlegung derartiger Mitteilungen drucken mußte.

Hier kommen wir zu der Frage, in welchen okkulten Kreisen der Plan, Schiller einen solchen gezielten Schlag zu versetzen, erdacht und verwirklicht wurde. Im wesentlichen ist zwar die Antwort auf diese Frage schon in diesem Kapitel gegeben. Jedoch die besondere Wirkung dieses Schlages bestand darin, daß seine Initiatoren nicht nur Jesuiten, sondern auch ein geheimer Orden freimaurerischer Richtung war, der nicht lange vorher

---

* So wurde zum Beispiel im «Fränkischen Blatt» die Nachricht von Schillers Tod unbegründet verbreitet.

begonnen hatte, mit diesen zusammenzuarbeiten. Denn wenn erstere die Vollendung des Schillerschen «Demetrius»-Dramas am meisten fürchteten, so taten das die zweiten in nicht geringerem Maße in bezug auf die Vollendung des «Malteser»-Dramas; man «fürchtete, daß er okkulte Geheimnisse in seinen Dramen verraten könnte», Geheimnisse, die Rudolf Steiner als etwas, das «von den Kreuzzügen her bewahrt worden ist an allerlei Okkultem, an Mystischem und an *Initiationswissenschaft*»[122], das heißt als Keime jener Geistesweisheit, die schon zu Beginn des 19. Jahrhunderts Europa auf die genau einhundert Jahre später (1802–1902) erscheinende Anthroposophie hätte vorbereiten können. Aus diesem Grunde «vermehrte sich seit der Zeit die Gegnerschaft in Deutschland gegen ihn [Schiller] außerordentlich»[123].

Das hier Gesagte kann noch vertieft werden, wenn man beachtet, daß gerade am Übergang vom 18. zum 19. Jahrhundert in der an die Erde grenzenden geistigen Welt die Vorbereitung der Anthroposophie in ihrer himmlischen Form in mächtigen kosmischen Imaginationen geschah. Goethe empfing im Jahre 1795 unbewußt gewisse Inspirationen aus dieser Sphäre und schuf auf dieser Grundlage sein «Märchen von der grünen Schlange und der schönen Lilie»[123a]. Schiller befand sich mit seinem Streben – besonders in seinen letzten Lebensjahren –, «die Anschauung der geistigen Welt hereinzubringen in das menschliche Schaffen», um zu zeigen «wie ... die geistigen Welten mitgewirkt haben in den Taten der Menschen» ebenso an der Grenze zu deren Aufnahme, was sich dann zweifellos in seinen zwei letzten Dramen widergespiegelt hätte.

Ehe wir zum Abschluß dieser Betrachtung der Gründe für den vorzeitigen Tod Schillers die Worte Rudolf Steiners über denselben in einem Privatgespräch mit Fr. Rittelmeyer im Jahre 1921 anführen, ist es notwendig, wenigstens kurz auf die Geschichte der genannten Geheimgesellschaft freimaurerischer Richtung einzugehen wie auch auf das Zustandekommen und den Charakter ihrer Verbindung mit den Jesuiten. Am besten beleuchtet wohl Emil Bock diese Frage in seinem Buch «Geistesboten...» in dem Kapitel über Schiller.[124] Aus seiner Darstellung geht auch zweifelsfrei hervor, daß er selbst von Fr. Rittelmeyer gehört hat, was Rudolf Steiner zu diesem über den tragischen Tod Schillers äußerte. Emil Bock schreibt: «Im Jahre 1773 war der Jesuitenorden aufgehoben worden. Es ist selbstverständlich, daß er danach zwar seine offizielle Tätigkeit einstellte, in Wirklichkeit aber nun eher mehr als weniger wirksam war. Er mußte nach irgendwelchen Möglichkeiten Ausschau halten, auf die geistige Führung Mitteleuropas seine Einflüsse auszuüben, sah doch jeder Wissende, wie sich hier eine weitreichende Versammlung erlauchter Geistesheroen anbahnte [Goethe, Schiller, Novalis, Fichte, Schelling, Hegel, Lessing, Hölderlin und andere]. Damals gründete der ehemalige Jesuitenprofessor

Adam Weishaupt den Illuminatenorden. Er gebärdete sich zwar als ein Jesuitengegner, gab aber doch dem neuen Orden die Struktur des Jesuitenordens und dazu einen Inhalt, der eine Zusammenfügung jesuitischer und freimaurerischer Elemente war. Welche vorausschauende und zielbewußte Klugheit dabei im Spiele war, läßt sich erst ermessen, wenn man den weiteren Verlauf der Dinge mitberücksichtigt. Im Jahre 1785 wurde auch der Illuminatenorden, jenes Zwischenwesen zwischen Jesuitismus und Freimaurerei, aufgehoben. Nun gab es zwei Orden, die nicht mehr nach außen sichtbar wirken konnten, die aber um so intensiver unter der Oberfläche tätig waren. Viele Illuminaten fanden infolge der scheinbaren Verwandtschaft mit dem Freimaurertum in den Logen der Freimaurer Aufnahme. Es gehört nicht viel Kombinationsgabe dazu, zu erkennen, daß von da ab jesuitische Elemente innerhalb des Freimaurertums Einfluß gewannen. Der Illuminatenorden hatte den Jesuiten als Brücke dahin gedient, wo sie ihre Ziele sogar besser verfolgen konnten, als sie das gekonnt hätten, wenn ihr eigener Orden nicht verboten worden wäre.»

Zu diesem Auszug aus dem Buch von Emil Bock kann noch hinzugefügt werden, daß der Illuminatenorden im Jahre 1776 von Weishaupt (1748–1830) in Ingolstadt begründet wurde, wo sich seit dem 17. Jahrhundert eines der größten Jesuitenkollegs befand, das auch von Weishaupt absolviert wurde. Von da aus breitete sich der Orden zunächst in den katholischen Gebieten Süddeutschlands aus, besonders in Bayern, dann aber drang er auch nach Norden, in die protestantischen Länder, vor. Dabei begannen die jesuitischen Illuminaten sogleich nach der Begründung des Ordens in verschiedene Freimaurerlogen in Europa einzudringen. Ebenso wurde Weishaupt, der Begründer und Leiter dieses Ordens, schon 1777 in München in eine Freimaurerloge aufgenommen, und es traten viele angesehene Freimaurer in jener Zeit ihrerseits in den Illuminatenorden ein. So wurde zum Beispiel der bekannte Übersetzer aus dem Englischen und Herausgeber Joh. Joachim Chr. Bode (1730–1793) bald eines der führenden Mitglieder des Ordens. Er zog bereits 1778 als Hofrat nach Weimar, wo er die erste Illuminatenloge in dieser Stadt gründete. Der Orden wurde jedoch wegen seiner Verbindung mit dem Jesuitenorden und besonders wegen seiner offen verfolgten politischen Ziele nach einer Gerichtsverhandlung allgemein im Jahre 1785 verboten, was ihn allerdings nicht daran hinderte, seine Aktivität im geheimen noch zu verstärken.

Über das konsequente Eindringen von Jesuiten in Freimaurerlogen, wie es damals überall in Europa geschah, besonders mittels des zu diesem Zwecke gegründeten Illuminatenordens, äußerte sich Rudolf Steiner im Vortrag vom 4. April 1916[125] genauer. Dort wies er zunächst auf den Unterschied zwischen den gewöhnlichen Freimaurerlogen und den Illuminaten oder ähnlichen Geheimgesellschaften hin: «So [sind] . . . auf der anderen Seite nicht alle okkulten Verbrüderungen maurische Verbrüderungen ... Es gibt ja sogar in Deutschland hier die Illuminaten und dergleichen.» Und, nachdem er diese wichtige Bemerkung gemacht hat, fährt er fort: «... so daß es zum Beispiel durchaus möglich ist, daß ein Oberer einer Jesuitengemeinde zu einer solchen Gesellschaft dazugehört. Die Jesuiten bekämpfen selbstverständlich aufs wütendste die freimaurerischen Gemeinden, die freimaurerischen Gemeinden bekämpfen aufs wütendste die Jesuiten-Gemeinden; aber Obere der Freimaurer und Obere der Jesuiten-Gemeinden gehören den höheren Graden einer besonderen Bruderschaft an, bilden einen Staat im Staat, der die anderen umfaßt. Denken Sie sich, was man in der Welt wirken kann, wenn man so wirken kann, daß man auf der einen Seite zum Beispiel der Obere einer freimaurerischen Gemeinde ist, die also als Instrument dient, um zu wirken, und man sich verständigen kann mit dem Oberen einer Jesuiten-Gemeinschaft, um eine *einheitliche Handlung* vorzunehmen, die nur vorgenommen werden kann, wenn man einen solchen Apparat zur Verfügung hat ... Denken Sie, was man wirken kann, wenn man einen solchen Apparat zur Verfügung hat!»[126] Solche «einheitlichen Handlungen» gab es im 19. und 20. Jahrhundert eine ganze Anzahl, von denen hier vor allem der tragische Tod Schillers genannt werden soll, weiter das Verbrechen, das in der Kindheit an Kaspar Hauser verübt wurde, wie auch später seine Ermordung; und in unserem Jahrhundert der Brand und die feurige Vernichtung des ersten Goetheanum, das das einzige für das gewöhnliche Auge sichtbare «Haus des Wortes» war, und schließlich der okkulte Angriff, der am letzten Tag der Weihnachtstagung, am 1. Januar 1924 auf Rudolf Steiner ausgeführt wurde, wovon in einer anderen Arbeit des Verfassers ausführlich gesprochen wird.[128]

Von dem gemeinsamen Wirken einiger Freimaurerlogen mit den Jesuiten sprach Rudolf Steiner auch im Vortrag vom 3. Juli 1920: «In einem bestimmten Zeitpunkte, vom Ende des 18. Jahrhunderts ab [das heißt gerade zu der Zeit, als der Jesuitenorden überall in Europa – von 1773–1814 – verboten war] wimmelte es in den Freimaurerorden von Jesuiten und die machten für gewisse Orden [das System der] ... Hochgrade.»* Und weiter: «So daß Sie Jesuitismus nicht etwa nur da finden, wo über Freimaurertum geschimpft wird oder gegen das Freimaurertum gepredigt wird, sondern Sie finden in den Hochgraden sehr, sehr viel reinsten Jesuitismus.»

---

* So zum Beispiel führte der oben erwähnte Weishaupt in den von ihm begründeten Illuminatenorden das System der höheren Grade ein, um so den Jesuiten den Weg zu den höheren Graden der anderen Freimaurerlogen zu bahnen. In diese höheren Grade wurden dann die Mitglieder des Illuminatenordens aufgenommen, die einen höheren, über den drei niederen Graden erreicht hatten (das heißt von der vierten Stufe an).

Schließlich erreichte nach den Worten Rudolf Steiners, die er L. Polzer-Hoditz im November 1916 gegenüber äußerte, dieses gemeinsame Wirken der Jesuiten mit einigen Freimaurerlogen vornehmlich westlicher Richtung, das, wie schon erwähnt, bereits am Ende des 18. Jahrhunderts begonnen hatte, sehr rasch eine solche Verbreitung und Intensität, daß es «seit Januar 1802» auch auf äußere Weise «nachweislich ist»[130]. In unserem Zusammenhang ist das Jahr 1802, neben manchem anderem, besonders deswegen wichtig, weil Schiller zu dieser Zeit entschieden an die Arbeit an seinen zwei letzten Dramen «Die Malteser» und «Demetrius» ging.

Nach allem oben Dargestellten können wir nunmehr den Text der Niederschrift Fr. Rittelmeyers über sein Gespräch mit Rudolf Steiner über die wahren Gründe des vorzeitigen Todes Schillers anführen:

«In sehr starker Erinnerung ist mir ein Gespräch über die Templer. Als ob er die Geschehnisse vor sich sähe, erzählte Dr. Steiner, der Großmeister Jakob von Molay und sein Freund Gottfried seien auch gefoltert worden, aber nicht so arg wie die anderen. Ich hatte geäußert: Der Untergang der Templer erscheine mir als der größte Tragödienstoff der Geschichte, weil die beteiligten Persönlichkeiten alle so charakteristisch seien: Molay, Philippe, Nogaret, Imbert. Dr. Steiner erwiderte: Wer dieses Drama schreibe, der dürfe sich vorsehen, daß er nicht vergiftet werde. Er kam dann auf den Tod Schillers zu sprechen. Zum ersten Mal erfuhr ich damals –1921 – aus seinem Mund, daß Schiller einer Vergiftung erlegen ist. Auf meine Erwiderung, er sei doch lungenkrank gewesen, antwortete Dr. Steiner: Damit hätte er noch lange leben können, wenn man das Verhalten Goethes beim Tod Schillers genauer studiere, könne man auch die äußeren Hinweise finden. Ich fragte, von wem denn Schiller vergiftet worden sei: *Von jesuitischen Illuminaten*, war die Antwort. Dr. Steiner weiter: Da sei eine Broschüre von Ahlwerdt erschienen über diese Sache, aber es sei übel, wenn das deutsche Volk solche Wahrheiten aus dem Munde eines Ahlwardt erfährt.»*[131]

Dieser okkulte Angriff, dem Schiller von der erwähnten Seite her ausgesetzt war, als seine Arbeit an den «Maltesern» und dem «Demetrius» in vollem Gange war, zeugt von dem gnadenlosen Kampf, der hinter den Kulissen der äußeren Geschichte gegen die geistige Richtung geführt wird, die von Schiller († 1805) zu Kaspar Hauser (1812–1833) und von ihm zur Anthroposophie in der Gegenwart führt. Denn nach dem tragischen Tod des letzteren und der Tatsache, daß seine Aufgabe in bezug auf Mitteleuropa nicht erfüllt wurde, geriet das 1871 von Bismarck begründete «preußi-

---

* Hermann Ahlwardt (1846–1914), Schullehrer, Politiker, Reichstagsabgeordneter, besonders als fanatischer Antisemit und Mitbegründer der antisemitischen Volkspartei in Berlin bekannt. Broschüre: «Mehr Licht», Freideutscher Verlag, Dresden.

sche Imperium», da es keinen geistigen Gehalt und keine spirituellen Aufgaben erhalten hatte, die ihnen Kaspar Hauser hätte geben können und sollen, in die Hände solcher Gegner des Geistes und der wahren Aufgaben Mitteleuropas wie Wilhelm II., Ludendorff, Hindenburg und ähnliche Persönlichkeiten, die im 20. Jahrhundert in Deutschland dem Nationalsozialismus weit die Tore öffneten.[131a]

Was aber Osteuropa betrifft, so zog der Mißerfolg von Demetrius' Mission weniger als ein Jahrhundert später den Einbruch der petrinischen Reformen nach sich, welche der Entwicklung in Rußland eine ihm ganz fremde Richtung verliehen und welche auf politischem Felde das sogenannte «Testament Peters des Großen» hervorbrachten, ein programmatisches Dokument, auf dem seit jener Zeit die imperiale Politik des russischen Staates offen oder geheim ruht. Und letztere förderte zu einem nicht geringen Grade später die Katastrophe des Ersten Weltkriegs, welche in Rußland die günstigsten Bedingungen schuf dafür, daß im Herbst 1917 die Bolschewisten, mit Lenin an der Spitze, an die Macht kommen und in Osteuropa ein siebzigjähriges blutiges Regime errichten konnten.[132]

Die Aufgaben aber, die auf der Erde zu verwirklichen es tatsächlich weder im Falle des wahren Demetrius noch dem Kaspar Hausers gelang, fanden doch bis zu einem gewissen Grad, wenn auch in ganz anderer Form, ihre Realisierung. Denn diese Individualitäten haben, zwar gewaltsam vom physischen Plan vertrieben, auch weiterhin inspirierend an den irdischen Ereignissen teilgenommen, nun aber aus der geistigen Welt heraus.[133]

So kann man den Demetrius-Impuls einerseits in dem russischen Rosenkreuzertum des 18./19. Jahrhunderts finden, das sich um Nowikow, Schwarz und Gamaleja gruppiert, und andererseits in der russischen klassischen Literatur und religiösen Philosophie (bei Lomonossow, Deržawin, Gogol, Lermontow, Tjutschew, Baratynskij, Tolstoj, Dostojewskij, Turgenjew, Al. K. Tolstoj, Solowjeff, den frühen Slawophilen, Kirejewskij, Chomjakow, I. Aksakow und anderen). Denn die innersten und intimsten Ahnungen all dieser hervorragenden Vertreter der russischen Kultur des 18./19. Jahrhunderts, die oftmals nicht bis in ihr Bewußtsein drangen, waren nichts anderes als das Bestreben – sei es auch verspätet und nur in Teilen –, die eigentliche Mission des wahren Demetrius zu erfüllen: die im russischen Menschen lebende «Gralsstimmung» aus der Empfindungsseele in die Verstandes- oder Gemütsseele zu heben, um sodann aus den Quellen des solchermaßen errungenen bewußteren Erlebens des Christus-Impulses eine neue christliche Kultur zu schaffen und mit ihr die allgemeine europäische Kultur zu befruchten.[134]

Auf ähnliche Weise kann man auch in metamorphosierter Form eine Fortsetzung der mitteleuropäischen Mission Kaspar Hausers, durch den «in Süddeutschland hätte ... [entstehen] sollen die neue Gralsburg der neuen Geistesstreiter und die Wiege künftiger Ereignisse»[135], in der modernen Geisteswissenschaft oder Anthroposophie finden, welche dem Menschen des 20. Jahrhunderts die neue «Wissenschaft vom Gral», das neue «Wissen vom Gral»[136] eröffnen will, die zum Erleben des Christus-Impulses in der vergeistigten Bewußtseinsseele führen.

In dieser Richtung wirkt auch nach seinem am 9. Mai 1805 eingetretenen Tode die Individualität von Friedrich Schiller, die während ihres Lebens alles Edle, Erhabene und Geisterfüllte, das ihr die Kultur und das geistige Leben Mitteleuropas jener Zeit geben konnten, in sich aufnahm. «Wenn man sich [deshalb]», so sagte Rudolf Steiner, «in diese Seele Schillers nach dem Tode vertieft, [gibt es] geistige Inspirationen in Hülle und Fülle aus der geistigen Welt heraus.»[137]

Für das künftige Schicksal von Schiller selbst ist jedoch noch etwas anderes bedeutsam. In seinen letzten Lebensjahren, während der Arbeit an dem «Demetrius»-Drama, richtete er in wachsendem Maße seinen inneren Blick auf Osteuropa. Seine zahlreichen Notizen und Entwürfe zu dem Drama zeugen deutlich davon, welch intensive Studien der russischen Geschichte, Lebensart, Folklore, der sprachlichen Eigenarten, der Gewohnheiten, Kleidung und – vor allem – des innersten Wesens und Charakters des Seelenlebens des russischen Menschen die letzten Monate, Wochen und Tage des großen deutschen Dichters erfüllten. Aber das Wichtigste für ihn war natürlich das Drama selbst und das unüberwindliche Streben, trotz der sich verstärkenden physischen Leiden, um jeden Preis das Begonnene zu vollenden! In diesem einzigen Bestreben konzentrierte sich nun, so kann man sagen, sein ganzes Wesen, sein ganzer mächtiger Schöpferwille.

Sogar während seiner letzten Krankheit, als er sich zeitweilig bereits im Fieberwahn befand, dachte er weiterhin nur an den Inhalt seines Dramas. Rudolf Steiner beschreibt seinen Zustand folgendermaßen: «. . . er spricht auf seinem Krankenlager fortwährend fast den ganzen ‹Demetrius› im hochgradigen Fieber heraus».[138]

Und Caroline von Wolzogen, eine Schiller sehr nahe stehende Freundin, schreibt über die letzten Lebenstage des Dichters: «Der Demetrius beschäftigte ihn immerwährend, und die Unterbrechung dieser Arbeit [infolge der Krankheit] beklagte er sehr . . . Sein treuer Diener, der die Nächte bei ihm zubrachte, sagte, daß er viel gesprochen, meist vom Demetrius, aus dem er Scenen recitiert . . . Den Monolog der Marfa im Demetrius fand mein Mann auf Schillers Schreibtisch; es waren wahrscheinlich die letzten Zeilen, die er geschrieben.»[139]

In diesem Monolog, der nach dem Willen des Schicksals nicht nur den unvollendeten «Demetrius» abschließt, sondern auch das unvollendete Leben des Dichters selbst, erhebt sich Schiller, besonders in den letzten

Versen desselben, zu einem feierlichen Hymnus, den Marfa, eine so ganz russische Mutter und Frau, spricht. Es ist, als ob die Seele des russischen Volkes mit all seiner Leidenschaftlichkeit und zugleich mit all dem Streben, den Erwartungen und Ahnungen einer zukünftigen, höheren, jedoch bislang noch unerreichbaren Welt, Marfa diese Worte sprechen lasse, in denen sie sich nun nicht an den irdischen Demetrius wendet, sondern an ihren durch ihn und in ihm wirkenden wahren Sohn, der erschlagen wurde und doch unsichtbar lebt und wirkt und der für sie in diesem Augenblick zur Verkörperung des in den Kindheitskräften der Seele jedes Menschen lebenden Sohnes des himmlischen Vaters wird:[139a]

> «Ich habe nichts als mein Gebet und Flehn,
> Das schöpf ich flammend aus der tiefsten Seele,
> Beflügelt send ichs in des Himmels Höhn,
> Wie eine Heerschaar send ich dirs entgegen!»
> (1201–1205)

Diese Worte, dem Wesen entgegengesandt, das die spirituelle Zukunft Rußlands repräsentiert und aus den Klostermauern herausgesprochen, in welche man in jener Zeit die Menschen wie ins Gefängnis verbannte, kann man als Motto über die ganze Leidensgeschichte des russischen Volkes bis in unsere Zeit setzen. Mit ihnen drang Schiller wahrhaftig in das verborgenste Wesen der russischen Seele, indem er mit *ihrem* Streben *sein eigenes* tiefstes Streben verband. Denn man kann sagen, um eine Charakterisierung Goethes anzuwenden, daß wie Schiller so auch dem russischen Volk als «Christus-Volk»[140] «eben diese Christus-Tendenz eingeboren ist»[141].

Wenn man von diesem Standpunkt tatsächlich den geistigen Sinn von Schillers Streben zum Osten Europas in den letzten Monaten, Wochen und Tagen seines Erdenlebens erfaßt, ist es einfach unmöglich, darin etwas anderes zu sehen als eine prophetische Ahnung seiner künftigen Inkarnation, wo er seiner ihm ureigenen «Christus-Tendenz» folgend sich in Rußland* inkarnieren wird und wo er, mit den Erfahrungen seiner vorhergehenden Inkarnation in Mitteleuropa, dem russischen Volk die «Gralsstimmung» nunmehr wird in der Bewußtseinsseele zeigen können, und das bedeutet, sie in das verwandeln, was in der christlichen Esoterik stets Sophia genannt wurde,[142] welche fähig ist, den Geist in sich aufzunehmen, der «als ‹Ich› oder ‹Selbst› des Menschen erscheint» und deshalb «Geistselbst» genannt werden kann,[143] auf welchem die Zukunft Osteuropas ruhen wird.

---

* Goethe hingegen wird sich wohl eher im Westen verkörpern.

7. Schlußbetrachtung:
Das Demetrius-Problem und die Gegenwart

Die Folgen der Ermordung des wahren Zarewitsch Dimitrij in Uglitsch und die mit seinem tragischen Untergang endende Niederlage des zweiten Demetrius im Kampf mit den Geistesgegnern, haben sich für die ganze weitere russische Geschichte als verhängnisvoll erwiesen. Denn die doppelte Tragödie, welche die Aufgabe der so tief und auf geheimnisvolle Weise mit der Wesenheit des russischen Volksgeistes verbundenen hohen Individualität zum Mißerfolg verurteilte, hatte nicht nur die verheerende und blutige «Zeit der Wirren» zur Folge, sondern auch den nachfolgenden Triumph der «Petrinischen Richtung». Infolgedessen geschah in Rußland «im Kleinen», was Christian Rosenkreutz auf dem Konzil von 1604 für die ganze Menschheit abzuwenden suchte: die Teilung der russischen Bevölkerung in zwei Schichten, in die ganz auf die westliche, materialistische Zivilisation orientierte, sogenannte gebildete Schicht und die breite Masse des Volkes, die von dieser auch weiterhin unberührt war und fortfuhr, ein tiefreligiöses Leben zu führen.

Im 20. Jahrhundert benutzten die Bolschewisten in ihrem Kampf um die Macht eben diese Zweiteilung der russischen Gesellschaft und das völlige Fehlen einer mittleren Schicht. Sie füllten buchstäblich jene sozial-geistige Leere[1] aus, jenes innere Vakuum, das entstanden war, weil der wahre Demetrius seine Aufgabe nicht erfüllen konnte und das zur Folge hatte, daß Peter I. die Impulse der Verstandes- oder Gemütsseele auf unrichtige Weise in Rußland einführte, auf eine dem Wesen des russischen Volkes fremde und deshalb für es schädliche Weise.[2]

In unserer Zeit, am Ende des 20. Jahrhunderts und nach dem Fall des Bolschewismus in Osteuropa, ist diese Situation wieder aktuell geworden. Heute jedoch ist dieser Kampf auf einer neuen Stufe der historisch-geistigen Entwicklung nicht um die Verstandes- oder Gemütsseele der ostslawischen Völker entbrannt, sondern um die allmählich unter ihnen erwachende Bewußtseinsseele.[3] Abermals steht, so wie damals zu Beginn des 17. Jahrhunderts Osteuropa an der Schwelle einer «Zeit der Wirren». Und wieder stürzen sich *zwei Mächte*, die gleichzeitig einander nahe stehen und diametral entgegengesetzt sind, auf den europäischen Osten, um ihn geistig in zwei Teile zu teilen und ihn so dem eigenen Einfluß zu unterwerfen. Diese zwei Mächte sind der Amerikanismus als die extremste Erscheinung der modernen kapitalistisch-technokratischen, westlichen Zivilisation und der römische Katholizismus.[4] Das sind zwei der mächtigsten Impulse der heutigen Welt, die zur Weltherrschaft streben. Hinter dem ersten stehen, okkult-politisch betrachtet, westliche Geheimgesellschaften (Logen), die, um ihre Ziele zu erreichen, einen «Übermaterialismus» auf der ganzen Welt zu verbreiten suchen, und hinter dem zweiten steht der Jesuitismus in seinen verschiedenen modernen Varianten innerhalb der katholischen Welt (so zum Beispiel in der Form des Opus Dei).[5]

Über die innere Verwandtschaft dieser zwei, äußerlich so verschieden erscheinenden Richtungen sagte Rudolf Steiner: «Sie haben ja gesehen: Es ist wesentlich ein Hinneigen des Amerikanismus zur Ahrimankultur, was das Ausschlaggebende ist. Aber eine richtige Förderung würde dieser Amerikanismus erhalten können, wenn er unterstützt würde von einer andern Weltanschauung, die viel verwandter mit ihm ist, als man denkt. Das ist der Jesuitismus. Jesuitismus und Amerikanismus sind zwei sehr, sehr verwandte Dinge. Denn als der fünfte nachatlantische Zeitraum begann, da handelte es sich darum, einen Impuls zu finden, durch den man sich in den Stand setzen konnte, die Menschen möglichst hinwegzuführen von dem Verständnisse des Christus. Und diejenige Bestrebung in der Kulturentwickelung, welche es sich zur Aufgabe gesetzt hat, kein Verständnis des Christus aufkommen zu lassen, das Verständnis des Christus vollständig zu untergraben, das ist der Jesuitismus. Der Jesuitismus strebt danach, allmählich jede Möglichkeit eines Christus-Verständnisses auszurotten.»[6] – «Diese beiden Strömungen – Amerikanismus und Jesuitismus – arbeiten gewissermaßen ineinander», äußerte Rudolf Steiner in einem anderen Vortrag.[7]

Beide Strömungen verfolgen so von ihrem Entstehen an dasselbe Ziel unter Anwendung verschiedener Methoden: der Amerikanismus, indem er den Materialismus auf jede Weise zu verbreiten sucht, und der Jesuitismus, der sich mit allen ihm zugänglichen Mitteln bemüht, eine wahre Erkenntnis der Christus-Wesenheit zu verhindern, indem er diese durch ein einseitiges Jesus-Prinzip und die irdische Macht des Papstes als seines Stellvertreters ersetzt.

Schon seit der Zeit Napoleons sind beide Strömungen ein neues Bündnis eingegangen. Seitdem haben sie ihre Aufgaben streng aufgeteilt, aber ihre Bemühungen – nach dem Prinzip – «Teile und herrsche» – sind um so wirksamer auf das genannte Ziel ausgerichtet. «Die weltanschaulichen und geistigen Angelegenheiten sind ausschließlich in die Hand der Jesuiten gegeben; die wirtschaftlichen in die der anglo-amerikanischen Logen, der Logen des Westens»[8], so stellte es Rudolf Steiner dar und fuhr fort: «Diese Pläne aber werden mehr und mehr zu tragischen Konflikten und Katastrophen führen, weil *alle diese Pläne ja nicht mit dem Menschen und der menschlichen Entwickelung rechnen.*» Und noch weniger rechnet die auf der mittelalterlichen Entwicklungsstufe der Verstandes- oder Gemütsseele stehengebliebene römisch-katholische Kirche mit ihnen.

Besonders instruktiv sind in diesem Zusammenhang die okkult-politischen Methoden, zu denen der gegenwärtige «slawische» Papst Johannes Paul II. (Wojtyla) Zuflucht nimmt in bezug auf Osteuropa. Eine zentrale Rolle spielen dabei die vom Vatikan benutzten sogenannten «Schauungen von Fatima». Es handelt sich dabei um Folgendes. Im Jahre 1917 hatten drei Kinder in dem kleinen portugiesischen Dorf Fatima eine Schau der Gottesmutter, die ihnen bei ihrem Erscheinen Geheimnisse mitteilte, die das zukünftige Rußland betreffen, ein Land, von dessen Existenz die Kinder wohl kaum etwas wußten. Die zwei ersten Geheimnisse[9] betrafen Rußland bevorstehende, außerordentlich schwere Prüfungen und große Leiden (die Schauungen fanden im Jahre *1917* statt), die jedoch letzten Endes überwunden werden würden, denn die Gottesmutter werde Rußland von nun an unter ihren besonderen Schutz nehmen.

Seit der Zeit ist das Dörfchen ein Pilgerzentrum für Katholiken aus aller Welt geworden. Auch mehrere Päpste besuchten es, unter anderem der letzte. Jährlich wird im Herbst, zum Jahrestag der Schauungen, ein großes Fest zu Ehren der Mutter Gottes von «Fatima» gefeiert, das erstmals im Jahre 1991 auch vom sowjetischen Fernsehen übertragen und im ganzen Lande ausgestrahlt wurde.

Eine unmittelbare Folge der «Schauungen von Fatima» war das Ritual, das Papst Johannes Paul II. am 25. März 1984 auf dem Petersplatz in Rom vornahm, bei dem er «Rußland dem allerreinsten Herzen der Gottesmutter weihte»[10]. Jedoch viel mehr als diese rituelle Handlung zeugt seine osteuropäische Politik der letzten Jahre davon, wie der Papst die «Offenbarungen von Fatima» auffaßt. Denn vom Standpunkt der katholischen Dogmatik ist die Gottesmutter auch eine Gestalt der einzig wahren, das heißt *römisch-katholischen* Kirche, und deshalb bedeutet, «Rußland der Gottesmutter zu weihen» faktisch nichts anderes, als dieses *zum Katholizismus zu bekehren*.[11] Zudem handelt es sich für den Vatikan hier nicht um Offenbarungen der Gottesmutter, sondern um Offenbarungen der «katholischen» Gottesmutter, wobei die neuen dogmatischen, den Lehren des Urchristentums völlig widersprechenden Thesen, die im 19. und 20. Jahrhundert erlassen wurden,[12] auch heute noch für die Ostkirche ganz unannehmbar sind.[13]

In diesem offensichtlichen Bemühen des Vatikan, sich Osteuropa zu unterwerfen, spielen auch die Jesuiten heute eine aktive Rolle. So kann man einem Interview, das eine Moskauer Journalistin der «Literaturnaja Gazeta»[14] mit Giuseppe Pittau führte, der, wie sie sagte «einer der einflußreichsten Berater der Ordensoberen [des Jesuitenordens] ist, der das päpstliche Ostinstitut, die Gregorianische Universität und das Russische Kolleg

am Vatikan leitet [das sogenannten Russikum]»[14a], das Folgende entnehmen. Bis heute haben Jesuiten, im Auftrag des Heiligen Stuhles bereits drei
eigene Vertretungen in Rußland eröffnet: in Moskau, St. Petersburg und
Nowosibirsk und auf der Grundlage derselben mehrere «kulturelle Zen-
tren» eingerichtet. Zudem existiert bereits in Moskau ein katholisches
College unter jesuitischer Leitung, auf dessen Grundlage in nächster Zeit
eine erste katholische Universität in Rußland entstehen soll. (Es ist kein
Zufall, daß die Mehrzahl der Lehrer Polen sind, denn auch Pittau nennt in
seinem Interview beim Charakterisieren der Tätigkeitsfelder der Jesuiten
in der Welt ganz besonders Polen.) Außerdem wird in Moskau – nicht ohne
Hilfe von Jesuiten – schon mehrere Jahre ein «Katholischer Bote»[146] herausgegeben, werden katholische Ausstellungen organisiert, internationale
Konferenzen und Seminare durchgeführt.

So ist das heutige Wirken der Jesuiten in Rußland einer der wichtigsten
Bestandteile der allgemeinen Osteuropa-Politik des Vatikan, die auch ein
zielgerichtetes und sich steigerndes Werben um Übertritte in der Welt der
Orthodoxie, die Gründung neuer katholischer Kirchen in Osteuropa, die
Ernennung von drei neuen Bischöfen in Rußland sowie die Öffnung einer
Botschaft des Vatikan in Moskau einschließt, ganz zu schweigen von der
intensivsten Unterstützung des Uniatentums[15], vor allem in der Ukraine
und in Weißrußland. Das alles spricht eine deutliche Sprache.

Besonders aufschlußreich ist in dieser Beziehung auch die letzte Reise
des Papstes nach Polen, während der er mehrere polnische Grenzstädte zur
Ukraine und zu Weißrußland besuchte, wo er Gottesdienste nicht nur in
römischer, sondern auch in uniatischer Form, das heißt nach der Ordnung
der orthodoxen Kirche, hielt. Dabei war der Zustrom der Wallfahrer aus
dem Osten so groß, daß die Grenzbeamten an mehreren Orten die Grenzen
einfach öffnen mußten, um die jubelnde, vieltausendköpfige Menge zum
Papst durchzulassen.

Diese und viele andere weniger show-artige Maßnahmen der römischen
Kirche in bezug auf den slawischen Osten, ganz besonders die Ukraine,
Weißrußland und Rußland, zwangen die Leitung der russischen orthodoxen Kirche mit dem Patriarchen der ganzen Rusj an der Spitze, Alexij II.
(der eigenartigerweise seiner Herkunft nach ein Baltendeutscher mit dem
weltlichen Familiennamen Ridiger ist), jeglichen «ökumenischen» Verkehr mit der römisch-katholischen Kirche abzubrechen. Denn vom Standpunkt der Leitung der russischen orthodoxen Kirche kann man solche
Handlungen als nichts anders ansehen denn als erwiesene, geheime Wühl-
arbeit der westlichen Kirche gegen die östliche, wenn man Probleme nicht
durch öffentliche Gespräche und Konsultationen zu lösen sucht, sondern
durch wachsende Aktivität nur der einen Seite.

Aus diesem Grunde lehnten es die russische orthodoxe Kirche sowie auch einige weitere orthodoxen Kirchen Osteuropas (so zum Beispiel die rumänische und die bulgarische) kategorisch ab, an der von Papst Johannes Paul II. Ende November 1991 nach Rom berufenen zweiwöchigen Synode europäischer Kardinäle und Bischöfe teilzunehmen, die der Notwendigkeit der «Neu-Evangelisation Europas» gewidmet war und bei deren Eröffnung der Papst erklärte, daß «die katholische Kirche in den ehemals kommunistischen Staaten Osteuropas eine dynamischere Rolle spielen» müsse.[16]

Die Hauptrolle bei dieser «Dynamisierung» sind dabei offensichtlich zwei Staaten zu spielen berufen, die unmittelbar an Osteuropa grenzen und die den höchsten Prozentsatz von Katholiken auf der Welt haben: Polen und Litauen. Und das sind die zwei Länder, die zu Beginn des 17. Jahrhunderts zu einem Staat mit dem Namen Retsch Pospolita verbunden waren und wo der falsche Demetrius einst seinen Kriegszug gegen Rußland begann.

Im Unterschied zu allen anderen katholischen Ländern Europas (wie zum Beispiel Frankreich, Italien und Spanien) ging in den letzten Jahrzehnten im Prozeß des sich verstärkenden Kampfes gegen den Bolschewismus eine immer stärkere «Nationalisierung» des Klerus in Polen und Litauen vor sich, das heißt eine Verbindung der katholischen mit der nationalen Idee, des Katholizismus mit dem Nationalismus. Daher kommt auch die ungewöhnliche Kraft und Lebensfähigkeit des Katholizismus in diesen Ländern. Und deshalb können sie auch aufs beste vom Vatikan zur Katholisierung der ostslawischen Welt benutzt werden, und das heißt auch zur Ausbreitung seiner geistigen Macht nach Osteuropa; zunächst durch Einpflanzung des Katholizismus in seinen zwei Formen: der römischen und der uniatischen Form in der Ukraine und in Weißrußland und später in Rußland, so wie ein solcher Versuch schon einmal zu Beginn des 17. Jahrhunderts durch den falschen Demetrius stattgefunden hat. Es ist deshalb wohl auch kein Zufall, daß nach der Unabhängigkeitserklärung der Ukraine im Dezember 1991 Polen das erste Land war, das sie anerkannte.

Auf den Ernst dieser Lage der Dinge wies Rudolf Steiner bereits prophetisch im Jahre 1918 hin, so daß die damals von ihm geäußerten Worte so aktuell erscheinen wie niemals zuvor. Als Antwort auf eine Frage über die Beziehung zur katholischen Kirche nach einem öffentlichen Vortrag, der der Dreigliederung des sozialen Organismus gewidmet war, äußerte er: «Aber es [das Polentum] hat ein anderes geschaffen und das macht erst die Stärke des Polentums innerhalb des Katholizismus aus und hat wesentlich das National-Polnische gestärkt: Das Polentum [wie auch Litauen S.P.] hat es verstanden, den Klerus zu nationalisieren. Das hat kein anderes Volk verstanden [außer die Litauer, S.P.]. Der polnische Klerus ist polnischnational und denkt, fühlt und empfindet durchaus polnisch-national. Nun, heute stehen wir aber vor einer Tatsache, die darin besteht, daß die katholische Kirche daran denkt, ihre Macht mit allen Mitteln, die ihr zur Verfügung stehen, zu vergrößern ... Denn die katholische Kirche hat das Ziel, die christliche Wahrheit sorgfältig zu vermeiden und die Macht der Kirche so groß als möglich zu machen. Das ist das Ziel der katholischen Kirche ... [Deshalb] wird die katholische Kirche gerade das Aufstreben der breiten Massen benützen, um ihre Macht zu erhöhen. Und die katholische Kirche benützt alles, was ihr zur Verfügung stehen kann, benützt also jetzt auch in ihrer großen Weltpolitik ... so etwas wie die Nationalisierung des polnischen Klerus; und Polen wird in dem Spiele, welches die katholische Kirche treibt, ein Wesentliches sein. Also, die katholische Kirche wird, so meine ich, in der Nationalisierung etwas sehen, was sie ganz gut in ihr Spiel innerhalb der großen Weltenpolitik wird einbeziehen wollen.»[47]

Schon Alexander Solschenizyn hat in seinem «Manifest. Rußlands Weg aus der Krise» («Kak nam obustroit Rossiju?») auf die wohl größte Gefahr hingewiesen, die Osteuropa droht: auf die Teilung des einen Organismus der osteuropäischen Völker der Ukrainer, Weißrussen und Russen, in drei vollkommen voneinander unabhängige Gebilde. Denn geisteswissenschaftlich betrachtet sind sie von ihren geistigen Wurzeln und ihren historischen Schicksalen her unauflöslich miteinander verbunden, so ähnlich wie Denken, Fühlen und Wollen in der menschlichen Seele. So äußert sich bei den Ukrainern mit ihrem beweglichen südlichen Temperament und einer gegründeteren Beziehung zur Arbeit sowie zu jeder äußeren Tätigkeit das *Willens*-Element der Ostslawen in beachtlichem Maße; bei den Russen überwiegt das Element des *Fühlens* und bei den Weißrussen, dank ihrer Nähe zum Westen (Westen – vom Osten aus gesehen) das Element des *Denkens*, des Verstandes.

Wenn die gegenwärtig geplante und für unvermeidlich angesehene Trennung dieser drei ostslawischen Völker nur auf politisch-wirtschaftlicher Ebene vor sich geht, dann kann sie aus weltgeschichtlicher Perspektive in der einen oder anderen Form in der Zukunft auch wieder überwunden werden. Wenn es aber der katholischen Kirche, die zunächst nur rein äußere durch die Folgen der bolschewistischen Herrschaft hervorgerufene Trennung der drei Brüder nutzend, gelingen sollte, auf den oben charakterisierten Wegen allmählich die Ukraine und Weißrußland zum Katholizismus zu bekehren – und darin sieht sie heute ihre vornehmliche Aufgabe innerhalb ihrer Osteuropapolitik –, dann wird deren zukünftige *geistige Verbindung* mit Rußland praktisch *unmöglich* sein. Denn eine geistige Abhängigkeit von Rom wird nicht nur einen Prozeß der Vereinigung, sondern auch jegliche Annäherung außerordentlich erschweren.

Als nächste Etappe in der Osteuropapolitik des Vatikan erscheint dann

150

die Bekehrung des geistig isolierten Rußland selbst zum Katholizismus*
mittels der katholischen Ukraine und Weißrußlands, so wie schon heute die
Bekehrung letzterer mit aller Kraft durch Polen und Litauen vorgenommen
wird.

$$\text{Vatikan} \quad \begin{matrix} \nearrow \\ \searrow \end{matrix} \quad \begin{matrix} \text{Polen} & \rightarrow & \text{Ukraine} \\ \text{Litauen} & \rightarrow & \text{Weißrußland} \end{matrix} \quad \begin{matrix} \searrow \\ \nearrow \end{matrix} \quad \text{Rußland}$$

Wie sehr der Vatikan in dieser Osteuropapolitik in Übereinstimmung mit
Washington handelt, davon zeugt die Tatsache, daß bereits einige Tage *vor*
der Durchführung des Referendums über die staatliche Unabhängigkeit in
der Ukraine (1. 12. 1991), das heißt *vor* deren eigener Willensbekundung
Präsident Bush öffentlich die Anerkennung derselben durch die Vereinigten Staaten von Amerika aussprach.**

Und so sprechen viele Symptome davon, daß sich die Situation, die sich
am Ende des 16. bis zum Beginn des 17. Jahrhunderts in Osteuropa entwik-
kelt hatte, heute, nur in anderer Form und auf einer anderen Ebene
wiederholt. Wiederum droht Osteuropa eine «Teilung» in zwei Arten von
Menschen, wovon im Jahre 1604 Christian Rosenkreutz sprach: in
moderne Technokraten, die nur die äußere materialistische Zivilisation des
Westens anbeten und die als einziges Ideal für den Fortschritt in der Welt
den allgemeinen Triumph des Amerikanismus – auch in Osteuropa – halten
und in Menschen, die sich, koste es was es wolle, vor irgendeiner äußeren
Autorität verneigen wollen, sei das der römische Papst oder ein östlicher
Guru, und die damit zu mittelalterlichen Formen des Bewußtseins und des
religiösen Lebens zurückkehren.

Die Mitte ist nur in der Anthroposophie gegeben und in der sozialen
Sphäre nur in der Dreigliederung des sozialen Organismus. Von letzterer
sagte Rudolf Steiner mehrfach, daß sie früher oder später eintreten wird.
Wenn aber die Menschheit sie nicht freiwillig aus geistigem Verständnis
annimmt, dann werden unvermeidliche Katastrophen sie in Zukunft zwin-
gen, das zu tun. Vorboten dieser Katastrophen sehen wir heute schon
überall in der Welt.

Einmal, während des Ersten Weltkriegs, sprach Rudolf Steiner zu Anna
Samweber die Worte, die sich ihr tief in die Seele prägten:

---

* Diese Etappen sind zeitlich natürlich nicht streng gegeneinander abgegrenzt. Versuche,
  Rußland zum Katholizismus zu bekehren, werden sicher von Anfang an gemacht werden.
** Es ist interessant, daß die Mehrzahl der Länder Westeuropas Bush nicht unterstützten,
  sondern das erste Wort dem ukrainischen Volk selbst einräumten.

«Ohne Dreigliederung – Bolschewismus,
Ohne Anthroposophie – Katholizismus.»[19]

Heute, mehr als siebzig Jahre später, kann man, die ganz neue Situation
betrachtend, die in Osteuropa nach dem Fall des Bolschewismus entstanden ist, diesen Gedanken etwas anders formulieren:

«Ohne Dreigliederung – Amerikanismus
Ohne Anthroposophie – Katholizismus.»

Weder das eine noch das andere wird jedoch Osteuropa das Heil bringen,
denn in Wirklichkeit «rechnet man [dort] nicht mit dem Menschen und der
menschlichen Entwickelung». Das aber, was mit dem einen wie dem anderen rechnet, das ist die moderne Einweihungsweisheit vom Menschen, die,
mit Worten Rudolf Steiners, welche er im Jahre 1913 in Helsingfors zu
russischen Anthroposophen sprach, allein Rußlands Heil bedeuten kann:
«Es gibt ein Heil für Rußland, und dieses Heil heißt: die Anthroposophie.»[20]

Um sich dessen jedoch in vollem Maße bewußt zu werden, muß man zu
allererst die *volle Bedeutung* der schon einmal in dieser Arbeit zitierten
Worte des christlichen Eingeweihten erfassen: «Der Kampf gegen den
Geist lag immer und liegt weiter im Hintergrund allen äußeren Geschehens.»[21] Und inmitten dieses Kampfes stehen wir wahrhaftig heute alle.

Verzeichnis der für diese Arbeit verwendeten historischen Literatur

A. In russischer Sprache

1 N. M. Karamsin, «Geschichte des russischen Staates, in 12 Bänden», Moskau 1989 (Reprint der Ausgabe von 1843).
2 S. M. Solowjeff, «Geschichte Rußlands von den ältesten Zeiten an» in 15 Bänden, Moskau 1960.
3 W. O. Kljutschewskij, «Vortragsreihe zur russischen Geschichte» in 6 Bänden, Moskau 1917.
4 S. F. Platonow, «Abriß der Geschichte der Wirren im Moskauer Staat des 16.–17. Jahrhunderts», Moskau 1937.
5 A. S. Suworin, «Über Dimitrij, den Usurpator» (Aufsatz), St. Petersburg 1906.
6 K. Walischewskij, «Die Zeit der Wirren» (übersetzt aus dem Französischen), Moskau 1989 (Reprint der Ausgabe von 1911).
7 R. G. Skrynnikow,* «Die Usurpatoren in Rußland zu Beginn des 17. Jahrhunderts», Nowosibirsk 1990.
   R. G. Skrynnikow, «Die schlimmen Jahre. Moskau im 16. und 17. Jahrhundert», Moskau 1988.
   R. G. Skrynnikow, «Rußland am Vorabend der Zeit der Wirren», Moskau 1988.
   R. G. Skrynnikow, «Rußland zu Beginn des 17. Jahrhunderts. ‹Die Wirren›», Moskau 1988.
   R. G. Skrynnikow, «Boris Godunow», Moskau 1979.
8 B. G. Fletsher «Über den russischen Staat», Moskau 1990.
9 K. W. Tschistow, «Russische sozial-utopische Volkslegenden. XVII–XIX Jahrhundert», Moskau 1967.
10 Konrad Bussow «Moskauer Chronik 1584–1613»: Ausgabe der Akademie der Wissenschaften, Moskau 1961 (russischer und deutscher Text).

B. In deutscher Sprache

1 Valentin Gitermann, «Geschichte Rußlands» in 3 Bänden, Frankfurt am Main 1965.
2 Klaus von Rimscha, «Geschichte Rußlands», Darmstadt 1970.
3 Karl Staehlin, «Geschichte Rußlands von den Anfängen bis zur Gegenwart» in 4 Bänden, Graz/Österreich 1961.

---

* R. G. Skrynnikow ist Doktor der Geschichtswissenschaften, Professor der Universität von St. Petersburg und der bedeutendste moderne Spezialist der Geschichte Rußlands vom Ende des 16. bis Anfang des 17. Jahrhunderts.

4 Theodor Hermann Pantenius, «Der falsche Demetrius», Bielefeld 1904.
5 Irene Neander, «Russische Geschichte in Grundzügen», Darmstadt 1988.
6 Eduard Winter, «Rußland und das Papsttum» in 2 Bänden, Berlin 1960.
   Eduard Winter, «Rom und Moskau. Ein halbes Jahrtausend Weltgeschichte in ökumenischer Sicht», Wien 1972.
7 Günter Stökl, «Russische Geschichte», Stuttgart 1973.
8 Philip L. Barbour, «Dimitrij. Ein Leben für die Zukunft» (aus dem Amerikanischen), Dornach 1985.
9 Emil Bock, «Boten des Geistes. Schwäbische Geistesgeschichte und christliche Zukunft», Stuttgart 1987
10 Friedrich v. Adelung, «Übersicht der Reisenden in Rußland bis 1700, deren Berichte bekannt sind» in 2 Bänden, St. Petersburg-Leipzig 1846.
11 Herbert Hahn, «Vom Genius Europas» in 3 Bänden, Stuttgart 1981.
12 Renate Riemeck, «Moskau und der Vatikan», Basel 1978.
   Renate Riemeck, «Demetrius. Bemerkungen zu einem historischen Problem», in «Das Goetheanum» vom 16. März 1986, 65. Jahrgang Nr. 12.
13 René Fülöp-Miller, «Macht und Geheimnis der Jesuiten», Wiesbaden 1960.
14 Peter Tradowsky, «Demetrius im Entwicklungsgang des Christentums», Dornach 1989.

C. In französischer Sprache

1 Catherine Durand-Cheynet, «Boris Godounov et le mystère Dimitri», Paris 1986.

KÜRZEL DER ZITIERTEN HISTORISCHEN WERKE

A. Russische und ins Russische übersetzte Werke

Kar.	N. M. Karamsin, «Geschichte des russischen Staates», Bd. X und XI.
Sol.	S. M. Solowjeff, «Geschichte Rußlands», Buch IX, Bd. 7 und 8.
Kl.	W. O. Kljutschewskij, «Vortragsreihe . . .», Bd. III.
Pl.	S. F. Platonow, «Abriß der Geschichte der Wirren . . .».
Wal.	K. Walischewskij, «Die Zeit der Wirren».
Skr. I	R. G. Skrynnikow, «Die Usurpatoren in Rußland . . .».
Skr. II	R. G. Skrynnikow, «Boris Godunow».
Skr. III	R. G. Skrynnikow, «Die schlimmen Jahre».
Fl.	G. Fletsher, «Über den russischen Staat».
R. L.	K. W. Tschistow, «Russische . . . Legenden».
K. B.	K. Bussow «Moskauer Chronik . . .».

B. Nichtrussische Werke

Rimscha	Hans von Rimscha, «Geschichte Rußlands».
Win.	Eduard Winter, «Rußland und das Papsttum», Bd. 1.

Bar.   Philip L. Barbour, «Dimitrij . . .».

Adel.   Friedrich von Adelung, «Übersicht . . .».

C. Weitere Arbeiten

G.Qu.   Sergej O. Prokofieff, «Die geistigen Quellen Osteuropas und die künftigen Mysterien des heiligen Gral», Dornach 1989.

Äuß.   Äußerungen Rudolf Steiners über Kaspar Hauser. Veröffentlicht im Anhang zu dem Buch von P. Tradowsky: «Kaspar Hauser», Dornach 1980.

Schil.   «Schillers Werke». Nationalausgabe, Bd. 11; «Demetrius», Weimar 1971.

BEMERKUNGEN ZUM VERZEICHNIS DER VOM VERFASSER VERWENDETEN HISTORISCHEN LITERATUR

Fast alle in dem Verzeichnis erwähnten historischen Untersuchungen (von den Ausnahmen wird weiter unten gesprochen werden), die man in den verschiedenen Sprachen, besonders aber diejenigen in russischer Sprache, bedeutend erweitern könnte, stimmen an dem einen Punkte überein, daß der *wahre Demetrius*, das heißt der Sohn Iwans des Schrecklichen von Maria Nagoj, im 15. Mai 1591 in Uglitsch umkam. Das einzige, worüber heute die Historiker nicht übereinstimmen, das ist die Frage: Wurde die Tragödie von Uglitsch verbrecherisch von Boris Godunow angestiftet, oder wurde sie durch einen Unglücksfall herbeigeführt, wie das die sofort nach Uglitsch gesandte offizielle Untersuchungskommission zu beweisen suchte?

Was aber den 1603 in Polen aufgetauchten falschen Demetrius betrifft, so neigen, wie bereits im 3. Kapitel dargestellt, die meisten Historiker heute entschieden dazu, ihn für identisch mit Grigorij Otrepjew anzusehen, obwohl die Frage, ob er tatsächlich ein echter Sohn des Kleinadligen Bogdan Otrepjew war oder nur ein angenommener, nicht geklärt ist.

Von der großen Menge historischer Literatur, die diesem Thema speziell gewidmet ist oder es auf die eine oder andere Weise berührt und die ungeachtet von Unterschieden im Detail trotzdem in den entscheidenden Fragen des Uglitscher Dramas wie auch der Herkunft des Usurpators Demetrius übereinstimmen, weichen nur drei Arbeiten ab, über die hier einige Worte zu sagen sind.

Da ist zuerst einmal der Artikel des zu Beginn dieses Jahrhunderts recht bekannten Verlegers und Journalisten A. S. Suworin (1834–1912), der erstmals in seinem Buch «Kritische Essays» 1906 veröffentlicht wurde. In diesem Artikel wird eine höchst detektivische Theorie von der Errettung des Zarewitsch entwickelt, ohne jedoch irgendwelche ernsthaften historischen Beweise anzuführen. Die ganze Geschichte von dessen Rettung wird von Suworin viel mehr auf logische Schlußfolgerungen aufgebaut als auf historische Fakten, was zur Folge hat, daß er gezwungen ist, zu Vermutungen Zuflucht zu nehmen, die keiner Kritik standhalten und auf keinen Tatsachen beruhen, daß – zum Beispiel – Afanasij Nagoj angeblich nicht nur nachts seinen Bekannten, den Agenten einer englischen Handelsgesellschaft, Jerome

Gorsey besuchte, sondern angeblich auch noch den verwundeten Zarewitsch mit sich brachte.

Diesen nächtlichen Besuch, während dessen der Onkel des Zarewitsch dem Engländer von dem Mord in Uglitsch berichtete, beschrieb Gorsey in seinem Brief vom 10. Juni 1591 eingehend Lord Burghley in London und dann nochmals in seinen Erinnerungen, die er nach seiner Rückkehr nach England niederschrieb und die 1856 in London veröffentlicht wurden. In diesen findet sich selbstverständlich kein Wort über den angeblich zu Gorsey mitgebrachten, verwundeten Zarewitsch und so weiter. Worauf Suworin erwidert, daß Gorsey weder in dem Brief an den Lord noch später in seinen Erinnerungen wünschte, das Wichtigste zu berichten: von seinem eigenen persönlichen Anteil an der Rettung des Zarewitsch. Eine solche Logik ist jedoch das Ende aller historischen Forschung und der Beginn der Erfindung und der Phantasie, kurz gesagt, der künstlerischen Literatur.

Trotz alledem ist es nicht uninteressant, daß Suworin den geretteten Zarewitsch mit Grigorij Otrepjew identifiziert, wobei er den letzteren für einen *angenommenen* Sohn des Adeligen Bogdan Otrepjew hält und so anerkennt, genauso, wie Karamsin, Solowjeff und die Mehrzahl der russischen und nichtrussischen Historiker, daß das ganze recht detailliert bekannte Leben Grigorijs bis zu seiner Flucht nach Polen sich auf den «geretteten» Zarewitsch bezieht. Suworin betont auch viele zweifelhafte Charakterzüge von Demetrius, seine maßlose Eitelkeit, seine Liebe zu Reichtum, Luxus und Frauen und erwähnt das in der Nationalbibliothek in Paris aufbewahrte Zeugnis seines Zusammenlebens mit Xenia Godunow, die angeblich sogar einen Sohn von ihm gehabt habe. Für Suworin sind alle diese negativen Seiten von Demetrius' Charakter nur ein weiterer Beweis seiner direkten Verwandtschaft mit Iwan dem Schrecklichen, denn er hält sie für vom Vater geerbte. (Über die negativen Charakterzüge von Demetrius schreibt, wohl aus denselben Gründen, auch der folgende uns interessierende Autor.)

Kazimir Walischewskij (1849–1935), ein Pole, verbrachte fast sein ganzes Leben in Paris und schrieb seine Bücher in französischer Sprache. Auch er hält in seiner Arbeit «Die Zeit der Wirren» Demetrius für den geretteten Sohn Iwans des Schrecklichen. Er benutzte zwar ein umfangreiches historisches Material für sein Buch, neigte aber trotz alledem, was den Charakter seiner Darbietung desselben betrifft und besonders bei seinen Zusammenfassungen und Schlußfolgerungen, zum Genre des historischen Romans. Deshalb werden auch in der russischen Enzyklopädie der Brüder Granat seine Bücher, die fast alle bereits zu Beginn unseres Jahrhunderts ins Russische übersetzt wurden, folgendermaßen charakterisiert: «Lebendig geschrieben und reich an Einzelheiten des Lebens, werden sie in wissenschaftlicher Hinsicht als leicht, oftmals sich nicht über das Niveau eines mittelmäßigen historischen Romans erhebend angesehen.» Und einen solchen Eindruck macht auch sein oben erwähntes Buch «Zeit der Wirren», das 1911 in Paris herauskam und in demselben Jahr ins Russische übersetzt und in St. Petersburg herausgegeben wurde. Seine Ideen über die Echtheit von Demetrius entnahm Walischewskij höchstwahrscheinlich dem oben erwähnten Artikel von Suworin, denn er war viele Jahre lang ein Mitarbeiter in Suworins Zeitschrift «Neue Zeit».

Schließlich hält auch das vor verhältnismäßig kurzer Zeit in der Form eines historischen Romans geschriebene Buch der französischen Schriftstellerin Durand-Cheynet «Boris Godounov et le mystère Dimitri» (Paris 1986) Demetrius für den geretteten Zarewitsch, wobei die Version herausgearbeitet wird, daß nicht Godunow, sondern Schujiskij den Mord plante. Da aber die Nagojs das voraussahen, brachten sie den Zarewitsch aus Uglitsch fort, und da die gedungenen Mörder den Tausch – am hellichten Tage – nicht bemerkten und einen anderen Knaben, irgendeinen «Popensohn», erschlugen, brachten sie den Zarewitsch heimlich in ein weit entferntes Kloster. Diese mit nichts übereinstimmende Version geht nach Aussage von Durand-Cheynet auf die Theorie des Grafen Sergej Dimitrijewitsch Scheremetjew zurück, die der russische Emigrant Sergej Witte in Paris durch den Sohn von Scheremetjew, Dmitrij Sergejewitsch, kennengelernt hatte. Deshalb nimmt Durant-Cheynet überall dort, wo ihre Version der Ereignisse offensichtlich nicht den historischen Fakten entspricht, einfach auf die «Arbeiten» und «Forschungen» des Grafen Scheremetjew bezug wie auf irgendeine höhere Autorität.* Scheremetjew selbst wollte, obwohl er kein professioneller Historiker war, trotzdem am Ende des 19. Jahrhunderts ein großes Buch über dieses Thema schreiben und behauptete, daß er außer seiner eigenen Familientradition (über die unten noch gesprochen werden wird) noch einige Dokumente gefunden habe, die seine Erklärung der Ereignisse beweisen würden. So schreibt auch Durand-Cheynet, im Vorwort zu ihrer Arbeit, daß es für sie im Verlauf ihrer Darstellung «unbedingt notwendig war, auf das Buch des Grafen S. D. Scheremetjew zurückzugreifen, das die Grundlage für dieses Buch [das heißt das Buch von Durand-Cheynet] bildet» (Seite 18). Da aber Scheremetjew niemals irgendein Buch geschrieben hat, war die französische Schriftstellerin gezwungen, ihre Darstellung auf *zwei* auch von diesem erwähnte schriftliche Quellen zu stützen, die aus seiner Feder stammen. Das waren erstens zwei Artikel zu unserem Thema, die 1902 und 1904 in St. Petersburg in dem Sammelband «Altes und Neues» erschienen, in bezug auf welche Durand-Cheynet selbst eingestehen mußte, daß sie «die Grundrichtung seiner Arbeit [nur] in verschleierter Form darstellten» (Seite 19). Da aber die Theorie, die in den beiden Artikeln entwickelt wurde, sehr allgemein gehalten, verschwommen und ohne Beweiskraft war, fanden diese Arbeiten kein wissenschaftliches Interesse (sogar Suworin, der ja Journalist und kein Historiker war, aber mit dem Thema wohl vertraut, äußerte sich kritisch darüber). Die zweite schriftliche Quelle war der 1898 in St. Petersburg veröffentlichte Schriftwechsel Scheremetjews mit dem russischen Historiker Bestužew-Rjumin, in dem es sich um die Demetrius-Frage handelt. Für Durand-Cheynet ist diese Quelle besonders wichtig. Sie schreibt in dem Vorwort zu ihrem Buch: «Diese Briefe legen vieles von dem offen, was die Entdeckungen des Grafen Scheremetjew betrifft» (Seite 19).

Aber sogar K. Walischewskij, der die Hauptgedanken von Scheremetjew im großen und ganzen teilt, spricht von dessen Theorien in bezug auf den Demetrius, wie sie in den Briefen an Bestužew-Rjumin dargelegt sind, nur als von «Vermutungen», von denen einige «sehr kühn» seien, «andere auf materielle Fehler begründet»; und das Endergebnis sind «zwar keine überzeugenden Beweise, aber doch eine Reihe von Möglichkeiten» (Wal.). Und über das Buch, das von Scheremetjew niemals geschrieben wurde, äußerte Walischewskij: «Und vielleicht wäre der ent-

---

* An einigen Stellen ihrer Arbeit bezieht sich Durant-Cheynet auch auf das oben erwähnte Buch von Walischewskij.

scheidende Schritt [die Anerkennung des Demetrius als Sohn Iwans des Schreckli-
chen] schon getan, wenn das Buch des Grafen Scheremetjew – die Arbeit vieler
Jahre – das Licht der Welt erblickt hätte. Aber man kann kaum hoffen, daß es in
naher Zukunft herausgegeben werden wird und daß wir uns authentisch mit den
Dokumenten und neuen Umständen werden bekannt machen können, auf die sich
die Überzeugung des Autors stützt, der die günstigsten Voraussetzungen dafür hat,
um direkt aus Quellen zu schöpfen, auch solchen, die der Mehrzahl der Gelehrten
unzugänglich sind» (Wal.).

So wie dieses geheimnisvolle Buch hat weder das breite, lesende Publikum noch
die historisch wissenschaftliche Welt, weder damals noch später auch nur ein
einziges der «neuen», irgend etwas erhellenden Dokumente, die S. D. Scheremetjew gefunden haben soll, je gesehen. Das Bestreben des letzteren, den falschen
Demetrius, koste es, was es wolle, als den in Uglitsch ermordeten Zarewitsch
auszugeben, ist allem Anscheine nach darin begründet, daß einer seiner Ahnen, der
kaiserliche Wojewode Pjotr Nikititsch Scheremetjew einer der ersten Bojaren war,
der auf die Seite des Usurpators überwechselte und so den Treueid brach, den er
dem Zaren geschworen hatte. Sein Nachfahre aber wollte gern, aus ganz verständli-
chen Gründen, in diesem zweifelhaften Vorgehen seines Vorfahren das Streben
sehen, auf die Seite der Wahrheit zu treten. Diese Version wurde auch im Hause
Scheremetjewo als «... Familientradition» tradiert, nach der sich S. D. Scheremetjew am Ende des vergangenen Jahrhunderts – allerdings erfolglos – bemühte, sie
historisch zu begründen.

Seine Theorie, die jedoch bis heute keine Begründung gefunden hat und unbe-
wiesen geblieben ist, wurde trotzdem von C. Durand-Cheynet zur Grundlage ihres
Werkes genommen. (Davon, wie verschiedenartig trotz aller innerer Logik die
Schlußfolgerungen solcher historischer Romane sein können, zeigt das unter Ver-
wendung eines breiten historischen Materials geschriebene Buch von Heinz Brun-
ner «Iwan. Das Geheimnis der russischen Seele. Die Geschichte Rußlands von den
letzten Ruriks zu den ersten Romanovs nach einer Idee von Dr. Dr. Hjalmar Mäel
(Graz)» (Graz-Stuttgart 1965). Sein Autor nimmt ebenso wie Durand-Cheynet an,
daß die Mörder nicht von Godunow, sondern von Schujskij gesandt wurden,
kommt jedoch zu dem Schluß, daß der echte Zarewitsch ermordet wurde und sein
Doppelgänger fortgebracht und später – unter der Beteiligung der Romanows – für
die Rolle des Dimitrij als Waffe gegen Godunow ausgebildet wurde.

Alle drei Beispiele kann man mit den Worten des Historikers S. Solowjeff
zusammenfassen, die er über das hier betrachtete Problem schrieb: «Die Frage nach
der Herkunft des ersten falschen Demetrius ist solcher Art, daß sie Menschen, bei
denen die Phantasie überwiegt, stark erregen kann. Der Romanschriftsteller findet
hier ein weites Feld, er kann zum Usurpator machen, wen er will, aber für den
Historiker ist es ungewöhnlich, sich vom festen Boden loszureißen, die wahrscheinlichste Mitteilung zurückzuweisen und sich in düsteren Nebel zu begeben, aus dem
er keinen Ausweg findet, denn er hat nicht das Recht, eine Gestalt, die nie existiert
hat, zu schaffen, mit Beziehungen und Abenteuern, die es nie gegeben hat.» (Sol.)

Unter allen im Literaturverzeichnis angeführten Büchern, die sich mit dem Demetrius-Problem befassen, nimmt das Buch von P. Tradowsky ‚«Demetrius im Entwicklungsgang des Christentums» einen besonderen Platz ein, denn in ihm wird der
Versuch unternommen, dieses Problem aus anthroposophischer Sicht zu betrach-

ten. Tradowsky lehnt sich bei seinem Konzept zweifellos an die oben erwähnte Autorengruppe: Surworin, Walischewskij und Durand-Cheynet an, insofern er den falschen Demetrius auch für den geretteten Uglitscher Zarewitsch hält. Darin unterscheidet sich sein Buch von der vorliegenden Arbeit, die, worauf schon in der «Einleitung» hingewiesen wurde, das Ziel hat, auf der Grundlage konkreten historischen Materials die Gedanken zu dem «Demetrius-Thema» weiterzuentwickeln, deren Ansätze bereits in dem Buch «Die geistigen Quellen Osteuropas . . .» enthalten sind.

Der Verfasser ist der Ansicht, daß die in der vorliegenden Arbeit dargestellte Weiterentwicklung und Vertiefung dieser Gedanken, unter Beibehaltung der unterschiedlichen Ausgangspositionen, doch eine Art Brücke zwischen diesen und vielen Ansichten P. Tradowskys bilden, indem sie vor allem auf die Berechtigung des in höchstem Grade positiven Bildes von Demetrius hinweist, das sein Buch zeichnet.

Es ist jedoch, auch wenn man die unbestrittene Existenz dieser positiven Seite der Persönlichkeit von Demetrius anerkennt, unmöglich, die Tatsache zu ignorieren, daß bei einer eingehenderen Kenntnis der zahlreichen Literatur zu diesem Thema, der Forschungen von Gelehrten, der Erinnerungen von Zeitgenossen, Dokumenten, russischen Chroniken und so fort, seine irdische Person und viele seiner Handlungen eine andere, sehr viel weniger helle Seite zeigen. Und diese zweite Seite seiner irdischen Persönlichkeit, die wegen der recht großen Zahl sehr zuverlässiger Zeugnisse nicht geleugnet werden kann, ist mit den ungewöhnlich bedeutenden Worten, die Rudolf Steiner über Demetrius zu L. Polzer-Hoditz sprach, nicht vereinbar.

Und so kann das Rätsel der einem doppelgesichtigen Janus vergleichbaren Gestalt des Demetrius, wie er uns aus der Tiefe der Geschichte entgegenkommt, nur dann auf zufriedenstellende Weise gelöst werden, wenn man das *gemeinsame Wirken zweier ganz verschiedener Wesen in ihm beachtet, zweier verschiedener individueller menschlicher Iche*, die sich nach dem Willen des Weltenkarma am Übergang vom 16. zum 17. Jahrhundert in Rußland um einer wichtigen geistighistorischen Aufgabe willen verbanden.

VERZEICHNIS DER VERWENDETEN WERKE RUDOLF STEINERS

Die Ziffern entsprechen den Bänden der vollständigen Gesamtausgabe der Werke Rudolf Steiners, herausgegeben im Rudolf Steiner Verlag, Dornach, Schweiz.

Werke

9 Theosophie. Einführung in übersinnliche Welterkenntnis und Menschenbestimmung (1904). 31. Aufl. 1987.
10 Wie erlangt man Erkenntnisse der höheren Welten? (1904/05). 23. Aufl. 1982.
15 Die geistige Führung des Menschen und der Menschheit. Geisteswissenschaftliche Ergebnisse über die Menschheits-Entwickelung (1911). 10. Aufl. 1987.

Öffentliche Vorträge

53 Ursprung und Ziel des Menschen. Grundbegriffe der Geisteswissenschaft (1904/05). 2. Aufl. 1981.

Vorträge für Mitglieder der Anthroposophischen Gesellschaft

96 Vor dem Tore der Theosophie (1906). 4. Aufl. 1990.
99 Die Theosophie des Rosenkreuzers (1907). 7. Aufl. 1985.
100 Menschheitsentwickelung und Christus-Erkenntnis. Theosophie und Rosenkreuzertum – Das Johannes-Evangelium (1907). 2. Aufl. 1981.
103 Das Johannes-Evangelium (1908). 10. Aufl. 1981.
104 Die Apokalypse des Johannes (1908). 7. Aufl. 1985.
112 Das Johannes-Evangelium im Verhältnis zu den drei anderen Evangelien, besonders zu dem Lukas-Evangelium (1909). 6. Aufl. 1984.
114 Das Lukas-Evangelium (1909). 8. Aufl. 1985.
118 Das Ereignis der Christus-Erscheinung in der ätherischen Welt (1910). 3. Aufl. 1984.
130 Das esoterische Christentum und die geistige Führung der Menschheit (1911/1912). 3. Aufl. 1987.
131 Von Jesus zu Christus (1911). 7. Aufl. 1988.
150 Die Welt des Geistes und ihr Hereinragen in das physische Dasein. Das Einwirken der Toten in die Welt der Lebenden (1913). 2. Aufl. 1980.
158 Der Zusammenhang des Menschen mit der elementarischen Welt. Kalewala – Olaf Åsteson – Das russische Volkstum (1912–1914). 3. Aufl. 1980.
167 Gegenwärtiges und Vergangenes im Menschengeiste (1916). 2. Aufl. 1962.
175 Bausteine zu einer Erkenntnis des Mysteriums von Golgatha. Kosmische und menschliche Metamorphose (1917). 2. Aufl. 1982.
178 Individuelle Geistwesen und ihr Wirken in der Seele des Menschen. Geistige Wesen und ihre Wirkungen, Bd II (1917). 3. Aufl. 1980.
181 Erdensterben und Weltenleben. Anthroposophische Lebensgaben. Bewußtseins-Notwendigkeiten für Gegenwart und Zukunft (1918). 3. Aufl. 1991.

160

183 Die Wissenschaft vom Werden des Menschen (1918). 2. Aufl. 1990.

185 Geschichtliche Symptomatologie (1918). 3. Aufl. 1982.

186 Die soziale Grundforderung unserer Zeit – In geänderter Zeitlage (1918). 3. Aufl. 1990.

197 Gegensätze in der Menschheitsentwickelung. West und Ost – Materialismus und Mystik – Wissen und Glauben (1920). 2. Aufl. 1986.

198 Heilfaktoren für den sozialen Organismus (1920). 2. Aufl. 1984.

199 Geisteswissenschaft als Erkenntnis der Grundimpulse sozialer Gestaltung (1920). 2. Aufl. 1985.

210 Alte und neue Einweihungsmethoden (1922). 1. Aufl. 1967.

232 Mysteriengestaltungen (1923). 4. Aufl. 1987.

240 Esoterische Betrachtungen karmischer Zusammenhänge. Sechster Band (1924). 4. Aufl. 1986.

243 Das Initiaten-Bewußtsein. Die wahren und die falschen Wege der geistigen Forschung. (1924).

254 Die okkulte Bewegung im neunzehnten Jahrhundert und ihre Beziehung zur Weltkultur.
Bedeutsames aus dem äußeren Geistesleben um die Mitte des neunzehnten Jahrhunderts (1915). 4. Aufl. 1986.

258 Die Geschichte und die Bedingungen der anthroposophischen Bewegung im Verhältnis zur Anthroposophischen Gesellschaft. Eine Anregung zur Selbstbesinnung (1923). 3. Aufl. 1981.

262 Rudolf Steiner/Marie Steiner-von Sivers: Briefwechsel und Dokumente (1901–1925). 1. Aufl. 1967.

265 Zur Geschichte und aus den Inhalten der erkenntniskultischen Abteilung der Esoterischen Schule von 1904 bis 1914. 1. Aufl. 1987.

310 Der pädagogische Wert der Menschenerkenntnis und der Kulturwert der Pädagogik (1924). 4. Aufl. 1989.

311 Die Kunst des Erziehens aus dem Erfassen der Menschenwesenheit (1924). 5. Aufl. 1989.

338 Wie wirkt man für den Impuls der Dreigliederung des sozialen Organismus? (1921). 4. Aufl. 1986.

Anmerkungen

KAPITEL 1

1 Sergej O. Prokofieff, «Die geistigen Quellen Osteuropas und die künftigen Mysterien des Heiligen Gral», Dornach 1989.

KAPITEL 2

1 Z. B. in der Anlage zu dem Buch von Peter Tradowsky, «Kaspar Hauser», Dornach 1980, Seite 275–276 und in seinem Buch «Demetrius . . .», Dornach 1989, Seite 93.
2 Rimscha.
3 G.Qu. Teil I, Kap. 7; Teil II, Kap. 15.
4 In geistiger Beziehung hängt das mit der Veranlagung des russischen Volkes zum eugenetischen Okkultismus zusammen (siehe darüber GA 186, 1. 12. 1918), die sich in einer besonders ehrfurchtsvollen Beziehung zum Kind äußert.
5 Siehe dazu Genaueres in Sergej O. Prokofieff, «Der Jahreskreislauf als Einweihungsweg zum Erleben der Christus-Wesenheit. Eine esoterische Betrachtung der Jahresfeste», Stuttgart 1989 (2. Aufl.).
5a Über das Erscheinen des Christus in übersinnlicher (ätherischer) Gestalt, welches im 20. Jahrhundert beginnt und sich im Laufe der nächsten drei Jahrtausende fortsetzen wird, sprach Rudolf Steiner in den Vorträgen, die in den Bänden der Gesamtausgabe GA 118, 130, 131, 175, 178, u. a. enthalten sind, sowie in seinem Buch «Die geistige Führung des Menschen und der Menschheit» (GA 15).
5b GA 178, 18. 2. 1917 wie auch die zwei folgenden Zitate.
6 GA 181, 6. 7. 1918.
7 Siehe GA 131, 5. 10. 1911 und GA 185, 2. 11. 1918.
8 GA 185, 2. 11. 1918.
8a GA 178, 18. 2. 1917 sowie das folgende Zitat.
8b Genaueres über das Schicksal von E.P. Blavatskij und die Geschichte der Theosophischen Gesellschaft, siehe GA 254, 258, 262 sowie das Buch von Sergej O. Prokofieff «Der Osten im Lichte des Westens. Zwei östliche Strömungen im 20. Jahrhundert aus der Sicht der christlichen Esoterik», Teil I, Dornach 1992.
9 Siehe diese Worte auf Seite 132 f.

KAPITEL 3

1 Siehe Anmerkung 54.
2 Siehe Liste der benutzten historischen Literatur und Anmerkungen zu der
   Liste.
3 Skr. I., Vortrag von A. Wisznewecki (1603). Veröffentlicht in lateinischer
   Sprache in Nowakowski F. K. Zrodla do Dziejow Polski, Berlin 1842, Bd. 2.–
   In der Folgezeit wurde diese fehlerhafte vom falschen Demetrius selbst
   berichtete Version von dem Mord in Uglitsch auch von anderen Teilnehmern
   der Intrige übernommen, ganz besonders von ihm nahestehenden Polen und
   Jesuiten, von denen sie sich dann auch in die Notizen verschiedener anderer
   Ausländer einschlich (siehe Anmerkung 28a zu Kap. 5).
3a Untersuchungsbericht von Uglitsch, zit. nach Skr. II.
4 Untersuchungsbericht von Uglitsch, zit. nach Skr. II.
5 Ebenda.
6 Die «Morosowskij Chronik», zit. nach Kar. Bd. 10, Kap. 2, Anmerkung 235.
7 Skr. II.
8 Die oben erwähnten Beweise führt K. Bussow, der recht positiv zum falschen
   Demetrius stand, im 8. Kapitel seiner «Chronik» an, das die Überschrift trägt:
   «Eigentlicher Bericht, dass dieser Demetrius nicht des Tyrannen Iwan Basilowitzen Sohn, sondern ein Fremdling gewesen». Wörtlich sagte er: «Weile vom
   Demetrio allzeit ungleich ist gehalten worden, eines theils hielten dafür, er
   wäre der rechte Erbe des Russlandes, die meisten aber sagten, er wäre ein
   Fremder, als hab ich mirs mit Fleiss angelegen seyn lassen, in diesem die
   rechte und gründliche Wahrheit zu erforschen.
   Dem Herrn Passmanoff, der des Demetrij Getreuester war und auch sein
   Leben für ihn liess (wie oben gehöret), hab ich auf eine Zeit, da er mich bey
   ihm zu Gaste gehabt, wie er mir denn sehr günstig und gewogen war, vielfälti-
   ger Weise, jedoch in grosser Geheim, sollicitiret und gebeten, dass er mir
   doch die Wahrheit von unserm gnädigsten Herrn vertraulich offenbaren
   wollte, ob er der rechte Erbe wäre oder nicht? Da sagte er mir vertrauter
   Weise diese Worte: ‹Ihr Deutschen habt einen Vater und Bruder an ihm. Er
   hat euch lieb und hat euch erhöhet, mehr und besser, als zuvor kein Kayser
   gethan, ihr seyd ihm auch treue, das weiss ich. Bittet für ihn, dass ihn Gott
   erhalten wolle, das will ich auch mit euch thun. Ob er zwar wohl nicht des
   Kaysers Iwan Basilowitzen Sohn ist, so ist er doch nun unser Herr. Wir haben
   ihn angenommen, ihm auch geschworen und werden auch einen besseren
   Herrn in Reussland nimmer bekommen›.
   Eben in solcher vertrauter Weise hat mir auch ein Apotheker (40 Jahre lang
   nach einander, erstlich dem alten Tyrannen, darnach desselben Sohn Pfedor
   Iwanowitz, folgends dem Boriss Gudenow und nun diesem Demetrio auf der
   Apotheken gedienet, den jungen Demetrium in seiner Jugend täglich zu
   Schloss gesehen und gar wohl bekannt) berichtet und mit harter Betheuerung
   affirmieret, dass dieser nicht, der rechte sey, denn der rechte Demitrius habe
   seiner Mutter Marinae Pfedronae Nachoy sehr gleich gesehen.
   Gleichen Bericht hab ich auch bekommen von einer Frauen vom Adel (die
   aus Liefland gefänglich in Reussland geführt und Anno 1611 wieder erlöset,
   und Gott lob, zu den Ihrigen wieder kommen ist), dieselbe ist bey des

Demetrii Mutter Obstetrix [Hebamme] gewesen und hat in partu et educatione caesarei infantis* zu Schloss Tag und Nacht warten müssen.

Nach geschehenem Mord bin ich samt einem teutschen Kaufmann, Bernd Hoper genannt, aus der Stadt Riga bürtig, aus der Moscau nach Uglitz verreiset, da haben wir nicht weit diesseits Uglitz einen Moscowiter, der 105 Jahre alt und in Schloss Uglitz bey dem jungen Demiter ein Starost gewesen, angetroffen, mit ihm von dem erschlagenen Demetrio geredet und nach vielem Gespräch gebeten, er wollte uns doch in gutem Vertrauen offenbaren, was er von dem erschlagenen Herrn Demetrio hielte? ob er des alten Kaysers Sohn oder nicht? wir wollten es keinem Menschen wieder sagen. Da stund er auf und segnete sich für seinen Nicolao dreymal und sprach: ‹Dieser erschlagenen Herr ist ein tapferer Held gewesen, hat in einem Jahr allen benachbarten Feinden ein Schrecken gemacht, und unsere Moscowiter haben übel gethan, dass sie ihm ermordet, weil sie ihn angenommen, aufn Stuhl gesetzt und ihn gehuldiget. Hätte er etwas wider unsere Gebräuche und Gewohnheit angefangen, wäre wohl mit anderer Bescheidenheit solches zu ändern gestanden. Er war ein verständiger Herr, aber Demetrius des Tyrannen Sohn ist er nicht gewesen, denn derselbe ist für 17 Jahren wahrhaftig ermordet und längst verfaulet. Ich hab ihn auf seinem Spielplatz tod liegen gesehen. Gott vergeb es unsern Kneesen und Boyaren, die den Boriss Pfedrowitz Gudenow umgebracht und diesen an seine Stelle erhoben, nun haben sie dieselbigen alle beyde aufgefressen, wie es ihnen aber und uns alle im ganzen Lande bekommen will, wird die Zeit geben ...›

Der Feldherr unter Troitz, Johann Paulides Saphia, rühmete einsmals mit seinen Officianten über der Mahlzeit der Pohlen Tapferkeit, quod Romanis non essent minores, imo majores**, und unter andern vielen sagte er auch dieses: ‹Wir Pohlen haben für 3-en Jahren auf den Moscowitischen Kayserlichen Stuhl einen Herrn gesetzt, der muste Demetrius, des Tyrannen Sohn heissen, unangesehen er es doch nicht war. Nun haben wir zum anderen mahle einen Herrn hereingebracht und fast halb das Land bezwungen, der soll und muss Demetrius heissen [hier ist der 2. falsche Demetrius gemeint, S. P.], und wenn gleich die Reussen auch toll darüber werden sollten. Nostris viribus, nostraque armata manu id facimus.›*** Dieses hab ich mit meinen Ohren angehöret ...» (K. B.).

Außerdem schrieb der Schwede Peter Paterson*, der sich am Ende des 16. und anfangs des 17. Jahrhunderts in Rußland aufhielt, daß er persönlich mit vielen Einwohnern von Uglitsch und Moskau, sogar mit Soldaten, die am Begräbnis des ermordeten Zarewitsch teilgenommen hatten, gesprochen habe und daß ihm alle eidesstattlich die Tatsache von dessen Tod bestätigt hätten. (ADL) Weitere Zeugnisse von diesen Zeugen finden sich bei Kar.

9 Skr. II.
10 Sol.
11 Polnische Dokumente Nr. 26, zit. nach Kar. Bd. 11, Kap. 4, Anmerkung 546.

---

* bei der Geburt und Erziehung des kaiserlichen Knaben
** daß sie nicht unter, sondern über den Römern stünden
*** wir werden das mit unseren Kräften und unseren eigenen bewaffneten Händen tun

Später versuchte die Kaiserin-Mutter ihre Ansicht auch durch eine ganze Reihe von Schreiben zu bekräftigen, die sie an verschiedene russische Städte sandte (R. L.).

12 Aus dem Schreiben der Zarin-Nonne Marfa an die Wojewoden. Zit. nach Kar. Bd. 11, Kap. 3, Anmerkung 380.
13 Skr. I, siehe auch Pantenius.
14 Sol.
15 Skr. I.
16 Ebenda.
17 Wal.
18 Skr. I.
19 Rimscha
20 Sol.
21 Siehe Sol., Pl., Skr. I, Skr. II und andere
22 Skr. I, Skr. II
23 Skr. – siehe. auch Anmerkung 23c zu Kap. 5.
24 Über die Union siehe G.Qu., Teil II, Kap. 16-IV und besonders die Anmerkungen 56 und 61 dazu.
25 «Briefe des Jesuiten-Ordens vom Jahre 1604», zit. nach Kar. Bd. 11, Kap. 2, Anmerkung 213.
26 Bar.
27 Brief an den Papst, zit. nach Wal.
28 Historische Sammelbände «Altes und Neues», Bd. 14, zit. nach Skr. I.
29 Skr. I.
29a Win.
30 Kar., Sol., Skr. I.
31 Bar.
32 Skr. I.
33 Ebenda.
33a K.B.
34 Skr. I.
35 Ebenda.
36 Skr. III
37 Skr. I, Wal.
38 Skr. I.
39 Ebenda.
40 Ebenda.
41 Ebenda.
42 Sol.
42a Sol., Skr. I.
43 Skr. I (mit einer Bezugnahme auf A. Lawicki und J. A. Margeret).
44 «Erzählungen vom Usurpator», zit. nach Kar. Bd. 11, Kap. 4, Anmerkung 405. (Nach Karamsin berichtet davon auch die rostowskische und die nikonowsche Chronik, Chronographen und Bär.)
45 S. Nemojewkij, «Aufzeichnungen», zit. nach Skr. I.
46 Nikonowsche Chronik 72, Kar. Bd 11, Kap. 4, Anmerkung 409.
47 Skr. I.
48 Kar. Bd. 11, Kap. 4, Anmerkung 409.

49   In seiner Chronik berichtet Bussow, daß der falsche Demetrius schon von Putivl an «sandte viel Boten mit Briefen an die Gemeine in der Stadt Moscau, ermahnete die zum fleissigsten, sich bei Zeiten zu bedenken, ihrem Verderb und Unheil vorzubauen. Seine Feinde, *die Gudenowen abzuschaffen*, und ihn als ihren rechten Erbherrn, ohne weitern Wiederstand anzunehmen.» Diese Forderungen wurden auf die folgende Weise erfüllt:

«Den 3. Juny schreibet die ganze moscowitische Gemeine ihre Powina Grammat an Demetrium, bitten um Verzeihung, begehren Gnade und erbieten sich zu ergeben. Er solte im Nahmen Gottes herzunahen, seine Feinde wären alle vertilget, ohne den jungen Pfedor Borissowitz und desselben Mutter und Schwester, die wären noch im Leben, aber also verhafft, dass er sich vom ihnen nichts zu befürchten hätte. Demetrius war noch zu Zirpow, 18 Meilen von der Moscau, antwortet von dannen, er wolte nicht eher kommen, biss sie seinen Verräther also *ausgerottet*, (Früher hatte Bussow in seiner ‹Chronik› die Zerstörung der Häuser und die Ermordung vieler Anhänger von Boris dargestellt.) dass nicht ein einiger mehr zu finden wäre, hätten sie die meisten weggeräumt, so solten sie auch den jungen Pfedor Borissowitz samt dessen Mutter gleichfalls aus dem Wege schaffen, dann erst wolte er einkommen und ihr gnädiger Herr seyn.» (K. B.)

Der Bericht Bussows erfährt eine unerwartete Bestätigung in einem englischen Werk von 1605 («Die Reisen des Sir T. Smith»). Nach den Worten des Engländers sandte der Zar «Dimitrij» die Fürsten F. J. Mstislawskij und D. J. Schujskij zu den Moskauern mit dem Auftrag, «die Feinde von ihren Plätzen zu vertreiben, die Godunows und andere gefangen zu setzen, bis er seinen Willen kund tun werde, um diese Ungeheuer, Blutsauger und Verräter zu vernichten...».

49a Adel.

50   Mniszek schrieb wörtlich: «Weil die bekannte Zarewna, Boris' Tochter, sich in Eurer Nähe befindet, habt die Güte, nehmt den Rat der vernünftigen Menschen an, sie von Euch zu entfernen.» («Sammlung staatlicher Urkunden und Verträge», Teil II, zit. nach Skr. I.), und K. Bussow, der zu jener Zeit in Moskau weilte, schrieb in seiner «Chronik», daß Boris' Tochter «wurde ins Jungfrauenkloster verstossen und dem Demetrio hernacher zur Conabin zugeführet» (K. B.).

51   Skr. I.

52   Ebenda.

53   Ebenda.

54   Siehe Skr. I, Wal., Bar. (er bezieht sich auf Mitteilungen von Sawicki); J. Massa, «Kurze Mitteilungen über Moskau am Anfang des 17. Jhd.», sowie Materialien und Zeugnisse von Zeitgenossen, veröffentlicht in der 16bändigen Reihe «Russische Historische Bibliothek», herausgegeben in St. Petersburg 1872–1897.

55   K.B. – In dieser Schlagfertigkeit des falschen Demetrius kann man das Wirken gewisser höherer Inspirationen ahnen, von deren Quelle im 5. und 6. Kapitel genauer gesprochen werden wird.

56   Siehe Nemojewskij, «Aufzeichnungen», zit. nach Skr. I.

57   Skr. I.

58   Ebenda.

59 Bar., Skr. I.

59a Dieser und der folgende Brief des Papstes an den falschen Demetrius zit. nach Sol.

60 Bar.

61 Ebenda.

61a Bar., Skr. I.

62 Bar.

63 Skr. I.

64 Siehe G.Qu. Teil II, Kap. 16-I.

65 Skr. I, siehe auch Kar.

66 Nach dem Tod des falschen Demetrius wurden sofort alle seine Dekrete und Schreiben vernichtet. In der Provinz jedoch haben sich einige erhalten, so z. B. in Tomsk das Schreiben vom 31. Jan. 1606, in welchem der Zar unter anderem für die Bewohner hoffte, «daß es ihnen an nichts fehlen möge, daß sie dank der Umsicht, Milde und Güte des Zaren ohne jegliche Not leben mögen». (Zit. nach Skr. I.)

67 J. Massa, «Kurze Mitteilungen über Moskau vom Beginn des 17. Jhd.», zit. nach Skr. I.

KAPITEL 4

1 GA 185, 18. 10. 1918.

2 Skr. II. Den Stammbaum der Otrepjews führt C. Durand-Cheynet an.

3 Skr. II, Skr. III.

4 Skr. II.

5 Sammelwerk «Russisches Archiv» 1910 Nr. 11, zit. nach Skr. II.

6 Skr. I.

7 Wal., Skr. II.

7a Siehe Anmerkung 30 zu Kap. 5.

8 P. Pirling, «Der Usurpator Demetrius», Moskau 1912, siehe Skr. I.

9 Skrynnikow bezieht sich in seinem Buch auf die neuesten Forschungen des Historikers E. N. Kuschewaja, der «zeigte, daß der ‹Isswet› eine echte Bittschrift Warlaams ist und den Text der Bittschrift in einer frühen Abschrift fand» (Skr. I.). Die Forschungen von Kuschewaja wurden in den «Wissenschaftlichen Schriften der Saratower Universität» im Jahre 1926 unter dem Titel «Aus der Geschichte der Publizistik der Zeit der Wirren» veröffentlicht.

10 Pl., siehe auch Anmerkung 23c zu Kap. 5.

11 Sol.

12 «Die Beichte» des falschen Demetrius gegenüber Wisznewecki (siehe Anmerkung 3 zu Kap. 3), Sol., Skr. I, Skr. II.

13 Bar., Kap. «Wer war Demetrius». Zum Wirken Possevinos in Moskau siehe auch G.Qu.Teil II, Kap. 16-III, Anmerkung 56.

14 Skr. I. Siehe Abbildungen

14a Pirling, «Rom und Demetrius», zit. nach Skr. I. siehe auch Bar.

14b Sol.

15 Sol.

16 Kl.

17 Skr. I.
18 Ebenda.
19 «Gesammelte Dekrete» II, zit. nach Kar. Bd. 11, Kap. 4.
20 Skr. I.
21 Kar. Bd. 11, Kap. 4.
21a Sol, Kar. Bd 11, Kap. 4, Anmerkung 546.
21b Skr. I.
21c Skr. I.
22 Kar. Bd. 11, Kap. 4. siehe auch Skr. I.
23 Kar. Bd. 11, Kap. 4.
24 Skr. I.
25 Wal.
25a Adel.
25b René Fülöp-Miller, «Macht und Geheimnis der Jesuiten».
26 Wal.
27 Bar.
28 siehe Anmerkung 7 zu Kap. 2.
29 Kar. Bd. 11, Kap. 4.
29a Adel.
29b Ebenda.
30 Kar., Sol, Skr. I, Bar. und andere.
31 Kar. Bd. 11, Kap. 4.
32 Bar., Win.
33 Skr. I.
34 Ebenda.
35 Ebenda.
36 Ebenda.
37 Bar., sowie das folgende Zitat.
38 Kar., Bd. 11, Kap. 4; Skr. I.
39 Skr. I.
40 Kar. Bd. 11, Kap. 4; Skr. I.
41 Kar. Bd. 11, Kap. 4; Bar.
42 Kar. Bd. 11, Kap. 4; Skr. I.
43 Skr. I.
44 Siehe Nemojewskij, «Aufzeichnungen», zit. nach Skr. I.
45 Siehe zur Mission von Demetrius in Kap. 5.

KAPITEL 5

1 Siehe G. Qu. Teil II, Kap. 16-III.
1a Von den positiven und progressiven Seiten der Regierung Boris Godunows
berichten viele Quellen, ganz besonders ausländische, da die Auswanderer
aus West- und Mitteleuropa dessen Reformen besser verstanden als die
Russen. So schrieb beispielsweise K. Bussow «dass gleichwohl Boriss dem
ganzen Lande so viel Gutes gethan, item, wie er es innerhalb seiner 8jährigen
Regierung so trefflich verbesserte etc.». Als Grund für Boris' Mißerfolg trotz
aller Bemühungen sah Bussow vor allem die Folgen von Demetrius' Ermor-

dung: «In Summa dieser Boriss richtet seine Regierung dahin, dass sein Nahme in vielen Landen gepreiset werde, er auch in seinem Lande Friede haben, und die Unterthanen in guter Wohlfahrt leben möchten . . . Doch aber gleichwohl der Seegen des Herrn warn nicht bey seinem Regiment, weil er mit Mord und List sich zum Kayserthum gedrungen.» Es half ihm sogar nicht, daß er «angelobet, in 15 Jahren kein Blut zu vergiessen» (K. B.), was er tatsächlich zu befolgen suchte und wovon er erst mit dem Auftreten des falschen Demetrius abwich.

2 Siehe G. Qu. Teil II, Kap. 16-III.

2a Den Grund, warum der Ort des Experimentes nach seinem Mißerfolg in Osteuropa nach dem Westen übertragen wurde, kann man verstehen, wenn man die persönliche Äußerung Rudolf Steiners beachtet, daß die zukünftige 6. Epoche, wenn sie aus irgendwelchen Gründen nicht in Rußland beginnen kann, was selbstverständlich nicht nur für dieses, sondern für die ganze Menschheit ein großes Unglück wäre, trotz allem stattfinden wird und ihr Ausgangspunkt dann Südamerika sein wird. (In diesem Zusammenhang wurde besonders Brasilien von Rudolf Steiner erwähnt, das heißt ein Land, das unmittelbar an Paraguay grenzt.)

3 Über die okkulten Mächte, die hinter der Strömung des Jesuitismus stehen, siehe Genaueres in G. Qu. Teil III, Kap. 18.

4 Siehe Adel.

5 GA 167, 9. 5. 1916.

6 Ebenda. Siehe auch Anmerkung 25b zu Kap. 4.

7 Siehe Anmerkung 25b zu Kap. 4 sowie das folgende Zitat.

7a Siehe «Die Zeit» Nr. 52/1991 vom 20. 12. 1991.

8 Siehe GA 185, 3. 11. 1918 und G.Qu. Teil II, Kap. 15.

9 Über die Bedeutung der Taufe im Jordan siehe Anmerkungen 5 zu Kap. 2.

10 Äuß.

10a GA 185, 3. 11. 1918.

11 Siehe P. Tradowsky, «Kaspar Hauser», Dornach 1980 und Karl Heyer, «Kaspar Hauser und das Schicksal Mitteleuropas im 19. Jhd.», Stuttgart 1983.

11a Fletsher schreibt in seinem Buch: «Der jüngere Bruder des Zaren, ein Kind von 6 oder 7 Jahren . . . , hält sich an einem Ort fern von Moskau unter der Aufsicht von Verwandten der Mutter aus dem Hause Nagoj auf. Aber sein Leben ist, wie man hört, durch diejenigen gefährdet, die ihren Blick auf den Thron im Falle des kinderlosen Todes des Zaren geworfen haben. Die Amme, die irgend ein Gericht vor ihm kostete, starb (wie ich hörte) plötzlich.» (Kap. 5. Über Anschläge auf das Leben des Zarewitsch wird auch in der Chronik «Weitere Erzählungen» berichtet. siehe R. L.)

12 Äuß.

12a Siehe Anmerkung 11, opus cit. Seite 62.

13 Ebenda, Seite 274.

13a So schrieb Konrad Bussow damit im Zusammenhang in seiner «Chronik»: «Er [Godunow] erkauffte in grosser Geheim zwey Reussen mit Gelde dazu, die auf dem Schloss Uglitz auf seinem Spielplatz ihm [dem Zarewitsch] die Gurgel abstachen, als er neun Jahre alt war, und bereitete sich damit einen weg zum Kayserthum . . . Also müsste der junge Prinz in seiner zarten Jugend herhalten und wurde alda zum Uglitz zur Erden bestätiget.»

13b Siehe GA 311, 13. 8. 1924.
13c GA 150, 14. 3. 1913.
14 GA 254, 22. 10. 1915.
15 Siehe G.Qu. Teil II, Kap. 16-III.
16 Siehe GA 99, 6. 6. 1907 und GA 112, 24. 6. 1909.
17 Siehe Kap. 2.
18 Siehe GA 265, Seite 420.
19 GA 130, 18. 12. 1912.
19a Über den Zusammenhang der Individualität des künftigen Kaspar Hauser mit diesem Konzil siehe G.Qu. Teil III, Kap. 19, Anmerkung 188.
20 Siehe GA 130, 18. 12. 1912.
20a Siehe P. Tradowsky, «Kaspar Hauser», Dornach 1980, Kap. «Kaspar Hauser und der deutsche Volksgeist».
20b Die letzte Herrschaftszeit des Erzengel Gabriel 1510–1879 (siehe GA 243).
21 Siehe Sol., Skr. I, Skr. III, sowie Anm. 3 zu Kap. 3.
22 Skr. I, Skr. II.
23 Pl.
23a Siehe Anmerkung 11a.
23b Kl.
23c Über die Ziele der Bojaren-Verschwörung schreibt Kljutschewskij: «Die großen Bojaren mußten den Usurpator kreieren, um Godunow zu stürzen, und sodann den Usurpator stürzen, um den Weg für einen der ihren freizumachen. Und das taten sie auch, nur teilten sie die Arbeit unter sich auf: Der Kreis um die Romanows führte den ersten Schritt durch und der Kreis des Hochadels mit Fürst W. J. Schujskij an der Spitze den zweiten. Die einen wie die andern sahen in dem Usurpator ihre verkleidete Puppe, die sie, nachdem sie sie einige Zeit auf dem Thron gehalten hatten, auf den Hinterhof warfen.» Über das Vorgehen des zweiten von Schujskij geführten Kreises, zu dem auch die Fürsten Golizyn gehörten, berichtet der polnische Hetman Rzolkjewski, der persönlich an vielen Ereignissen der Zeit der Wirren teilgenommen hatte, in seinen Aufzeichnungen: «Zu Beginn des Jahres 1606 kam der Gesandte des falschen Demetrius, Besobrasow, dorthin [nach Krakau], um dem König mitzuteilen, daß der neue Zar den Moskauer Thron bestiegen habe. Nachdem er seinen Auftrag als Botschafter erledigt hatte, machte Besobrasow dem Kanzler ein Zeichen, daß er ihn allein zu sprechen wünsche, und er teilte dem so von ihm Ausgesuchten mit, was die Fürsten Schujskij und Golizyn ihm aufgetragen hatten: dem König deswegen Vorwürfe zu machen, weil er ihnen einen Menschen als Zar gegeben habe, der ein niedriger und leichtsinniger, grausamer und unmoralischer Verschwender sei, unwürdig, auf dem Moskauer Thron zu sitzen, und der es nicht verstehe, höflich mit den Bojaren zu verkehren: Sie wissen – so sagen sie – nicht, wie sie ihn loswerden können, sind aber bereit, lieber den Kronprinzen Wladislaw als ihren Zaren anzuerkennen.» (Zit. nach Kl.) Dabei bedeuten die oben zitierten Worte Kljutschewskijs nicht, daß die beiden politischen Parteien von Schujskij und Romanow stets im Einvernehmen handelten. Da sie Konkurrenten waren, verbarg ein jeder seine Absichten vor dem anderen und versuchte, jede Situation zu seinem Nutzen zu gebrauchen. So gewann Schujskij anfangs für kurze Zeit die Oberhand, als er unmittelbar nach dem falschen Demetrius den

Moskauer Thron bestieg, letzten Endes siegte jedoch die Partei der Romanows. Zwar befand sich ihr Haupt, Fjodor Romanow, als sein 16jähriger Sohn Michail zum Zaren gewählt wurde (1613), selbst noch in polnischer Gefangenschaft. Und als Patriarch konnte er auch keinen Anspruch auf den Thron erheben, er wurde jedoch, als er aus Polen zurückgekommen war, für viele Jahre Regent (1619–1633) und der Hauptratgeber seines Sohnes, das heißt faktisch Alleinherrscher Rußlands. Man titulierte ihn sogar «Gosudar», wie üblicherweise nur den Zaren (Stökl).

23d Siehe Skr. II. Die weite Verbreitung der Gerüchte von der wunderbaren Rettung Demetrius', die gerade im Jahre 1600 einsetzte, erwähnte auch Jakob Margeret in seinen Erinnerungen, der ein Hauptmann der Leibwache, zunächst von Boris Godunow und dann des falschen Demetrius I. war. (s. R.L.).

24 Sol.

25 Skr. III.

26 Siehe G.Qu. Teil II, Kap. 16-III, Anmerkung 56.

27 Sol.

28 Skr. I.

28a Diese fehlerhafte Version des Uglitscher Mordes, an die der falsche Demetrius selbst so restlos glaubte, verbreitete sich allmählich, wahrscheinlich ausgehend von ihm selbst und seiner nächsten Umgebung. In dem sogenannten «Tagebuch der Marina Mniszek», das von ihr selbst oder jemandem aus ihrer polnischen Suite geschrieben wurde, kann man die folgende Darstellung der Ereignisse finden, die allem Anscheine nach auf der Grundlage dessen abgefaßt wurde, was Demetrius selbst seiner Braut erzählt hatte. Nach der Beschreibung, wie Boris von Anfang an versuchte, zwei seiner Hauptgegner – Fjodor und Demetrius – zu beseitigen, heißt es in dem «Tagebuch»: «Vor allem wollte er [Godunow] das unschuldige Kind, den Zarewitsch, vernichten, und er beauftragte zuverlässige Spießgesellen, diesen Plan auszuführen, indem er ihnen einen entsprechenden Befehl nach Uglitsch sandte, das nicht weit von Moskau entfernt ist. Bei dem Zarewitsch war ein Arzt aus Woloch. Als er von dem bösen Plan hörte, traf er die folgenden Maßnahmen, um den kaiserlichen Knaben zu retten: er fand einen dem Demetrius ähnlichen Knaben und befahl ihm, sich stets bei dem Zarewitsch aufzuhalten, sogar in einem Bett mit ihm zu schlafen. Als dann der Knabe eingeschlafen war, trug der vorsichtige Arzt Demetrius in ein anderes Bett. So verging einige Zeit. Die Übeltäter drangen voller Ungeduld, den Plan auszuführen, in das Schloß ein, fanden das Schlafgemach des Zarewitsch, töteten den Knaben, der in dem Bett lag, und nahmen den Leichnam mit sich fort. In der Stadt entstand ein Aufruhr, man nahm unverzüglich die Verfolgung der Mörder auf, man tötete einige Dutzend und nahm ihnen den Leichnam fort. Der Doktor, der wußte, wie bedenkenlos der Zar Fjodor und wie groß die Macht von Boris war, brachte den Zarewitsch, um ihn vor dem drohenden Tode zu retten, heimlich aus Uglitsch fort und floh mit ihm zum Eismeer [Weißen Meer], wo er ihn bis zu seinem eigenen Tod als einen einfachen Knaben ausgab. Vor dem Ende seines Lebens riet er Demetrius, sich nicht eher zu offenbaren, ehe er erwachsen sei, und ins Kloster einzutreten; was auch geschah.»

Diese Version des Uglitscher Mordes lebte auch unter den Polen, wohl auf die Beichte des falschen Demetrius gegenüber Wisznewecki zurückgehend. So erzählt in der Lebensbeschreibung von Leo Sapieha der polnische Höfling Towiakowski: «Boris war gezwungen, den Arzt des Zarewitsch, den Deutschen Simeon, zum Mitwisser des geplanten Verbrechens zu machen. Letzterer vertauschte den Zarewitsch. In der Mordnacht war der Zarewitsch hinter dem Ofen verborgen, in dem Bett Dimitrijs aber schlief und wurde erschlagen sein junger Diener. Die Panik nutzend, brachte Simeon den Zarewitsch heimlich in die Ukraine zu Fürst Iwan Mstislawskij. Nach dem Tode Simeons und Mstislawskijs schloß sich der Zarewitsch wandernden Mönchen an und begab sich mit ihnen nach Litauen.»

Schließlich hielten auch die Jesuiten äußerlich an dieser Version fest. Sie waren zwar besser informiert als alle anderen über die wahre Lage der Dinge, zogen es jedoch vor, dieser Version des Mordes, die schon recht weit verbreitet war, nicht zu widersprechen, an die vor allem aber, trotz ihrer Fehlerhaftigkeit, der falsche Demetrius unerschütterlich selbst glaubte. So kann man z. B. in dem Buch von Barezzo Baretti lesen, das in Venedig 1605 unter dem Titel herauskam: «Erzählungen von dem ungewöhnlichen, an Wunder grenzenden und erfolgreichen Kampf um den väterlichen Thron, den der hochgerühmte Jüngling Dimitrij, der Großfürst von Moskau, in diesem Jahre 1605 führte»: (Als Boris die Mörder sandte), «legte der Erzieher des Dimitrij, ein Deutscher, der, wie man annimmt, aus der Gegend von Köln stammte, und der von der Mutter des Dimitrij gewarnt worden war, ohne jemandem etwas davon zu sagen, noch einen anderen Knaben, der gleichen Alters und gleicher Größe war, in dasselbe Bett zusammen mit dem jungen Fürsten, und als der Zarewitsch eingeschlafen war, trug er ihn fort und ließ den anderen Knaben dort, der auch anstelle des echten von den Mördern getötet wurde».

In Wirklichkeit jedoch schrieb dieses Buch der Jesuit Possevino, der sich zu jener Zeit in Venedig aufhielt, auf der Grundlage heimlicher Berichte des den falschen Demetrius in Rußland begleitenden Jesuit A. Lawicki (siehe G. Qu. Teil II, Kap. 16-III, Anmerkung 56). Zudem existiert auch ein Brief von Possevino selbst, den er am 10. Juni 1605 dem toskanischen Herzog aus Venedig sandte, in dem der falsche Demetrius als ein Mensch beschrieben wird, «der auf wunderbare Weise in der Wiege vor dem Tyrannen gerettet wurde, der ihn zu ermorden suchte, um an seiner Statt zu herrschen.» (Alle Zitate in dieser Anmerkung aus R.L.) Dieselbe falsche Version führt auch Georg Peyerle in seinen Aufzeichnungen aus dem Jahre 1608 an (Adel., R. L.). Was aber den Glauben des falschen Demetrius an diese falsche Version angeht, so zeugt er vor allem davon, daß er persönlich an diesen Ereignissen *nicht beteiligt* war. Er hielt nur an dieser Version fest, die ihm in der Kindheit eingegeben wurde. Die Kraft seiner Überzeugung aber kam aus den Inspirationsquellen, über die weiter in diesem Kapitel gesprochen werden wird.

29 Siehe Skr. I.- Die Romanows hatten ein bei weitem größeres Anrecht auf den russischen Thron als Boris Godunow, da sie Vettern des Zaren Fjodor Iwanowitsch waren, des Sohnes von Iwan dem Schrecklichen von seiner ersten Frau, Anastasia Romanowa.

30 Nach verschiedenen russischen Chroniken hielt sich der zukünftige falsche Demetrius (Grigorijj Otrepjew) zunächst im Kloster von Galitschewskij und dann von Susdal auf. Beide liegen nord-östlich von Moskau, das heißt in der

Richtung des Gutes seines Ziehvaters. Später (1601) begab er sich heimlich nach Moskau, wo er ins Tschudow-Kloster eintrat, dank der Protektion seines Pflegegroßvaters Samjatin, der dort diente (des Vaters von Bogdan Otrepjew, aus dem er jedoch schon nach einem Jahr fliehen mußte, nachdem er den dortigen Mönchen erklärt hatte, daß «er in Moskau Zar sein werde!» (Skr. I, Skr. II, R.L.).

31 Beichte Demetrius' gegenüber Wisznewecki (siehe Anmerkung 3 zu Kap. 3), zit. nach Skr. I.
32 Skr. I.
33 Ebenda.
34 Ebenda.
35 Bar.
36 Ebenda.
37 Ebenda. Über den Jesuiten Peter Skarga und seine Beteiligung am Zustandekommen der Brester Union siehe auch G.Qu. Teil II, Kap. 16-III, Anmerkung 61.
38 Bar.
39 Kar. Bd. 11, Kap. 2, Anmerkung 213; Bar.
40 Wal.
41 Skr. I, Wal.
42 Bar.
43 Zit. nach der Ausgabe: Joh. Valentin Andreae, «Fama Fraternitatis», «Confessio Fraternitatis», «Chymische Hochzeit: Christiani Rosencreutz, Anno 1459», Stuttgart 1981.
44 Zit. nach Wal.
45 Siehe Anmerkung 43.
46 Siehe Erinnerungen von Peter Paterson, zit. von Gitermann und Adel.
47 GA 240, 18. 7. 1924.
48 GA 232, 9. 12. 1923.
49 GA 181, 25. 6. 1918.
50 Kar. Bd. 11, Kap. 4.
51 Skr. I.
52 Kar. Bd. 11, Kap. 4.
53 G.Qu. Teil III, Kap. 18 und 19.
54 Siehe Anmerkung 7 zu Kap. 2 und Anmerkung 53.
55 GA 131, 5. 10. 1911.
56 Ebenda sowie folgendes Zitat.
57 Siehe Anmerkung 43, dort ist auch das Titelverzeichnis des Traktates in Faksimile-Form aufgeführt, das 1614 herausgegeben wurde.
57a Äuß.
58 GA 185, 2. 11. 1918.
59 Siehe Anmerkungen 16.
60 Siehe G.Qu. Teil III, Kap. 18, Anmerkung 139.
61 Äuß.
62 Sol.
63 Bar. sowie folgendes Zitat.
63a Sol.
64 Skr. I, Wal.

65 Siehe über die Beteiligung des Kardinals Masejewski an der Brester Union: G.Qu. Teil II, Kap. 16-IIII, Anmerkungen 56, 61 und 64.
66 Der Text des Papstbriefes ist bei Sol. angeführt.
67 Ebenda.
68 Ebenda sowie folgendes Zitat.
69 Bar.
70 Win., Bar., Sol.
71 Sol.
72 Win.
73 Ebenda.
74 Ebenda. siehe Anlage.
75 Ebenda.
76 Erinnerungen von Peyerle zit. nach Adel.
77 Skr. I.
78 Ebenda.
79 Ebenda.
80 Kar. Bd. 11, Kap. 4 und Skr. I.
81 Kar. Bd. 11, Kap. 4; Skr. I, Sol. u. a. K. Bussow, der als kaiserlicher Leibwächter selbst dabei war, schreibt: «Der Kayser trat hinaus ins Vorgemach unter die Hartschierer, nahm einen vom Adel mit Nahmen Wilhelm Schwenzhoff . . ., die Partisan aus der Faust, ging damit in das andere Gemach zu den Hellepartirern, zeigte der Gemeinde die Partisan und sprach: 'Ja tebe ne Boriss budu, Ihr sollt nicht den Boriss Gudenow an mir finden.' Da schossen etliche nach ihm und seinen Trabanten, dass er muste wieder zurückweichen.» (K.B.)
82 Skr. III, Sol., Win. und (siehe Anlage).
83 Skr. III und Kar., Staehlin mit dem Hinweis auf Sol.
84 Kar. Bd. 11, Kap. 4; Skr. I, Skr. III, Sol., Bar. und andere.
85 Wie der Pole Chwalibog, ein Kammerdiener des falschen Demetrius bezeugt, erschienen schon am ersten Sonntag nach der Ermordung des Zaren am Tor verschiedener Häuser von Bojaren Blätter, auf denen mitgeteilt wurde, daß der Zar lebe, daß es ihm auch dieses Mal gelungen sei, dem Tode zu entgehen und sich zu verbergen. Auch andere Ausländer, die sich zu jener Zeit in Moskau aufhielten, so z. B. Peyerle und Diamentowski, erinnern sich an Gerüchte, daß der Zar am 17. Mai 1606 nicht erschlagen worden sei, sondern irgend jemand anderer (R.L.).
86 Skr. I.

KAPITEL 6

1 Die Bezeichnung «Falscher Demetrius» findet sich in Schillers Entwürfen zu dem Drama wenigstens acht Mal, «Betrüger» wenigstens 16 Mal.
2 Schiller benutzte z. B. die Erinnerungen des Franzosen Margeret, der den falschen Demetrius für den echten Zaren hielt, siehe die Literaturliste, die Schiller bei der Niederschrift des Demetrius benutzte, in der Anlage zur Nationalausgabe. Schil. Seite 419.
3 Diese Bezeichnung findet sich in den Entwürfen Schillers zum Drama minde-

174

stens 35 Mal; darunter 10 Mal in der ersten Redaktion der Szene in Sambor, wie auch in den Entwürfen zur zweiten Variante des Dramas, wo er Demetrius «Utrepjew» (Otrepjew) nennt. Seite 266.

4 Vortrag vom 25. 2. 1905 «Schillers spätere Dramen» GA 51 sowie Vortrag vom 4. 5. 1905 «Schiller und die Gegenwart» GA 53.

5 GA 310, 18. 7. 1924.

6 Schil. Seite 421.

7 Schil. Seite 420.

8 Schil. Seite 93 sowie folgendes Zitat.

9 Schil. Seite 134.

10 Dieses und alle folgenden Zitate aus dem «Demetrius» von Schiller sind der Nationalausgabe entnommen; die Zahlen in Klammern entsprechen der Versnumerierung.

11 Schil. Seite 264.

11a Schil. Seite 153–154.

12 Schil. Seite 157.– Im Zusammenhang mit der charakterisierten Verwandlung des Demetrius ist der Entwurf Schillers aus der ersten Redaktion des Dramas zu der sogenannten «Szene in Sambor» interessant, die mit der Ermordung des Bräutigams von Marina, Palantinus, durch Demetrius beginnt und die mit der Anerkennung von Demetrius als Zarewitsch endet. So nennt Schiller am Anfang des Entwurfes den Demetrius Grischka (Grigorij), später wechselweise einmal Grischka, dann Demetrius und am Ende der Szene nur Demetrius, als wolle er damit das sich verstärkende Zusammenwirken der zwei Wesen zeigen, von denen der eine («Demetrius») den anderen («Grischka») immer mehr durchdringt und sein Führer und Inspirator wird.

13 Schil. Seite 189.

13a Schil. Seite 241.

14 Schil. Seite 124.

14a Schil. Seite 151.

15 Schil. Seite 49.

16 Schil. Seite 103.

17 Schil. Seite 108.

18 Schil. Seite 96.

19 Schil. Seite 131.

20 Auszüge aus den Instruktionen und weiter aus den Reden des Jan Samojski im polnischen Sejm, zit. nach Sol.

21 Wal.

22 Schil. Seite 269.

23 Skr. I.

24 Schil. Seite 254.

25 Schil. Seite 92, 185.

25a Schil. Seite 335.

25b Schil. Seite 336.

26 Schil. Seite 193.

27 Ebenda.

28 Schil. Seite 194.

29 Schil. Seite 113.

30 Schil. Seite 92.

31 Schil. Seite 132.
32 Schil. Seite 140–141.
33 Schil. Seite 266.
34 Schil. Seite 107.
35 Schil. Seite 258–259.
36 GA 310, 18. 7. 1924.
37 Schil. Seite 93.
38 Ebenda.
39 Schil. Seite 116.
39a Schil. Seite 109, 116, 131, 147; siehe auch Anmerkung 1.
40 Schil. Seite 117.
41 Schil. Seite 146.
42 Schil. Seite 190.
43 Schil. Seite 106.
44 Schil. Seite 108, 127.
45 Schil. Seite 260.
46 Schil. Seite 107 sowie folgendes Zitat; siehe auch Schil. Seite 191.
47 Schil. Seite 110.
48 Schil. Seite 107.
49 Schil. Seite 109.
50 Schil. Seite 274.
51 Schil. Seite 401.
51a Schil. Seite 400 sowie folgendes Zitat.
52 Schil. Seite 204–205.
52a Schil. Seite 400.
53 Schil. Seite 396–398.
54 Schil. Seite 95.
55 Schil. Seite 172.
56 Schil. Seite 178.
57 Siehe Anmerkung 25b zu Kap. 4.
58 Schil. Seite 120.
59 Schil. Seite 208 sowie folgende zwei Zitate.
60 Ebenda.
60a Schil. Seite 121.
61 Ebenda.
62 Schil. Seite 168–169.
63 Schil. Seite 182.
64 Schil. Seite 109.
65 Schil. Seite 214.
66 Ebenda.
67 Schil. «Demetrius», Vers Nr. 318.
68 Schil. Seite 214.
69 Schil. Seite 215.
70 Schil. Seite 216.
71 Schil. Seite 94 – «Fabricator doli», lat. «Betrugsstifter». Die Bezeichnung
    entnahm Schiller der «Aeneide» von Vergil (2,264).
72 Ebenda.
73 Schil. Seite 216.

74   Ebenda.

75   Schil. «Demetrius», Vers Nr. 264.

75a GA 53, 4. 5. 1905.

75b In dem zweimal von Schiller gebrauchten Vergleich von Demetrius mit der Sonne haben wir ein Zeugnis von der erstaunlichen Intuition des Dichters, denn nach K. Bussow, der ein Augenzeuge der Ereignisse war und von dessen Erinnerungen Schiller nichts wußte (sie werden auf jeden Fall nicht in der von ihm benutzten Literatur aufgeführt), rief die Menge des Volkes, als bekannt wurde, daß Demetrius sich Moskau näherte und als er in die Stadt einbog, tatsächlich : «Gott gebe, dass die rechte Sonne in Reussland einmal wieder scheinen möge. Wir haben bishero in Finsternis gesessen, nun beginnet das rechte Licht wieder herfür zu blicken.» Und weiter: «Du bist die rechte Sonne, die in Reussland scheinet.» (K. B.)

76   Schil. Seite 171.

77   Schil. Seite 216.

78   Schil. Seite 96.

79   Schil. Seite 170.

80   Schil. Seite 183.

81   Schil. Seite 171.

82   Siehe über Iwan den Schrecklichen aus geisteswissenschaftlicher Sicht: G.Qu. Teil II, Kap. 16-II.

83   Schil. Seite 109, 214.

84   Schil. Seite 219.

85   Schil. Seite 172–173.

86   Schil. Seite 220.

87   Schil. Seite 97.

88   Schil. Seite 220–221.

89   Ebenda.

90   Schil. Seite 169.

91   Schil. Seite 226 sowie folgendes Zitat.

92   Schil. Seite 428.

93   Siehe GA 104, 25. 6. 1908.

94   GA 53, 4. 5. 1905.

95   Siehe Anmerkung 4.

95a GA 310, 18. 7. 1924.

96   GA 199, 6. 8. 1920.

96a GA 197, 30. 7. 1920; siehe dazu auch G.Qu. Teil III, Kap. 18.

97   Schil. Seite 156.

98   Schil. Seite 157.

99   Schil. Seite 157.

100 Schil. Seite 131.

101 Emil Bock, «Boten des Geistes. Schwäbische Geistesgeschichte und christliche Zukunft», Stuttgart 1987. Kap. Friedrich Schiller.

101a Auch P. Tradowsky kommt in seinem Buch «Demetrius...» zu dem Schluß, daß Schiller der Meinung war, daß der geheimnisvolle «Fabricator doli» ein Jesuit gewesen sein muß, siehe Kap. «Wer ist der Fabricator doli».

101b Auszüge aus den Erinnerungen von Peter Paterson angeführt bei Gitermann und Adel.

102 GA 210, 25. 2. 1922.
103 GA 310, 18. 7. 1924 sowie folgendes Zitat.
104 GA 114, 26. 9. 1909, siehe auch Anmerkung 5, Kap. 2.
105 Siehe Anmerkung 5 zu Kap. 5 und Anmerkung 25b zu Kap. 4.
106 Siehe G.Qu. Teil II, Kap. 16-III, 16-IV sowie Teil III, Kap. 20.
107 Siehe über den Protestantismus als Ausdruck für das Erwachen der Bewußt-
     seinsseele in GA 185, 18. 10. 1918.
107a Sol.
107b Diesen Aspekt des Schiller-Dramas hat P. Tradowsky besonders eingehend in
     seinem Buch «Demetrius...» herausgearbeitet, in den Kapiteln «Schillers
     Verständnis der Kindheitskräfte als Vorstufe der geisteswissenschaftlichen
     Erkenntnisse» und «Die Manipulation des Kindes Demetrius: das Kaspar
     Hauser-Schicksal».
108 Äuß., siehe auch Anmerkung 2 zu Kap. 5.
109 Äuß.
110 GA 181, 30. 7. 1918.
111 GA 199, 6. 8. 1920.
111a Siehe G.Qu. Teil III, Kap. 18, Anmerkung 126.
112 Schil. Seite 171.
113 Schil. Seite 97.
114 Siehe GA 185, 2. 11. 1918.
114a Siehe über diesen in G.Qu. Teil III, Kap. 18, Anmerkung 126.
115 Siehe GA 96, 1. 4. 1907.
115a GA 310, 18. 7. 1924.
116 GA 210, 25. 2. 1922.
117 GA 181, 30. 7. 1918.
118 GA 310, 18. 7. 1924.
119 Hier und im weiteren sind die Worte Goethes aus den Annalen nach seinen
     gesammelten Werken zitiert: Bd. 23, Seiten 130 bis 133, Stuttgart 1868.
120 Ebenda.
120a In den 1819 verfaßten «Annalen» schreibt Goethe in dem Teil, der dem Jahre
     1805 gewidmet ist, über seinen und Schillers Gesundheitszustand: «Also ward
     auch dieses Jahr mit den besten Vorsätzen und Hoffnungen angefangen, und
     zumal Demetrius umständlich öfters besprochen. Weil wir aber beide durch
     körperliche Gebrechen öfters in den Hauptarbeiten gestört wurden, so setzte
     Schiller die Übertragung der ‹Phädra›, ich die des ‹Rameau› fort...» (zit.
     nach Goethes ges. Werken, Bd. 23, Seite 130–133, Stuttgart 1868). Schiller
     selbst schrieb zur selben Zeit an Goethe (Brief vom 14. Jan. 1805): «Es tut mir
     recht leid zu hören, daß Ihr Zuhausebleiben kein freiwilliges ist. Leider geht's
     uns allen schlecht, und der ist noch am besten dran, der durch die Not
     gezwungen sich mit dem Kranksein nach und nach hat vertragen lernen. Ich
     bin jetzt recht froh, daß ich den Entschluß gefaßt und ausgeführt habe, mich
     mit einer Übersetzung zu beschäftigen. So ist doch aus diesen Tagen des
     Elends wenigstens etwas entsprungen, und ich habe indessen doch gelebt und
     gehandelt.» Zit. nach «Briefwechsel Schiller-Goethe», Bd. 3/4, Brief Nr. 982,
     Stuttgart und Berlin.)
     Auf der Grundlage der angeführten Zeugnisse kann man zu dem Schluß
     kommen, daß sich während der intensiven Arbeit Schillers an dem «Deme-

trius» und der aktiven Beteiligung Goethes an dieser Arbeit, die physische Gesundheit beider so verschlechterte, daß beide gezwungen waren, diese, für sie zu jener Zeit wichtigste Arbeit, vorübergehend zu unterbrechen und sich mit Übersetzungen zu beschäftigen, Schiller mit der «Phädra» von Racine, Goethe mit dem «Neffen Rameau» von Diderot. Später, nach Schillers Tod (9. Mai 1805), besserte sich Goethes Gesundheit bedeutend. «Ich schien mir gesund», bemerkte er in den «Annalen». Und in diesem Zustand, gleichsam von seinem verstorbenen Freund aus der geistigen Welt inspiriert, beschloß er, dessen «Demetrius» zu vollenden. Jedoch schon sehr bald, nach den ersten Versuchen, seine Absicht in die Tat umzusetzen, verschlechterte sich der physische Zustand Goethes jäh. Die plötzliche Krankheit erwies sich als viel schwerer als das Unwohlsein zu Beginn des Jahres 1805 und war von unerträglichen physischen Leiden begleitet, von denen er selbst am Ende des oben zitierten Auszugs aus den «Annalen» berichtet.

121 Schil. Seite 426.

122 GA 310, 18. 7. 1924 sowie folgendes Zitat.

123 Ebenda.

123a Siehe GA 240, 18., 19. 7. 1924.

123b GA 210, 25. 2. 1922.

123c GA 210, 26. 2. 1922.

124 Siehe Anmerkung 101.

125 GA 167, 4. 4. 1916.

126 Ebenda.

127 Siehe Anmerkung 2 zu Kap. 5.

128 Siehe Anmerkung 60 zu Kap. 5.

129 GA 198, 3. 7. 1920.

130 Äuß.

131 Aus einer nicht veröffentlichten Niederschrift von F. Rittelmeyer über Gespräche mit Rudolf Steiner.

131a Siehe O. Prokofieff, «Die geistigen Aufgaben Mittel- und Osteuropas», Teil III, Dornach 1993.

132 Siehe G.Qu. Teil II, Kap. 16-IV.

133 Siehe G.Qu. Teil II, Kap. 16-III.

134 Ebenda.

135 Äuß.

136 Siehe Rudolf Steiner, «Die Geheimwissenschaft im Umriß» (GA 13), Kap. «Gegenwart und Zukunft der Welt- und Menschheitsentwickelung».

137 GA 310, 18. 7. 1924.

138 Ebenda.

139 Siehe Schil. Seite 428.

139a Auf diesen höheren Aspekt von Marfas Monolog hat schon P. Tradowsky, wenn auch von einem etwas anderen Standpunkt aus, in seinem Buch «Demetrius...», Kap. «Marfas Monolog» hingewiesen.

140 Über das russische Volk als über das «Christus-Volk» spricht Rudolf Steiner in den Vorträgen von 2, 3. 11. 1918 (GA 185).

141 Zitiert nach Emil Bock: «Boten des Geistes», siehe Anmerkung 101.

142 Siehe GA 100, 20. 11. 1907; GA 103, 31. 5. 1908.

143 Rudolf Steiner, «Theosophie» (GA 9).

KAPITEL 7

1 Siehe GA 185, 25. 10. 1918; G.Qu. Teil II, Kap. 16-IV.
2 Siehe G.Qu. Teil II, Kap. 16-III.
3 Siehe G.Qu. Teil III, Kap. 19, 20 und Anlage III (ebenda).
4 In diesem Zusammenhang kann man die folgende Tatsache beinahe als symbolisch ansehen. Im Dezember 1989 traf sich der damals noch amtierende Präsident der UdSSR, M. Gorbatschow, mit dem Präsidenten der Vereinigten Staaten, G. Bush, auf einem Kriegsschiff bei der Mittelmeerinsel Malta. Der Ort ihres Treffens ist denkwürdig, denn die Insel Malta spielte am Übergang vom 18. zum 19. Jahrhundert eine recht beachtliche Rolle in der russischen Geschichte. Damals schlug Zar Paul I., der unter starkem jesuitischem Einfluß stand und später auch mit dem Segen von Papst Pius VI. erster russischer Großmeister des katholischen, eng mit den Jesuiten verbundenen Malteserordens wurde, als Antwort auf die Okkupation Maltas durch Napoleon (1798) und die Vertreibung der Malteser-Ritter von der Insel, England und Italien vor, sich zum Kampf mit ihm zu verbünden. Zu dem Zwecke wurde der russischen Marineeinheit, die sich im Mittelmeer befand, befohlen, sich mit den englischen und neapolitanischen Einheiten zur Blockade der Insel zusammenzuschließen.

   Später allerdings erwies sich infolge der zwiespältigen Politik der englischen Regierung die Blockade als uneffektiv. Als dann England selbst plötzlich Malta eroberte (1800), rief das bei Paul einen grenzenlosen Zorn hervor, und er begann eiligst sich zum Krieg mit England vorzubereiten. Seine Ermordung im Jahre 1801 beendete dann die «Malteser Episode» der russischen Geschichte.

   Diese äußere Ereignisfolge ist in höchstem Grade bemerkenswert, wenn man die folgenden Worte Rudolf Steiners beachtet, die er im November 1916 L. Polzer-Hoditz gegenüber äußerte und die in der vorliegenden Arbeit bereits auszugsweise zitiert wurden:

   «Jene Kreise, die alles verhüllen und auch heute noch versuchen zu verhüllen, was mit dem Kaspar Hauser-Schicksal tatsächlich zusammenhängt, sind jene Mitglieder der westlichen Logen und der Jesuiten, die ja in ihren Spitzenorganisationen seit mehr als 150 Jahren, aber seit Januar 1802 nachweisbar, zusammenarbeiten. . . . Napoleon zwingt sie zueinander und zum Bündnis der anzustrebenden Weltherrschaft auf weltanschaulichem und wirtschaftlichem Gebiete. Napoleon hatte schon ihre Bestrebungen durchkreuzt; Napoleon ist es im Grunde, der die beiden Strömungen zu einem Bündnis treibt. Von da ab sind die Aufgabenbereiche klar abgegrenzt, aber in ihrer Zielsetzung umso wirksamer auf die eindeutige Weltherrschaft gerichtet. Die weltanschaulichen und geistigen Angelegenheiten sind ausschließlich in die Hand der Jesuiten gegeben; die wirtschaftlichen in die der anglo-amerikanischen Logen, der Logen des Westens. Diese Pläne aber werden mehr und mehr zu tragischen Konflikten und Katastrophen führen, weil alle diese Pläne ja nicht mit dem Menschen und der menschlichen Entwicklung rechnen.» (Äuß.)

   Was nun das Treffen von Gorbatschow und Bush auf der Insel Malta betrifft, so wurde in einem gewissen Sinne gerade dieses zum Wendepunkt im Gang der Perestrojka, denn es bedeutete den Beginn der totalen Orientierung der sowjetischen Politik nach dem anglo-amerikanischen Westen. Auf dem Weg nach Malta machte Gorbatschow indessen kurz in Rom halt, wo er sich erstmals mit Papst Johannes Paul II. traf und eine Stunde, ohne Zeugen, mit ihm sprach. Später beschloß Gorbatschow im Ruhestand, als er alle seine hohen Posten aufgegeben hatte, als Privatmann sich mit Journalismus zu beschäftigen und wurde gleichzeitig Korrespondent der zwei großen westlichen Zeitungen «La Stampa» und «New-York Times». Seinen ersten Artikel schrieb er für die italienische Zeitung und widmete diesen gänzlich seiner Begegnung mit dem römischen Papst. Der Text dieses Artikels spricht von «instinktiven» und «intuitiven ... Elementen», die eine große Rolle in ihrem Gespräch spielten und Gorbatschow veranlaßten, «vor allem seine [des Papstes] spirituelle Qualität zu schätzen» und die dem ehemaligen sowjetischen Präsidenten ermöglichten, von seiner «geistigen Übereinstimmung» mit dem Papst zu sprechen. Weiter teilt Gorbatschow mit, daß «irgend etwas Ungewöhnliches von ihm ausging, eine Energie, die ein tiefes Vertrauen zu ihm bewirkt» und so fort. Schließlich folgt dann die erstaunlichste Äußerung: «Heute [so schreibt Gorbatschow] kann man sagen, daß all das, was in den letzten Jahren in Osteuropa geschah [Perestrojka, Glasnostj und so fort], nicht möglich gewesen wäre ohne diesen Papst, ohne die wichtige Rolle – die politische Rolle –, die er auf dem internationalen Parkett spielen konnte.»

In Deutschland wurde dieser Brief erstmals in der Zeitschrift «Die Bunte» in deutscher Übersetzung veröffentlicht (Nr. 11 vom 5. 3. 92), wobei folgende Bemerkung der Publikation vom Herausgeber vorausgeschickt wurde: «Er, der scheinbar Gottlose, die Nr. 1 des Kommunismus, arbeitete eng mit dem Papst, dem Stellvertreter Gottes zusammen. Es gab eine heimliche Allianz.» Ob diese Behauptung des deutschen Herausgebers richtig ist oder nicht, diese Frage mag man fürs erste noch offen lassen, es ist jedoch eine Tatsache, daß die Einrichtung einer Botschaft des Vatikans in Moskau eine direkte Folge des römischen Treffens war.

5   Siehe Anmerkung 114a zu Kap. 6.
6   GA 183, 19. 8. 1918.
7   GA 181, 30. 7. 1918.
8   Siehe Anmerkung 4.
9   Der Gehalt des dritten Geheimnisses ist bis heute nicht bekannt, da der gegenwärtige Papst wie auch sein Vorgänger jegliche Bekanntgabe desselben verboten hat.
10   Siehe «Katholischer Bote», hrsg. in Moskau unter dem Titel «Wahrheit und Leben», Nr. 10 für das Jahr 1991.
11   Der Papst weihte im Herbst 1991 während seiner Pilgerreise nach Fatima der Gottesmutter auch ganz Europa, wonach er, zum Vatikan zurückgekehrt, die gesamteuropäische Synode eröffnete, die der Aufgabe gewidmet war, den römischen Katholizismus in Europa zu stärken, ganz besonders im Osten (siehe darüber weiter in diesem Kapitel).
12   Über die neuen katholischen Dogmen die Jungfrau Maria betreffend, siehe G.Qu. Kap. 18, Anmerkung 103.
13   Was hier gesagt wurde, heißt nicht, daß die Schauungen in Fatima unwahr gewesen seien. Im Gegenteil, auch aus den Mitteilungen der modernen Geisteswissenschaft geht die besondere innere Beziehung Osteuropas und

besonders Rußlands als Träger der Impulse der zukünftigen spirituellen Kultur (der sechsten Kulturepoche) mit dem Sophia-Prinzip, dessen irdischer Träger an der Zeitenwende Maria, die Mutter Christi, war, hervor. (Siehe dazu Genaueres in Sergej O. Prokofieff, «Ewige Individualität. Zur karmischen Novalis-Biographie», Kap. 12, Dornach 1987 und G. Qu. Teil I, Kap. 14 sowie «Die geistigen Aufgaben Mittel- und Osteuropas», Teil IV, Dornach 1993.) Im Vergleich damit ist jedoch die heutige Politik des Vatikan in bezug auf Osteuropa etwas völlig anderes, denn sie zeugt deutlich davon, daß geistige Erscheinungen wie «Die Schauungen von Fatima» von der Leitung der römisch-katholischen Kirche für ihre eigenen okkult-politischen Ziele genutzt werden können. Einen solchen Prozeß der Umwandlung geistiger Impulse im Schoße der katholischen Kirche illustrierte Rudolf Steiner einmal durch ein konkretes Beispiel, das er eingehend mit geisteswissenschaftlicher Methode erforscht hatte. Siehe zu diesem Beispiel in G.Qu. Teil III, Kap. 18, Anmerkung 103.

14 «Literaturnaja Gazeta», Nr. 48 vom 4. 12. 1991.

14a Außerdem ist, wie derselbe Pittau bezeugt, den Jesuiten im Vatikan auch «Radio Vatikan» anvertraut, das seine Sendungen in alle Länder Osteuropas ausstrahlt, wie auch zwei Institute, die nach seinen Worten «eng mit der russischen Kirche verbunden sind». Anders gesagt, die Jesuiten leiten im Vatikan fast alle Einrichtungen, die auf die eine oder andere Weise mit den slawischen Ländern Europas zusammenhängen.

14b Siehe Anmerkung 10.

15 Siehe Genaueres über die Brester Union, die im Jahre 1596 in der Stadt Brest unter aktiver Beteiligung der Jesuiten geschlossen wurde, in G.Qu. (siehe Anmerkung 24 zu Kap. 3).

16 «Süddeutsche Zeitung» vom 29. 11. 1991.

17 GA 338. Aus den Antworten Rudolf Steiners zu Fragen nach dem Vortrag vom 2. 1. 1921 in Stuttgart.

18 Siehe über die Dreigliederung des sozialen Organismus GA 23, 24 und GA 328–341.

19 Anna Samweber, «Aus meinem Leben. Erinnerungen an Rudolf Steiner und Marie Steiner von Sivers», Basel 1987.

20 GA 158, 5. 6. 1913.

21 Äuß.

Anhang

Eduard Winter: «Rußland und das Papsttum»
Aus dem Kapitel: «Die Diplomatie der Päpste in der Zeit der
russischen Wirren»

Der bekannte Historiker und Kenner der Geschichte Rußlands und des Papsttums, Eduard Winter, schreibt in seinem umfangreichen 2bändigen Werk «Rußland und das Papsttum».* In den Anmerkungen zu dem vierten Kapitel «Die Diplomatie der Päpste in der Zeit der russischen Wirren»: «Durch den falschen Dmitrij wurde der russische Nationalstolz tief gekränkt. An der Aufhellung dieser Affäre war die russische Geschichtsschreibung daher sehr interessiert. Schon 1782 erwarb Rußland eine Kollektion von Dokumenten aus römischen Archiven, die Turgenev im Band II seiner ‹Historica Russiae monumenta› verwendete.»

Auf der Grundlage dieser wenig bekannten russischen Quellen wie auch vieler westlicher, zeichnet Eduard Winter das folgende Bild der päpstlichen Diplomatie in Rußland in der Zeit der Wirren: «. . . Rußland wurde am Ende des 16. und zu Beginn des 17. Jahrhunderts von schweren inneren Krisen heimgesucht. Schon *Ivan IV.* hatte versucht, die bisherige Bojarenherrschaft zugunsten einer einheitlichen zentralen Staatsgewalt zu beseitigen. *Boris Godunov* suchte im gleichen Sinne zu wirken, nachdem die alten, zur Dezentralisierung neigenden Kräfte in Rußland wieder sehr stark geworden waren. Die gewaltigen innen- und außenpolitischen Anstrengungen Rußlands in der zweiten Hälte des 16. Jahrhunderts hatten jedoch seine Kraft weitgehend erschöpft. Dazu kam die Krise des Feudalismus, die durch noch stärkere Bindung des Bauern an den Boden der Grundherrschaft überwunden werden sollte. Dagegen erhoben sich die Bauern. Schwere Hungersnöte, die Rußland in den Jahren 1601–1603 heimsuchten, verschärften die Krise. Die in ihrer Freizügigkeit bedrohten Bauern flohen in Massen nach dem Süden, in die nördliche Ukraine und an den Don, und wurden Kosaken, die mit der Waffe in der Hand ihre Freiheit und ihre Freizügigkeit verteidigten.

Es war eine Zeit, in der ein Abenteurer, der sich als der angeblich von *Boris Godunov* ermordete jüngste Sohn *Ivans IV.* namens *Dmitrij*, als der gute Zar, ausgab, Erfolg haben mußte. Und ein solcher fand sich oder wurde gefunden. Hier erspähten die Kreise, die die Union von Brest so energisch organisiert hatten, die Bresche, durch die sie nach Rußland eindringen konnten. Wer der *Pseudo-Demetrius,* der falsche *Dmitrij*[1] eigentlich war, steht nicht fest. Wahrscheinlich war es der entlaufene Mönch *Gregor Otrepev* oder *Hryszka,* wie ihn die Jesuitenchronik zum Jahre 1604/05 nennt, und diese mußte es ja am besten wissen[2], denn aus ihren Kreisen kam ja der Anstoß und die dauernde Förderung dieses Planes, durch einen gefügigen Thronprätendenten in den Kreml einzudringen.

---

* Eduard Winter «Rußland und das Papsttum», Teil I, von der Christianisierung bis zu den Anfängen der Aufklärung. Akademie-Verlag-Berlin 1960. Band VI (Teil I) in «Quellen und Studien zur Geschichte Osteuropas», herausgegeben von E. Winter. Alle folgenden Anmerkungen zu dem Text stammen von E. Winter.

Entdeckt wurde der falsche *Dmitrij* von dem polnischen Magnaten Fürst *Adam Wiśniowiecki*, der an der russischen Grenze im Felde gegen Zar *Boris* stand. Der Wojwode von Sandomir, *Georg Mniszek*, übernahm es, den Thronprätendenten auf seine Aufgabe, Zar von Rußland zu werden, entsprechend vorzubereiten. Schon Ende 1603 sprach König *Siegmund III.* mit dem päpstlichen Nuntius *Rangoni* über diese Entdeckung, freilich noch recht skeptisch. Aber *Mniszek* gelang es, seinen Zögling im Frühjahr 1604 am Königshof in Krakau einzuführen. Der falsche *Dmitrij* machte auf den Nuntius einen guten Eindruck.

Viel zu wenig wurde bisher beachtet, daß der mit *Mniszek* verwandte Kardinal *Bernard Maciejowski* seine Hand im Spiele hatte und die Angelegenheit durch seinen großen Einfluß unterstützte. *Maciejowski* war aber, wie wir gesehen haben, schon der spiritus rector der Union von Brest gewesen und wegen seiner Verdienste um sie von Papst *Klemens VIII.* 1603 zum Kardinal erhoben worden, nachdem er 1600 Bischof von Wilna und Krakau geworden war. Von der Kurie wurde sein Einfluß auf den großpolnischen Adel und vor allem den König gerühmt. Er war ein entschiedener, von Skrupeln nicht behafteter Vertreter der polnischen katholischen Gegenreformation![3] Es lag nahe, den scheinbar so leichten Erfolg von Brest auf ganz Rußland zu übertragen. Der Versuch, durch einen Abenteurer im Kreml festen Fuß zu fassen und von dort, so wie in Brest, die Union der russisch-orthodoxen Kirche zu dekretieren, war zu verlocken.

Dem Pfarrer von Sambor, *Pomaski*, und dem Jesuiten *Lawicki* gelang es, den falschen *Dmitrij* römisch-katholisch zu machen. Natürlich hatte der inzwischen Kardinal gewordene Bischof *Maciejowski* auch dabei seine Hand im Spiel. Papst *Paul V.* dankte dem Kardinal im August 1605 nachdrücklich für seine diesbezüglichen Bemühungen: ‹Du tust eine uns überaus angenehme Sache.›[4] Der Jesuit *Lawicki* blieb weiterhin der Schatten des Thronprätendenten und stellte dauernd die Verbindung zur päpstlichen Kurie und zum Papst selbst her.[5]

Papst *Klemens VIII.* war zu klug, um dem neuen Stern im Norden anfänglich nicht sehr mißtrauisch gegenüberzustehen. Der ersten Meldung seines Nuntius fügte er die Bemerkung hinzu, ob es sich hier nicht um eine neue Art des falschen *Sebastian* von Portugal handle. Aber *Klemens VIII.* war als *Ippolito Aldobrandini* 1588 päpstlicher Legat in Polen gewesen; er erkannte deswegen sehr rasch die Bedeutung, die einer solchen Kreatur des Heiligen Stuhles zukommen mußte. Die katholische Gegenreformation stand noch in ihrer vollsten Machtentfaltung. Welch einen Triumph gegenüber dem Protestantismus hätte es bedeutet, wenn Rußland endlich in die römisch-katholische Kirche eingeordnet worden wäre! Die Verluste im Westen, in England und in den Niederlanden, wären auf diese Weise im Osten in Rußland wettgemacht worden, und es wäre die Stunde gekommen, wo sich dieses Übergewicht im Osten auch im Norden und im Westen Europas auswirken mußte. Aber nicht nur ein Triumph der Gegenreformation wäre ein katholischer Zar gewesen, auch die Machtverhältnisse in Osteuropa hätten eine grundlegende Veränderung erfahren.

Deshalb verstummten die Bedenken des Papstes und seines Nuntius sehr bald, nachdem der russische Abenteurer schon am 15. März 1604 dem Schisma abgeschworen und am 24. April desselben Jahres ein demütiges Unterwerfungsschreiben[6] an den Heiligen Stuhl gerichtet hatte, in dem er gleichzeitig um Hilfe zur Erlangung seines «Reiches» und des Thrones seines Vaters *Ivan IV.* bat. Zur Erhöhung des Effekts seiner Unterwefung warf er sich dem päpstlichen Nuntius

Rangoni tatsächlich zu Füßen. Eine solche Tat der Unterwerfung machte auf *Rangoni* einen derartigen Eindruck, daß der falsche *Dmitrij* fortan ein erklärter Liebling des päpstlichen Nuntius war. Niemand bemühte sich seither eifriger um das Gelingen der weitgehenden politischen Pläne des Abenteurers als der Vertreter des Papstes in Polen, natürlich mit Rückendeckung in Rom.

Mit Hilfe des polnischen Magnaten *Adam Wiśniowiecki* warb der falsche *Dmitrij* ein Heer an. Auch der litauische Heerführer, *Leo Saphieha*, der als Gesandter 1600 in Moskau geweilt hatte und die Verhältnisse besonders gut kannte, unterstützte das Unternehmen so tatkräftig, daß der Papst aus Dankbarkeit seiner Frau die geweihte Goldene Rose, die höchste Auszeichnung für Frauen von Königen und regierenden Fürsten, verlieh.[7]

Vom mittleren Dnepr aus begann der falsche *Dmitrij* seinen Zug gegen Moskau. Die Unzufriedenheit der breiten Volksmassen mit den in Rußland herrschenden sozialen und wirtschaftlichen Zuständen war ungeheuer. Vor allem die Bauern suchten sich dem auf sie geworfenen Joch der Leibeigenschaft zu entziehen. Dazu kam der Tod des Zaren *Boris*. So gelang es dem Prätendenten, der unter der Maske des «guten Zaren» auftrat, zu einem vollen Erfolg zu kommen. Der *Pseudo-Demetrius* zog in Moskau ein und bestieg als *Ivans IV.* Sohn *Dmitrij* den Zarenthron. Zwei Jesuiten, darunter sein ständiger ‹Schutzengel› *Lawicki*, begleiteten ihn auf seinem Feldzug. Sie sorgten dafür, daß der falsche Zar nicht von dem von ihm beschworenen Weg abwich, der ihm von Rom und der polnischen feudal-klerikalen Clique vorgeschrieben war. Die Jesuiten waren aber auch bereit, ihn materiell zu unterstützen, wie der Holländer *Isaak Massa*, der am Anfang des 17. Jahrhunderts in Moskau weilte, zu erzählen weiß.[8] Ihnen war, wie dem Papst, in dessen Auftrag sie handelten, für die Katholisierung Rußlands kein Preis zu hoch.

Im Juli 1605 gratulierte der neue Papst *Paul V.* dem *Pseudo-Dmitrij*, ‹seinem geliebten Sohn *Demetrius*, Herrn von Rußland›, mit herzlichen Worten zur Wiedererlangung des Thrones.[9] Sofort wurde *Dmitrij* in den Dienst der päpstlichen Kurie eingespannt; er sollte durch Ausstellung von Geleitbriefen katholischen Missionaren den Weg nach Persien ermöglichen.[10] Die Bedeutung Rußlands für die Missionen in Persien und China war der Gegenreformation ja schon sehr früh klar.

Deshalb war der Papst an der Entwicklung dieses gewagten Abenteuers auf das höchste interessiert.[11] Gern hörte er von der guten Gesinnung des Prätendenten dem Heiligen Stuhl gegenüber, und im August 1605 jubelte er über die der Kirche Gottes unzweifelhaft höchst nützliche Angelegenheit.[12] Auch dem Erzieher und späteren Schwiegervater des *Pseudo-Dmitrij*, Georg *Mniszek*, galt das beondere Interesse des Papstes.[13] Natürlich wurde der geistige Führer der feudal-klerikalen Clique, die schon so eifrig die Union von Brest betrieben hatte, Kardinal *Bernard Maciejowski*[14], vom Papst nicht vergessen. Dieser kann am 26. November 1605 dem Papst mit Genugtuung von der Eheschließung durch Prokuration zwischen seiner Verwandten *Marina Mniszka* und *Dmitrij* berichten, die er eingesegnet habe. Von ihr erwartete er, daß für die Christenheit die nützlichste Saat aufgehen werde.[15]

Der Kardinal-Staatssekretär feuerte den Nuntius in Polen an, den *Pseudo-Dmitrij*, der stes als legaler Fürst angesehen wird, nicht aus den Augen zu verlieren. Ein zuverlässiger Bote, der Neffe des Nuntius, mußte mit einem Handschreiben des Papstes nach Moskau gehen, um gleichzeitig als Augenzeuge berichten zu können. Der Kardinal-Staatssekretär betonte die Freude des Papstes darüber, daß unter seinem Pontifikat die schismatischen Russen katholisch werden.[16] In dem Breve an den Usurpator vom September 1605 belehrt ihn Papst *Paul V.*, daß es nur einen wahren Glauben gebe, den römisch-katholischen. Deswegen fordert ihn der Papst auf, alle Sorge und Sorgfalt darauf zu verwenden, daß Rußland den rechten Glauben erlange.[17] Sogar einen Bischof will der Papst dem Pseudozaren senden.

Aber eine allzu enge und vor allem jede direkte Verbindung der römischen Kurie mit dem Prätendenten lag nicht im Interesse der maßgebenden polnischen feudal-klerikalen Adelsclique, die diesen Golem erzeugt hatte. *Pseudo-Dmitrij* sollte ihr Werkzeug sein, mit dem es ihr endlich gelingen sollte, Rußland der Rzeczpospolita zu unterwerfen. Deswegen wünschte der König nicht, daß der Neffe des Nuntius nach Moskau reiste.[18] Inzwischen wurde durch den Jesuiten *Lawicki*, der im steten Umgang mit dem *Pseudo-Dmitrij* dessen Wankelmütigkeit kennengelernt hat, dessen Hochzeit mit *Marina Mniszka*, der Tochter seines Mentors, betrieben. Diese Ehe sollte ihn noch enger mit der Clique *Mniszek-Maciejowski*, hinter der die katholische Gegenreformation in Polen stand , verbinden. Deswegen fand sie in Rom volle Billigung, wie Glückwunschschreiben an den Bräutigam, die Braut und den Brautvater offenbaren.[19] Immer wieder wird darin die Hoffnung ausgesprochen, daß die Russen als ‹unsere besonders ersehnten Söhne› (desideratissimi filii) in den Schoß der katholischen Kirche zurückkehren. *Marina* und ihr Vater wurden, als sie zu Beginn des Jahres 1606 mit einer großen Zahl polnischer beute- und abenteuerlustiger Adliger nach Moskau aufbrachen, angefeuert, im Sinne der Rekatholisierung Rußlands zu wirken.[20] Natürlich fehlte dabei nicht Kardinal *Maciejowski,* dem der Jesuit *Lawicki* ein päpstliches Breve überreichen mußte. In ihm wird die ungeduldige Sehnsucht unterstrichen, die man in Rom nach der Unterordnung Rußlands habe. *Lawicki* solle sich mit dem Kardinal ausführlich über die Methoden der römischen Propaganda in Rußland besprechen; er sei ja sozusagen ihr Urheber.

Auch der Abenteurer auf dem Throne wurde in diesem Sinne vom Papst angesprochen und an seine fußfällige Unterwerfung im April 1604 erinnert. In einem päpstlichen Breve vom 10. April 1606 an *Pseudo-Dmitrij* heißt es ermahnend und in höchster Meinung von der Macht des Schützlings: ‹ . . . weil Du bei Deinem Volke alles vermagst, was Du willst, so befiehl ihm die Anerkennung des Stadthalters Christi! Deine frommen Gedanken segnen wir mit apostolischer Autorität.›[21] Mit diesem Anruf ist der Zweck der groß angelegten Intrige offenbar, wenigstens soweit es den Papst angeht. Dieser glaubt also schon, dem russischen Volk vom Kreml Befehle erteilen lassen zu können. Die Erfüllung eines alten Machttraumes schien unmittelbar nahe. Der Papst spricht deswegen von einem «Zweiten Konstantin».

Pseudo-Dmitrij kannte sehr wohl ein anderes Anliegen des Heiligen Stuhles, das, wenn es auch zeitweilig zugunsten der Durchführung der Gegenreformation etwas zurücktrat, doch immer ein Anliegen blieb: der Kampf gegen die Türken, die im Mittelländischen Meer Italien und damit dem Kirchenstaat sehr zu schaffen machten. Der Thronprätendent wandte sich deswegen am 30. November 1605 an den Papst mit dem Anerbieten, selbst am Krieg gegen die Türken teilzunehmen.[22] Wie aus einem Schreiben vom 5. Februar 1606 hervorgeht[23], wollte er, daß ein Friedensschluß zwischen dem Kaiser und dem Osmanischen Reich verhindert werde. Das war Musik in den Ohren des Papstes. Welche ausschlaggebende Hilfe konnte doch nach der Meinung des Papstes Rußland im Kampfe gegen die Türken bieten! Auch das über ein Jahrhundert alte strategische Ziel, Rußland in die Kampffront gegen das Osmanische Reich einzubeziehen, schien damit in Kürze erreichbar.

Aber neben der völlig utopischen Einschätzung der Lage des falschen Zaren erwies sich wieder die klägliche Zersplitterung des Abendlandes als ein Hindernis. Es gelang dem Papst nicht einmal, Polen und Österreich, die beiden dem Osmanischen Reich unmittelbar benachbarten Mächte, zu einem einheitlichen Vorgehen zu veranlassen, da sich Polen vor dem Kaiser und andererseits der Kaiser vor Polen fürchtete. In einem Breve an *Siegmund* verwies *Paul V.* mit Nachdruck auf die Bedeutung, die *Pseudo-Dmitrij* nach seiner Meinung für eine Koalition gegen die Türken habe, bat um die Unterstützung des russischen Prätendenten, ‹unseres geliebten Sohnes›, wie es ausdrücklich hieß[24], und wünschte dem König für diesen Feldzug im März 1606 viel Glück.[25] Doch die herrschenden Kreise in Polen waren weder an einem Türkenkrieg interessiert noch an einer Machterhöhung des Herrschers im Kreml als Lohn für seine Bereitwilligkeit, gegen die Türken zu ziehen. Für sie war der falsche *Dmitrij* nur ein Werkzeug ihrer Machtpolitik, das aber nicht zu mächtig werden durfte. Der taktische Grundsatz *Stephan Báthorys* – Moskau, fest in den Händen der herrschenden Kreise in Polen, sei der beste Ausgangspunkt für einen erfolgversprechenden Türkenkrieg – wurde wieder deutlich. Die Verbindung zwischen Moskau und Rom sollte allein über Warschau laufen; eine direkte Verbindung war daher unerwünscht. Über diesen Wunsch war man, wie aus einer Weisung des Kardinal-Staatssekretärs *Borghese* an Nuntius *Rangoni* vom 12. November 1605 deutlich wird, in der päpstlichen Kurie durchaus informiert.[26]

Wie rücksichtslos der Ursurpator als Werkzeug der Rzeczpospolita benutzt wurde, geht aus der Note hervor, in der *Pseudo-Dmitrij* im Jahre 1605 den König von Schweden, *Karl IX.*, aufforderte, auf seinen usurpierten Thron – welche Ironie – zugunsten des rechtmäßigen Königs *Siegmund III.* zu verzichten.[27] Während sich der falsche *Dmitrij* in diesem provozierenden Schreiben «Imperator» nennt, kämpft er – trotz der Bitte an den Papst um Vermittlung – vergebens um die Anerkennung dieses Titels durch Polen. Der Papst war auch, obwohl ihm die wirkliche Herkunft des Usurpators nicht verborgen geblieben war, gar nicht abgeneigt, ihm, der katholisch geworden war, den Titel Kaiser, Caesar, Zar zu verleihen, worum dieser, im Gegensatz zu den wirklichen Zaren, gebeten hatte.[28] *Paul V.* vergaß in seinen Breven nach Moskau nie, den ‹Zaren› daran zu erinnern, welch ‹wunderbarer Gnade› er es verdanke, auf den Thron gekommen zu sein.

Natürlich durfte auch der alte Routinier in Ostangelegenheiten, der Jesuit *Possevino*, nicht fehlen, wenn es darum ging, Rußland dem Heiligen Stuhl zu unterwerfen. In der Sammlung von Briefen, die von Jesuiten an *Pseudo-Dmitrij* und von diesem an Jesuiten geschrieben wurden und die deutlich zeigen, daß der Betrüger eine Kreatur des Jesuitenordens war, ist der erste Brief *Pseudo-Dmitrijs* bezeichnenderweise an *Possevino* gerichtet.[29] Dieser glaubte, infolge seiner Erfahrungen, die er anläßlich der Friedensvermittlung zwischen Polen und Rußland im Jahre 1582 gemacht hatte, nun auch 1606 gute Ratschläge geben zu können.[30] *Lawicki, Possevinos* Ordensbruder, der persönlich nach Rom reisen mußte, um Bericht zu erstatten, was eigentlich in Moskau vorgehe, kam im Hochzeitszug der *Marina* mit genauen Instruktionen nach Rußland zurück. In Rom war man so lebhaft an der Angelegenheit des *Pseudo-Dmitrij* interessiert, daß man von diesem Ereignis gar nicht genug Nachrichten und vor allem nicht genug authentische Nachrichten haben konnte.[31]

Aber das, was zur Unterstützung des Usurpators in seiner katholischen Haltung dienen sollte, führte nur zur Beschleunigung seines Sturzes. Die Krönung *Marinas* zur Zarin, vor allem aber ihr Auftreten, mußten aufreizend wirken. Der zahlreiche Anhang, der sie, in Erwartung reicher Schätze, aus der Heimat nach Moskau begleitete, benahm sich wie in einem eroberten Lande. Der Haß gegen solche Ausschreitungen des Übermutes und die Abneigung gegen die Schmach, einem von einer auswärtigen Macht völlig abhängigen Thronprätendenten gehorchen zu müssen, wuchs lawinenartig an, und – kaum 14 Tage nach der Krönung *Marinas* am 14. Mai – erlag am 27. Mai 1606 der *Pseudo-Dmitrij* dem Zorn des russischen Volkes. Der einheimische Bojar *Vasilij Šujskij* wurde zwei Tage darauf – am 29. Mai – zum Zaren gewählt. Die Leiche des Abenteurers blieb, den Hunden ein Fraß, auf der Straße liegen.

Zahlreiche Polen mußten ihren Übermut mit dem Leben büßen. Die anderen, darunter auch die Jesuiten aus der nächsten Umgebung des Abenteurers, hatten, ehe sie in die Heimat entlassen wurden, harte Gefangenschaft zu bestehen, wie die Chronik der litauischen Jesuiten zu berichten weiß.[32] Das schwergekränkte russische nationale Selbstgefühl hatte in dem Strafgericht furchtbaren Ausdruck gefunden. So ging der falsche Glanz des «zweiten Konstantin», der die römische Kirche in Rußland befestigen sollte, wie *Paul V.* am 10. April 1606[33] an *Demetrius* geschrieben hatte, in der Gosse unter.

In Rom konnte man es längere Zeit nicht fassen, daß ein so wichtiges Unternehmen wie die Katholisierung Rußlands kurz vor der Vollendung, wie man immer mit dem Wunsch als Vater des Gedankens glaubte, so ruhmlos gescheitert sein sollte.[34] Der Trost des Nuntius, daß sich in der letzten Zeit die Spannungen zwischen dem Usurpator im Kreml und dem König von Polen dauernd verschärft hätten, konnte den Papst und seine Mitarbeiter wenig trösten. Durch diesen Hinweis wollte der Nuntius den Wert der Affäre mit *Pseudo-Dmitrij* herabsetzen. Aber mit Recht verwies der Kardinal-Staatssekretär *Borghese* auf den überragenden Einfluß Roms sowohl auf *Siegmund* als auch auf den falschen *Dmitrij*. Eine Einigung zwischen beiden zu erzwingen, schien, in völliger Verkennung der Wirklichkeit, für die päpstliche Kurie keine Schwierigkeit zu bieten. Der Unmut des Papstes traf seinen Nuntius; dieser mußte nun die Schuld an dem Mißlingen des üblen Unternehmens auf sich nehmen, das auch den Heiligen Stuhl nicht in vorteilhaftem Licht erscheinen ließ.

Ende 1606 trat an Stelle *Rangonis* der neue päpstliche Nuntius *Simonetta*. In der Instruktion, die er vom Kardinal-Staatssekretär im Auftrage des Papstes erhielt, steht zuerst ein schmerzerfülltes Nachwort zu der Sache des falschen *Dmitrij*. Von den Plänen, Rußland in der Weltpolotik in päpstlichen Diensten einsetzen zu können, wandte man sich nun wieder mehr der unierten Kirche in Polen zu . . .

Aber diese Stimmung der Selbstbesinnung und der Einkehr hielt in Rom nicht lange an, und als die polnischen Herren einen zweiten falschen *Dmitrij* entdeckten, da waren sehr rasch die guten Vorsätze vergessen, die der Papst Ende 1606 *Simonetta* so angelegentlich empfohlen hatte. Die römische Kurie machte, wie wir weiterhin sehen werden, alle Wendungen der Rzeczpospolita, die der Eroberung Rußlands galten, getreulich mit. Hier wurde ja um eine wichtige Entscheidung im Kampf um den Sieg der Gegenreformation in Osteuropa gerungen.

Nach dem schmählichen Scheitern des falschen *Dmitrij* wurde *Vasilij Šujskij*, der Vertreter der Bojarenschaft, anfänglich als ein nationaler Zar begrüßt, der der Schmach der Fremdherrschaft durch einen Abenteurer ein Ende machte. Als Verdienst wurde ihm angerechnet, daß es ‹dem ersten Dieb *Griska Otrepev* nicht gelungen war, den christlichen Glauben zu zertreten und den lutherischen und lateinischen Glauben einzuführen›.[35] Sehr schwer empfanden die Russen den Verrat des falschen *Demetrius* an Rußland, der in seiner Abhängigkeit von der Rzeczpospolita russische Gebiete an diese abzutreten bereit gewesen war. Patriarch *Ignatij* von Moskau wurde von *Šujskij* abgesetzt, weil er ein Werkzeug des Eindringlings geworden war, und der Erzbischof von Kazan', *Hermogen*, ein entschiedener Gegner der Lateiner, wurde Patriarch.

Aber es gelang nicht, die herrschende Wirtschaftskrise und die gesellschaftlichen Schwierigkeiten zu überwinden. Als Vertreter der Interessen der Bojaren wollte und konnte *Šujskij* die Bauernschaft nicht gegen die immer stärkere Bindung an den Boden schützen, im Gegenteil. Die Unzufriedenheit der unterdrückten Klasse kam in dem gewaltigen Bauernaufstand unter Führung *Bolotnikovs* zum Ausdruck. Nur dem vereinten Zusammenwirken von Bojarenadel und Dienstadel mit Unterstützung der Klöster gelang es, den Aufstand niederzuschlagen. Kaum war etwas Ruhe eingetreten und mit Polen im Sommer 1607 ein dreijähriger Waffenstillstand geschlossen, trat plötzlich in der nörlichen Ukraine, an der polnischen Grenze, ein neuer *Dmitrij* auf, der ebenso falsch war wie der erste. Wie sein Vorgänger war er ein Werkzeug der polnischen Adelsrepublik und der Gegenreformation, der alles daran lag, die anhaltende schwere Krise Rußlands nicht ungenutzt vorübergehen zu lassen, ohne Rußland in die Front der Gegenreformation unter Führung der Rzeczpospolita eingeordnet zu haben.

Der Angriff des zweiten falschen *Dmitrij* führte innerhalb eines Jahres ebenfalls bis vor Moskau. Aber diesmal gelang es nicht, in die Hauptstadt einzudringen. Andererseits war *Šujskij* zu schwach, den Prätendenten völlig zurückzuschlagen. So bildete sich vor den Toren Moskaus, im Lager von *Tušino*, der Mittelpunkt eines zweiten Rußlands. ‹Der Dieb von *Tušino*›, wie der zweite falsche *Dmitrij* im russischen Volksmund hieß, führte hier Hof. Alle mit dem Zaren *Vasilij Šujskij* Unzufriedenen fanden zu ihm und wurden bereitwillig aufgenommen. Der polnische Wojwode *Georg Mniszek* war bereit, für 300 000 Rubel und 14 Städte im Norden Rußlands den neuen *Dmitrij* als den echten anzuerkennen. Ebenso war dazu seine Tochter *Marina* bereit. Um nicht im Gewissen beunruhigt zu sein, wurde sie mit dem zweiten falschen *Dmitrij* heimlich katholisch [durch einen Jesuiten, S.P.] getraut; ihn gab sie nun öffentlich als ihren früheren Mann aus.

Von Interesse ist es, das Verhalten der römischen Kurie in dieser wahrlich unerquicklichen Affäre zu beobachten. Kaum war der Stern des ersten *Dmitrij* untergegangen, wandte sich – und zwar bereits am 21. Oktober 1606 – ihr Interesse dem neu aufgehenden Hoffnungsstern zu.[36] Wie gern der Papst den Nachrichten glaubte, *Dmitrij* sei doch noch am Leben, geht am besten aus den Weisungen des Kardinal-Staatssekretärs *Borghese* an den neuen päpstlichen Nuntius in Polen hevor.[37] Die Brüder der *Marina* behaupteten in Rom, wohin sie im Auftrag ihrer Schwester gingen, daß *Dmitrij* lebe. Ganz sicher war man sich freilich in Rom der Sache noch nicht. *Simonetta* war durch den Mißerfolg *Rangonis* gewitzt und wollte das Spiel nur vorsichtig mitmachen. In immer neuen Formen wußte aber der Kardinal-Staatssekretär die Sehnsucht des Papstes zum Ausdruck zu bringen, über die Erfolge des *Dmitrij* bald sichere Nachricht zu haben. Diesmal drängte man in Rom, während der Nuntius zögerte. So lieb war der Kurie der Gedanke geworden, Rußland durch ein gefügiges Werkzeug der Gegenreformation zu verbinden!

Daß ‹der Dieb von *Tušino*› Rußland den schwersten Schaden zufügte, rührte die päpstliche Kurie wenig. Wichtig schien nur, die einzigartige Gelegenheit auszunutzen, Rußland rasch und für immer dem päpstlichen Primat unterzuordnen. Wenn auch mehrere russische Bojarenfamilien ins Lager von Tušino kamen, so zum Beispiel die *Romanovs*, und in Tušino eine eigene Bojarenduma entstand, so waren doch die entscheidenden Männer in der Umgebung des zweiten falschen *Dmitrij* ebenso wie bei dem ersten Prätendenten polnische Herren. Sie spielten mit dem Zaren, ‹wie mit einem Großväterchen›.[38] Die katholische Propaganda konnte sich wieder frei entfalten. Dafür sorgten die polnischen Herren schon in ihrem eigenen politischen Interesse.

Im Februar 1609 schloß *Karl IX.*, um der indirekten Intervention Polens durch den zweiten falschen *Dmitrij* zu begegnen, mit Zar *Vasilij Šujskij* auf dessen Bitten einen ‹Ewigen Frieden›. Gegen Abtretung der Ostseeküste und des Nevagebietes stellten die Schweden ein Söldnerheer von 15 000 Mann unter *Lagarde* dem Großfürsten von Moskau zum Kampf gegen den ‹Dieb› zur Verfügung.

Dieses russisch-schwedische Bündnis war wiederum für den König von Polen ein Grund, nun im Kampf um Moskau zur offenen Intervention zu schreiten. Die päpstliche Diplomatie machte auch diese Wendung sofort mit. Das Spiel mit den beiden falschen *Dmitrijs* mußte, so eifrig es auch von der römischen Kurie betrieben wurde, doch im Letzten irgendwie als peinlich empfunden werden. So ist die Begeisterung der päpstlichen Kurie begreiflich, daß sich endlich der rechtmäßige König von Polen selbst der Zarenkrone bemächtigen wollte. Noch am 8. November 1608 hatte der Kardinal-Staatssekretär *Borghese* aus Rom von dem ‹großen Beifall, den der Name *Demetrius* erweckt›, berichtet.[39] Seit aber im Sommer 1609 der König von Polen selbst eingriff, ist auf einmal nur noch vom ‹falschen *Demetrius*› (finto *Demetrio*)[40] die Rede. Deshalb begrüßte der Staatssekretär in seiner Weisung an den Nuntius die Absicht des polnischen Königs, Moskau zu erobern, mit großer Begeisterung. Es gibt kein ‹glorreicheres und verdienstvolleres Unternehmen als die Eroberung Moskaus›, heißt es in diesem Schreiben. Die römische Kurie lud den König ein, ‹seine Seele mit Gedanken würdig seiner Größe zu erfüllen.›[41] Während der Nuntius noch im April 1609 eine rührende Geschichte von der Werbung polnischer Soldaten durch *Marina* für den zweiten falschen *Dmitrij* zu berichten[42] wußte, war *Demetrius* wenige Monate später auf einmal der Betrüger. Am 3. Oktober 1609 bestärkte der Papst den polnischen König in seinem Plan zur Eroberung ganz Rußlands durch ein eigenes Breve.[43] Immer wieder ermunterte er dazu nicht nur den König, sondern auch dessen Mitarbeiter.

Der Papst ließ es aber nicht bei Worten bewenden, sondern suchte den König auch finanziell, durch Beiträge zur Kriegsführung, zu unterstützen. Die Bischöfe von Polen werden aufgefordert, dem König ebenfalls finanziell zu Hilfe zu kommen. Wieder konnte der Papst nicht schnell genug verläßliche Nachrichten vom Fortgang des Unternehmens in Rußland hören. Nuntius *Simonetta* erhielt sogar den Auftrag, nach Wilna zu gehen, um näher am Kriegsschauplatz zu sein.

Zuerst ging es um die Eroberung von Smolensk. Dieses letzte Tor nach Rußland sollte nun unbedingt Polen einverleibt werden. Aber das Ziel war stets Moskau. Die hartnäckige Verteidigung von Smolensk hielt jedoch das polnische Heer unter Führung des Königs viel länger vor Smolensk fest, als geplant war.

Nachdem *Šujskij* zur Abdankung gezwungen und zum Mönch geschoren worden war, stand der Zarenthron leer. Der Rat des Patriarchen *Hermogen*, sofort *Michail Romanov* zum Zaren zu wählen, wurde nicht befolgt. In diese Lücke stieß nun eine

Gruppe von Bojaren vor, die sich im Lager des ‹Diebes von Tušino› befanden. Sie boten dem damals zehnjährigen Sohn des Königs von Polen, *Władysław*, die Zarenkrone an. Er sollte nach Moskau kommen und sich dort nach orthodoxem Ritus krönen lassen. Dagegen wandte sich jedoch die päpstliche Kurie mit aller Entschiedenheit. Der Kardinal-Staatssekretär sprach in der Depesche vom 17. Februar 1610 von ‹abscheulichen Bedingungen›[44], nachdem die päpstliche Kurie schon Ende 1609 davor gewarnt hatte, am Gottesdienst von Schismatikern teilzunehmen.[45] Sie empfahl, lieber die Herrschaft über Rußland zu verlieren, ja selbst das eigene Königreich, als solche Bedingungen anzunehmen. Der Heilige Stuhl, von den Jesuiten beraten, fürchtete sichtlich, daß der junge *Władysław* einer orthodoxen russischen Umgebung erliegen könnte. Der päpstlichen Kurie ging es vor allem um die Unterordnung Rußlands, die durch ein Eingehen auf die gestellten Bedingungen zu wenig gesichert schien. Das Papsttum wähnte sich auf dem Höhepunkt seiner Macht, und die Jesuiten hatten in Polen eine Gewissenstyrannei geschaffen. Es ist kein Zufall, daß zu Beginn des 17. Jahrhunderts gerade aus polnischen Kreisen die schärfsten Pamphlete[46] gegen die Jesuiten kamen.

So zerschlug sich das Angebot der Bojaren, und der König von Polen beabsichtigte, sich nun selbst die Zarenkrone zu holen.

Im Sommer 1610 rückte ein polnisches Heer unter Führung *Żółkiewskis* vor Moskau. Im September wurden die Polen durch Verrat in den Kreml eingelassen, nachdem die Verhandlungen wegen der Wahl von König *Siegmund* Fortschritte gemacht hatten. Aber der Patriarch *Hermogen* weigerte sich standhaft, den polnischen König zum Zaren von Rußland zu krönen. Flugblätter erschienen, die zum Widerstand aufriefen...

Am 19. März 1611 brach in Moskau ein offener Aufstand aus, doch wurde er auf grausamste Weise durch Niederbrennung ganzer Stadtteile unterdrückt. Tausende von Menschen kamen in den Flammen um. *Żółkiewski* ließ den Patriarchen *Hermogen* ins Gefängnis werfen, wo er im Februar 1612 Hungers starb, bis ans harte Ende zum Widerstand mahnend. Der wegen seiner Passivität abgesetzte Patriarch *Ignatij* wurde aus dem Kloster, in das er verbannt worden war, herausgeholt und wieder auf den Patriarchenstuhl gesetzt. Eine verhaßte Fremdherrrschaft glaubte sich mit Gewalt und List durchsetzen zu können.

Mit welcher Erwartung der Papst die Eroberung Moskaus verfolgte, zeigt die Weisung des Kardinal-Staatssekretärs *Borghese* an den Nuntius vom 30. Oktober 1610, in der eine bedingungslose Krönung entweder *Władysławs* oder *Siegmunds* sehr begrüßt wurde. Man war in Rom der Zuversicht, daß ‹unsere wahre christliche Religion›, das heißt die römische, ‹sich über alle jene Gebiete ausbreiten werde, wo sowohl die Häresie als auch die Apostasie zu starke Wurzeln gefaßt habe.›[47]

Der Widerstand der Russen war jedoch viel stärker, als man sich in Rom vorstellen konnte. Die Hinweise *Possevinos* auf den zähen Widerstand allen sogenannten Kirchenunionsversuchen gegenüber waren vergessen. In Rom beging man den Fall von Smolensk, das nach langem Widerstand im Sommer 1611 eingenommen wurde, mit feierlichen Dankgottesdiensten. Der Kardinal-Staatssekretär gratulierte dem König und versicherte ihm, der Papst fühle die ‹höchste Freude› über die glückliche Heimkehr des Königs nach Polen ‹mit dem Triumph so glorreicher Siege›.[48] In Warschau wurde *Siegmund III.* am 29. Oktober 1611 ein feierlicher Empfang durch den Reichstag zuteil, bei dem – wie im heidnischen Rom – der zum Mönch geschorene *Šujskij* im Triumph vorgeführt wurde. *Šujskij* verkam 1612 in einer polnischen

191

Festung. Allen politisch aktiven Russen, deren man habhaft wurde, war das gleiche Schicksal zugedacht, so dem Metropoliten *Filaret Romanov*, der erst 1618 aus einer preußischen Festung in die Heimat zurückkehren konnte, und dem von *Żółkiewski* eingesetzten Patriarchen *Ignatij*, der als Gefangener in das Dreifaltigkeitskloster in Wilna kam, wo er, wie ein Historiker aus dem Jesuitenorden so schön sagt, ‹in der Union mit Rom lebte›.[49]

Aber all das waren auf nackte Gewalt aufgebaute Scheinerfolge. Der Triumph war verfrüht. Der Widerstand der Russen wuchs immer mehr. Immer größere Kreise schlossen sich zusammen, um für den «orthodoxen christlichen wahren Glauben» gegen den lateinischen Glauben zu kämpfen. Hinter dieser konfessionellen Fassade stand der Freiheitskampf des russischen Volkes. Vom Widerstandszentrum im Nordosten Rußlands, vor allem in Galič und Nižnij Novgorod, wurde die Rückeroberung Moskaus organisiert. Tatsächlich zogen im Oktober 1612 russische Truppen in den Kreml ein. Die polnische Intervention und der ‹römische Unionsplan› waren endgültig gescheitert. Die Gegenreformation hatte in Moskau eine entscheidende Niederlage erlitten, die, wie sich bald zeigen sollte, nicht auf Osteuropa beschränkt blieb. Im Februar 1613 wählten die Bojaren den jungen *Michail Romanov* zum Zaren.

Aber so schnell ließen die polnischen Machthaber und auch Rom nicht von der verlockenden Beute ab. Zu viel bedeutete das Ziel, um nicht alle Kräfte daran zu setzen, es doch noch zu erreichen. Wie die Schweden weiter Novgorod besetzt hielten, so wichen die Polen nur bis Vjaz'ma zurück, das auf dem Weg zwischen Smolensk und Moskau liegt. Aber Polen fehlte die Kraft, neuerlich gegen Moskau zu marschieren. Es fehlte vor allem an Mitteln, um den Krieg offensiv fortführen zu können. 1612 reiste daher eine polnische Gesandtschaft nach Spanien und erbat von *Philipp III.* Subsidien, um einen entscheidenden Erfolg der Gegenreformation in Osteuropa herbeiführen zu können.

Die polnische Königin *Konstanze* hatte sich in Abwesenheit ihres Mannes sehr energisch beim Haus Österreich und beim Papst um Subsidien bemüht. Der Papst hatte, wie aus den Verhandlungen *Konstanzes* mit dem Nuntius hervorgeht, auch tatsächlich zu helfen versucht . . .

Zu den 1615 vor Smolensk beginnenden russisch-polnischen Verhandlungen erschien der kaiserliche Gesandte *Heidelius* als Vermittler. Er stand aber so eindeutig auf der Seite der Gegenreformation, daß seine Vermittlerrolle von den Russen entschieden abgelehnt wurde.

Nachdem diese Verhandlungen gescheitert waren, wollte sich der junge *Władysław* die Zarenkrone, auf die Polen nie verzichtet hatte, selbst holen. Obwohl noch ein Jüngling, brannte er geradezu darauf, zum Zaren gekrönt zu werden. In seinem Schreiben an den Papst vom 6. April 1617[50], in dem er bei Beginn der neuen polnischen Kampagne gegen Moskau um Unterstützung bat, betonte er die Wichtigkeit des Unternehmens gerade für Rom. Diesen alten Wunschtraum des Papstes zu erfüllen, sei auch sein Ziel. Die günstige Gelegenheit der fortgesetzten Schwäche Rußlands müsse unbedingt ausgenutzt werden. Sein Vater, der König von Polen und Schweden, *Siegmund*, stelle ihm die ganze Macht Polens zur Verfügung, zum Heil nicht nur des Königreiches Polen, sondern auch der gesamten Christenheit (Res publica christiana) und des katholischen Glaubens.

Als Unterstützung wünsche er zur Täuschung der Moskowiter (Moschi) das Zugeständnis des Heiligen Stuhls, von russischen Bischöfen gekrönt zu werden;

sonst erscheine eine Krönung ganz aussichtslos. Außerdem wünsche er, die Kommunion unter beiderlei Gestalten, freilich von einem griechisch-unierten Bischof, empfangen und auch sonst an dem byzantino-slawischen Gottendienst teilnehmen zu dürfen. Er bitte um die päpstlichen Indulgenzen nur für den Fall, daß er in ‹extrema necessitate›, das heißt in äußerster Not handeln müsse. Den hartnäckigen Moskowitern sei anders nicht beizukommen.

Der Papst wies diese heikle Angelegenheit an die Congregatio sancti officii, die unter dem Einfluß von Kardinal *Bellarmin* die Bitte des angehenden Zaren von Moskau verwarf. Es wurde nur zugestimmt, daß sich *Władysław* durch einen griechisch-unierten Bischof krönen lasse, aber auch das nur in äußerster Not. Rom glaubte sich seiner Sache ganz sicher und wollte nicht das geringste Präjudiz schaffen, *Władysław* dagegen überschätzte bei weitem die Bedeutung solcher Zugeständnisse. In Wirklichkeit war der Widerstand der orthodoxen Russen viel mächtiger, als er zu glauben schien. Moskau war nicht durch solche leicht durchschaubaren Täuschungsmanöver zu erobern, wie er sie der römischen Kurie vorschlug. Der päpstliche Nuntius in Polen hatte deswegen nicht ganz unrecht, wenn er im Jahre 1641 auf die Vorwürfe des Abtes *Orso* als des Sprechers des polnischen Königs, durch die Treue zum Heiligen Stuhl hätten die polnischen Könige *Siegmund* und *Władysław* die Kronen von Schweden und Rußland verloren, antwortete, dies habe wohl nicht so sehr von den Zugeständnissen des Papstes abgehangen als von der eigenen Unfähigkeit.[51]

Der Ansturm des polnischen Heeres wurde vor den Mauern Moskaus abgeschlagen. So waren alle Überlegungen über die Krönung illusorisch. Die Eingabe *Władysławs* an den Heiligen Stuhl zeigt nur, wie utopisch nahe er die Zarenkrone bereits sah. Die abschlägige Antwort Roms wieder ist ein Zeichen dafür, daß die pästliche Kurie glaubte, keine Zugeständnisse machen zu brauchen. Vielleicht war man in Rom auch zur Einsicht gekommen, daß das Spiel um Rußland vorläufig zu Ende war, jedenfalls auf dem Weg über die Rzeczpospolita.

Nachdem es Rußland gelungen war, im Jahre 1617 mit Schweden den Frieden von Stolbovo zu schließen, in dem *Gustav Adolf*, der größere Pläne in Mitteleuropa hatte, auf Novgorod verzichtete und sich mit der Küste am Finnischen Meerbusen und dem Nevagebiet begnügte, konnte Rußland seine ganze Kraft gegen die polnischen Interventen einsetzen. *Władysław* sah ein, daß er seinem Heere keinen zweiten Winter im Felde zumuten konnte, und schloß am 1. Dezember 1618 mit Rußland einen Waffenstillstand auf sieben Jahre, in dem dieses auf Smolensk und auf die nördliche Ukraine verzichten mußte.

So endete die polnische Intervention. Es blieb ein tiefer Haß gegen die polnischen Herren und die polnischen Jesuiten zurück, weil sie ‹den wahren reinen Glauben zerstörten, den lateinischen Glauben und die Häresien im gesamten russischen Reich verbreiteten›.[52] Der Patriarch *Hermogen* wird als ‹wahrer Hirte und Lehrer› gefeiert, der ‹wie ein Löwe seine Herde gegen die Wölfe und Räuber verteidigte›[53]. Rom aber war von einer Kirchenunion mit Rußland weiter entfernt denn je.»*

---

* Zu Kardinal *Maciejowski*, die Brester Union von 1596 (das Uniatentum) und die Beteiligung der Jesuiten an ihrem Entstehen siehe Teil II, Kap. 16-III., und Anm. 56 und 61.

ANMERKUNGEN ZUM ANHANG

1 Vgl. zum Ganzen auch Šmurlo, Saint Siége
2 Vgl. Rostowski, Lit. SJ (Lituanicarum Societatis Jesu Historiarum Libri decem), Seite 207–208
3 Vgl. Relacyje, Bd. II, Seite 103: Bericht vom 11. 11. 1606
4 Turgenev, HRM (Historia Russiae Monumenta), Bd. II, Nr. 42, Seite 62
5 Vgl. die Korrespondenz der Jesuiten mit dem Pseudo-Dmitrij bei P. Pierling, Rome et Démétrius, Paris 1878, Seite 203ff., und ders., Dimitri dit le faux et les jésuites,, Paris 1913
6 P. Pierling, Rome et Démétrius, a. a. O., Seite 157 f.
7 Vgl. Lieov, Jesuiten, Seite 224
8 I. Massa, Kurze Nachricht aus dem Moskau zu Beginn des 17. Jhs., Moskau 1937
9 Turgenev, HRM, Bd. II, Nr. 37, Seite 57 f.
10 Ebd., Bd. II, Nr. 38, Seite 59
11 Ebd., Bd. II, Nr. 40, Seite 60
12 Ebd., Bd. II, Nr. 41, Seite 61
13 Ebd., Bd. II, Nr. 43, Seite 63
14 Ebd., Bd. II, Nr. 42, Seite 62
15 Vgl. P. Pierling, Rome et Démétrius, Paris 1878, Seite 214
16 Turgenev, HRM, Bd. II, Nr. 46, Seite 65
17 Ebd., Bd. II, Nr. 49, Seite 67–69
18 Ebd., Bd. II, Nr. 53, Seite 71
19 Ebd., Bd. II, Nr. 56, 57, 58, Seite 73–76
20 Ebd., Bd. II, vgl. die Schreiben vom 4. und 11. Februar 1606 (Nr. 68, 69, Seite 84), sowie schon vorher vom 10. Dezember 1605 (Nr. 61), vor allem aber die Schreiben vom 10. April 1606 (Nr. 76), Seite 89–92
21 Ebd., Bd. II, Nr. 76, Seite 89–92
22 SGGD (Sammlung staatlicher Urkunden und Dokumente), Teil II, Nr. 107
23 Ebd., Nr. 124
24 Theiner, VMPeL (Vetera monumenta poloniae et lituaniae), Bd. III, Nr. 233
25 Turgenev, HRM, Bd. II, Nr. 75, Seite 87f.
26 Ebd., Bd. II, Nr. 53, Seite 71
27 Ebd., Bd. II, Nr. 66, Seite 82
28 Ebd., Bd. II, Nr. 73, Seite 86
29 Vgl. P. Pierling, Dmitri di le faux et les jésuites, Paris 1913
30 Pierling, Russie, Bd. III, Anhang II, Seite 445–448
31 Turgenev, HRM, Bd. II, Nr. 76, Seite 88–92
32 Rostowski, Lit. SJ, Seite 208f; vgl. auch Turgenev, HRM, Bd. II, Nr. 77, Seite 106 bis 130, die Schilderung polnischer Augenzeugen in einem Tagebuch
33 Turgenev, HRM, Bd. II, Nr. 76, Seite 89–90
34 Vgl. die Depesche des Kardinal-Staatssekretärs an den Nuntius in Polen vom 21. Oktober 1606 in : Turgenev, HRM, Bd. II, Nr. 78, Seite 136
35 Geschichte der UdSSR, Bd. I, U. d. Red. v. B. D. Grekov u. a., Moskau 1948, Seite 376
36 Turgenev, HRM, Bd. II, Nr. 78, Seite 136
37 Turgenev, HRM, Bd. II, Nr. 81, Seite 138f.

38 Geschichte der UdSSR, Bd. I, Moskau 1948, Seite 382
39 NP (Nuntiatura Poloniae im Vatikanischen Archiv in Rom), Bd. 173
40 Vgl. zum Beispiel Turgenev, HRM, Bd. II, Nr. 85, Seite 142
41 NP, Bd. 173
42 Turgenev, HRM, Bd. II, Nr. 84, Seite 141
43 VA (Vatikanisches Archiv in Rom) Armarium 45, Bd. V
44 E. Šmurlo, kurie a pravoslavný východ v letech 1609–1654, Prag 1928, Seite 188
45 Ebd.
46 Vgl. z. B. «Eines polnischen Edelmannes Anrede an die Großen von Polen, die Ruhe und Einigkeit des Königreiches durch Wegschaffung der Jesuiten zu befördern», erschien 1609, öfter neu aufgelegt, so 1727, im Besitz der Deutschen Staatsbibliothek Berlin, vgl. zum Verständnis des Kampfes gegen die Jesuiten gerade in Polen: I. Tazbir, Społeczno-polityczna rola jezuitów w Polsce 1565–1660. In: Szkice papiestwa, Seite 49–147
47 E. Šmurlo, Kurie a pravoslavný východ . . ., Seite 188
48 Ebd., Seite 188 (Depesche vom 30. 7. 1611)
49 Ammann, Abriß der ostslawischen Kirchengeschichte, Seite 245
50 VA, Fonds Borghese, II, 68
51 Ebd., E. Šmurlo, Kurie a pravoslavný východ . . ., Seite 189
52 Vgl. SGGD, Bd. I, Nr. 203, Seite 604
53 Ebd., Seite 608f.

Abb. 1 Zar Iwan IV., der Schreckliche
(1530–1584)

Abb. 2 Pater Antonio Possevino S.J.
(1533 – 1611): reiste zur Zeit Iwans des
Schrecklichen (1582) nach Rußland.
Mitautor des ersten Buches über
Zar Demetrius, das noch zu seinen
Lebzeiten 1605 in Venedig ver-
öffentlicht wurde.

Abb. 3 Zar Boris Godunow
(um 1552–1605)

Abb. 4 Fjodor Romanow (1555–1633),
später Partriarch Philaret und von 1620
an Mitregent seines Sohnes Michail
Romanow.

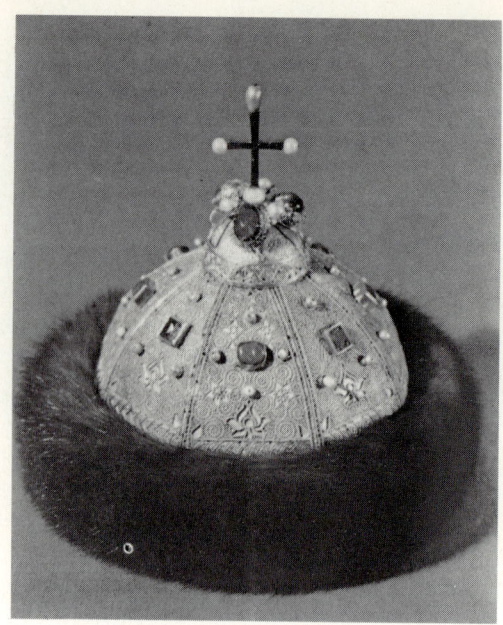

Abb. 5 Die Krone der russischen Zaren
(angefertigt im XIII./XIV. Jahrhundert)

Abb. 6 Zeitgenössisches Panorama der Stadt Uglitsch, wo am 15. Mai 1591 der
Zarewitsch Demetrius ermordet wurde.

Abb. 7 Die Erzengel-Michael-Kathedrale im Moskauer Kreml, wo sich das Grab des ermordeten Demetrius befindet.

Abb. 8 Innenansicht der Erzengel-Michael-Kathedrale mit dem Grab des Demetrius (unten rechts).

Abb. 9 Das Grab des Demetrius (heute). Im Hintergrund auf der Säule das Fresco des Fürsten Andrej Bogoljubskij.

Abb. 10 Ikone des Heiligen Zarewitsch Dimitrij,
Mittelrußland, um 1700. (In der rechten
Hand hält Demetrius das blutige Messer, mit
dem er ermordet wurde.)

Abb. 11 Heiliger Dimitrij aus Saloniki (links)
und Heiliger Dimitrij aus Uglitsch
(Moskauer Schule, XVIII. Jahrhundert).

4

5

3

1

2

Abb. 12 Der Heilige Zarewitsch Dimitrij. Nordrussische Ikone aus dem XVII. Jahrhundert. Hier wird Demetrius als Erwachsener dargestellt. Im Hintergrund die fünf Szenen aus seinem Märtyrerleben: Die Ermordung (1); die Beweinung durch die Mutter und die Amme (2); Die Steinigung der Mörder durch das Volk von Uglitsch (3); Die Aussegnung in der Kirche, bei der auch die hinzugekommenen drei Geistlichen dargestellt sind (4); das Begräbnis: der Leichnam wird im offenen Sarg getragen und vom Volk begleitet (5).
(Die Darstellung der Szenen ist den russischen Chroniken entnommen.)

Abb. 13/14 Der russische Historiker R. Skynnikow schreibt über dieses Porträt folgendes: «Nach der Begegnung mit dem König [Sigismund III.] bestellte der Usurpator durch seine Gönner ein Galaporträt. Die Überschrift dazu war wahrscheinlich von ihm selbst diktiert; sie lautet: ‹Dimitrij Iwanowitsch, Großfürst von Moskowia, 1604. Im Alter von 23 Jahren.› Die Überschrift beweist, daß Otrepjew die genaue Zeit der Geburt des Dimitrij aus Uglitsch nicht kannte. Im Sommer 1604 wäre der jüngste Sohn Iwans des Schrecklichen 21 Jahre alt geworden. Demgegenüber behaupteten die Menschen, die den Prätendenten von nahem kannten: ‹Seinem Aussehen nach war Demetrius ungefähr 24 Jahre alt›. Es ist durchaus möglich, daß der Usurpator in der Überschrift zu dem Porträt sein eigenes Alter angegeben hat. Wenn dem so ist, dann war der Otrepjew mindestens zwei Jahre älter als der Sohn von Grozny.» (SKR I)

Psalm 18.

Panie wyrwałeś mie od zwad ludzkich, y postawiłeś mie głowa narodom: a lub ktorym mię nieznał, służył mi. Bogáćież ktory sie mnie máćić dawa, á narody bicie mi w posłuszeństwo.

W tymże Psalmie.

A przecoż będe ćię chwalił miedzy narody o Panie, a będe śpiewał imieniowi twemu: Boście wzynil znáczne wybawienie Krolowi swemu, y sprawił miłośierca z pomazáńcowi twemu y potomstwu iego aż ná wieki.

ZA powodem z wielkich Koniczyc, Jerzego Mniszká, Woiewody Sędomirskiego, Mężni y śmiáli Polacy, wiawszy sie zá krzywde Páná y dziedzicá Moskiewskiego, Dimitrá Iwánowicá, potężnie gromili Moskwe, áchoć POlacy swoią krwią przecetowáli śćiány Moskiewskie, iednák orudzy chociayże w malim poczcie do bize sobie tuszą y Cárowi obiecuiąc, choć w niedostátku, nieodstępowáć poki duchá w ciele. Woiewodá záś ná ren czás náywczliwszy przyiaciel Cárski vtrapienia iego żáluiąc, ludu mu Polskiego dodawal, ćieszac go też, iż wrychle ná Páństwo obiecuie go w sądzie, wziawszy Páná Bogá ná pomoc: Co sie mc długo spelniło, bo Moskiewski

lud trwożył widzac Polski lud trwoly ná głod y ná wszeláká nedze, choc ich nie wiele było, tym mężniey bili y gromili Moskwe: á Boris zdraycá iż mu nieidzie po iego woley, zewsząd złe nowiny, lud mu wszedy porázono, sam sie otruł y zdechl żoná y z synem iego. Tákże Moskwá obaczywszy, strwożywszy sobą, Dimitrá Iwánowicá zá Páná przyználi, y przywitáli. Koronowány Roku Páństiego, 1605. lat máiec 24, a postáwy rákiey iáko wysszey widziß.

Fránćiszek Smiadeckt s. Málárz
Bráż do Druku podal.

Abb. 15 Polnisches Flugblatt über die Thronbesteigung des falschen Demetrius.
Im Text wird behauptet, daß der «Verräter Boris» (Godunow) sich vergiftet habe und
«verreckt» sei. Gedruckt in Krakau, 1605.

Abb. 16 Der falsche Demetrius als Zar Rußlands. Nach dem zeitgenössischen Holzschnitt von Lukas Kilian.

Abb. 17 Goldene Medaille, angefertigt zur Krönung des falschen Demetrius (1605).

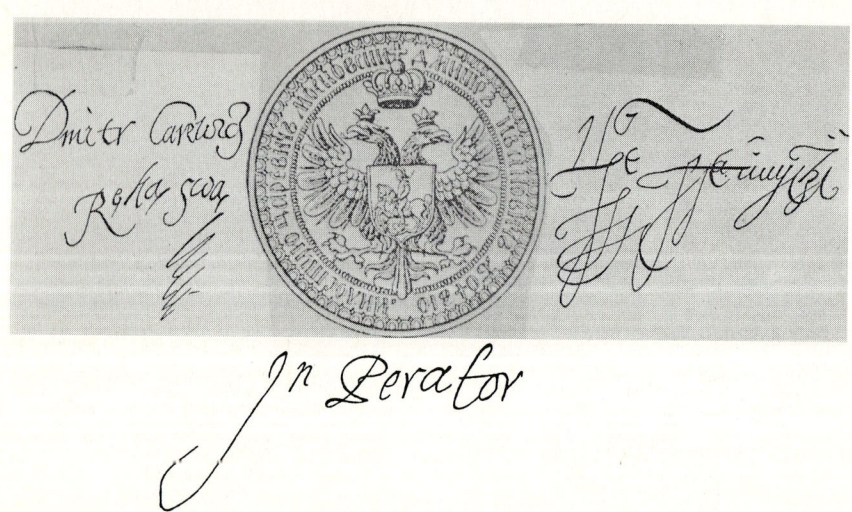

Abb. 18 Zarensiegel und Unterschrift des falschen Demetrius. (Auffallend ist der Fehler im lateinischen Wort «I*mperator*».)

Abb. 19 Sigismund III. (1566–1632),
der König von Retsch Pospolitaja
(Polen-Litauen).

Abb. 20 Fürst Leo Sapieha
(1557–1633), der polnische Haupt-
gönner des falschen Demetrius I.,
später auch des falschen Sohnes von
Marina Mniszek und dem falschen
Demetrius II.

Abb. 21 Marina Mniszek
(ca. 1588–1614)

Abb. 22 Jurij Mniszek, der Vater
von Marina

Zwei Strömungen, aus dem gleichen Quell, beeinflussen die geistige Landschaft im Osten und im Westen. Im Osten wird die eine verkörpert durch Helene Roerich im Westen die andere durch Alice Bailey

SERGEJ O. PROKOFIEFF

DER OSTEN IM LICHTE DES WESTENS

**Zwei östliche Strömungen
im 20. Jahrhundert aus der Sicht der
christlichen Esoterik
Teil I**

Aus dem Russischen von Ursula Preuß

*1992, 152 Seiten, mit 9 Abb., kart.
ISBN 3-7235-0643-7*

Die Aufdeckung und Beschreibung jener okkulten Strömung, die H. Roerich nach Osteuropa führte, erfolgt zu dem Zeitpunkt, in dem das bolschewistische Imperium auseinanderbricht. Daß der Quell dieser Strömung im sogenannten Schamballa der indisch-tibetanischen Mahatmas zu finden ist, wußten nur wenige. Daß die okkulten Lehrer des Agni Yoga Lenin als «Mahatma» bezeichneten und ihn als Bundesgenossen betrachteten, war ebensowenig bekannt wie ihre Besuche im Kreml und ihre Kontakte mit amerikanischen Präsidenten.

Um was für Kräfte es sich bei diesen in der Gegenwart des 20. Jahrhunderts wirksamen Strömungen handelt, deckt Prokofieff aufgrund von zahlreichen schriftlichen Dokumenten auf.

Aus dem Inhalt

- *Die Quelle der späteren Lehren von H. P. Blavatskj*
- *Die Inspiratoren des Agni Yoga*
- *Die Asienreise von H. und N. Roerich*
- *Die Mission von H. und N. Roerich im bolschewistischen Rußland*
- *Die okkulten Grundlagen der Lehre von Agni Yoga*
- *Der grundlegende Irrtum des Agni Yoga*
- *Über die okkulte Gefangenschaft H. P. Blavatskjs*
- *Die indisch-tibetanischen Mahatmas als Inspiratoren*
- *Versuche, die Weltpolitik zu bestimmen*
- *Der Schriftwechsel zwischen dem USA-Präsidenten Roosevelt und H. Roerich*
- *Die Bekämpfung des Christus-Impulses; H. Roerich über Rudolf Steiner*

VERLAG AM GOETHEANUM

Sergej O. Prokofieff

DIE GEISTIGEN QUELLEN OSTEUROPAS UND DIE KÜNFTIGEN MYSTERIEN DES HEILIGEN GRAL

Aus dem Russischen
von Ursula Preuß

1989, 583 Seiten,
6 s/w, 1 farb. Abb.,
Leinen mit Schutzumschlag,
ISBN 3-7235-0485-X

Nach der Machtergreifung der Bolschewisten in der Oktoberrevolution 1917 sprach Rudolf Steiner von der Mission des russischen Volkes, von der „unbesiegbaren Grals-Stimmung" des Volkes, das er „das Christus-Volk" nannte – in einer Zeit finsterster Bedrohung.

In diesem Russentum ruht nicht allein die Hoffnung Osteuropas, in ihm liegt auch die Zukunft der Menschheit beschlossen. Die Entzweiung der Menschheit durch die Vernichtung der Mitte (Mitteleuropa) mußte deshalb hier angesetzt werden.

72 Jahre nach der Oktoberrevolution erregen wiederum dramatische Ereignisse in Osteuropa die Gemüter in Ost und West. Eine durchdringende Betrachtung ist nicht möglich ohne den Einbezug okkulter Gegebenheiten und Strömungen.

Dieses Werk von Sergej Prokofieff könnte durch die gründliche Verarbeitung der geisteswissenschaftlichen Forschungsergebnisse ein Schicksalsbuch für Ost- und Mitteleuropa darstellen.

VERLAG AM GOETHEANUM

Diese prophetische Byline entstand aus unmittelbarer Geistesschau:
in den zwanziger Jahren dieses Jahrhunderts wurde sie von einer
Hellseherin im Norden Rußlands in einem Dorfe den Bauern
vorgetragen und von einem Gelehrten aufgeschrieben.

SERGEJ O. PROKOFIEFF

DIE PROPHETISCHE BYLINE

**«Wie die heiligen Berge aus ihren
felsigen Höhlen die mächtigen russischen
Helden entließen»**

Aus dem Russischen von Ursula Preuß

*Text (in deutscher und russischer
Sprache) und Kommentar*

*1992, 100 Seiten, geb.
Fr. 25,–/DM 28,–
ISBN 3-7235-0657-7*

Im Falle dieser außergewöhnlichen Volksdichtung genügt es nicht,
nur das künstlerisch-emotionale Element auf sich wirken zu lassen.
Es ist hier notwendig, sich das rechte Verständnis der geistigen Realität zu erwerben, die einst von der hellsichtigen Bylinensängerin
geschaut wurde. Erst dann wird sich die ganze Tiefe ihrer Weisheit
und die Bedeutung ihrer Schauung enthüllen, die den historischen
Weg Rußlands aus der Vergangenheit über die Gegenwart in die
Zukunft zu erhellen vermögen. Durch die Anthroposophie, die den
modernen christlichen Einweihungsweg darstellt, ist es möglich,
dieses Verständnis zu gewinnen, um die Weisheit und Bedeutung
dieser Byline zu erfassen.

VERLAG AM GOETHEANUM